Frank B. Gilbreth jr. und Ernestine Gilbreth Carey sind Geschwister, zwei von einem Dutzend natürlich. Ihr Vater Frank B. Gilbreth sen. war Werksingenieur und Erfinder eines «Bewegungsstudiums», ihre Mutter Dr. Lillian M. Gilbreth war ebenfalls Ingenieurin.

Ernestine Gilbreth promovierte am Smith College, wo sie auch mit viel Humor das Jahrbuch des College herausgab. Sie arbeitete später als Einkäuferin in einem New Yorker Warenhaus, ist verheiratet und hat zwei Kinder.

Frank B. Gilbreth jr. promovierte an der Michigan University, wurde Journalist und arbeitete für so namhafte Blätter wie die «New York Herald Tribune». Er ist ebenfalls verheiratet und hat eine Tochter.

Frank B. Gilbreth jr.
und Ernestine Gilbreth Carey

Im Dutzend billiger

Eine reizende Familiengeschichte

Wilhelm Goldmann Verlag

Ungekürzte Ausgabe

Aus dem Amerikanischen von Susanna Rademacher
Tiltel der Originalausgabe: Cheaper by the Dozen

1. Auflage Juni 1980 · 1–25. Tsd.
2. Auflage September 1981 · 26.–40. Tsd.
3. Auflage Februar 1983 · 41.–55. Tsd.

Made in Germany

Umschlagentwurf: Atelier Adolf & Angelika Bachmann, München,
unter Verwendung einer farbigen Zeichnung von Ulrich Lichthardt,
München
Druck: Elsnerdruck GmbH, Berlin
Verlagsnummer: 3929
MV · Herstellung: Peter Papenbrok/He
ISBN 3-442-03929-0

Für Paps
der nur zwölf Kinder großzog
und für Mutter
die zwölf einzelne Kinder erzog

Erstes Kapitel

Kniffe und Pfiffe

Paps war groß, hatte einen mächtigen Schädel und breite Kinnladen und trug einen hohen, steifen Kragen. Schlank war er nicht mehr; als er Anfang Dreißig war, hatte er die neunzig Kilo so weit hinter sich gelassen, daß er zuzeiten den Frachttarif zu Hilfe nehmen mußte, um seine eigene Tonnage zahlenmäßig auszudrücken. Aber er hatte die selbstsichere Haltung eines erfolgreichen Mannes, der auf seine Frau, auf seine Familie und auf seine geschäftlichen Fähigkeiten stolz ist.

Paps besaß soviel Unverfrorenheit wie drei gewöhnliche Sterbliche zusammen und hatte außerdem die Geschicklichkeit und die innere Ruhe, um den Eindruck, den er nach außen erweckte, auch zu festigen. Er konnte in einen Betrieb wie die Zeisswerke in Deutschland oder die Pierce-Arrow-Automobilfabrik in den Vereinigten Staaten gehen und verkünden, er sei imstande, die Produktion um fünfundzwanzig Prozent zu steigern. Das tat er dann auch.

Er hatte so viele Kinder (wir waren zwölf), weil er fest davon überzeugt war, alles, was er und Mutter gemeinsam unternähmen, könne nur zu einem Erfolg führen.

Paps setzte das, was er predigte, immer in die Praxis um, und es war eigentlich nicht feststellbar, wo sein Büro für Betriebswissenschaft aufhörte und wo das Familienleben begann. Paps Büro war immer voller Kinder, und oft nahm er zwei oder drei von uns, manchmal sogar alle zwölf, auf Geschäftsreisen mit. Oft hefteten wir uns, mit Bleistift und Notizbuch in der Hand, an seine Sohlen, wenn er eine Fabrik besichtigte, die ihn als Leistungsfachmann engagiert hatte.

Andererseits war unser Haus in Montclair im Staate New Jersey eine Art Schule für wissenschaftliche Haushalts- und Lebensführung, für die Abschaffung unnützer Bewegungen – eine Art «Bewegungsstudio», wie Paps und Mutter es nannten.

Paps machte von uns Kindern beim Geschirrspülen Filmaufnahmen, um zu berechnen, wie wir unsere Bewegungen verringern und die Aufgabe so rasch wie möglich erledigen könnten. Besondere Arbeiten – wenn etwa die Hinterveranda zu streichen oder ein Baumstumpf aus dem Rasen vor dem Hause zu entfernen war – wurden an denjenigen vergeben, der das niedrigste Angebot einreichte. Jedes Kind, dem an einem Extrataschengeld gelegen war, gab in einem verschlossenen Umschlag ein Angebot ab, in dem stand, für welchen Preis es die Arbeit ausführen würde. Wer das niedrigste Angebot einreichte, erhielt den Auftrag.

In den Baderäumen brachte Paps Tabellen für alle Arbeiten und sonstige Verrichtungen an. Jedes Kind, das des Schreibens kundig war – und Paps erwartete von seiner Nachkommenschaft, daß sie frühzeitig mit Schreiben anfing –, mußte morgens die Tabellen abzeichnen, nachdem es die Zähne geputzt, gebadet, das Haar gekämmt und sein Bett gemacht hatte. Abends mußte jedes Kind sich wiegen und sein Gewicht in eine Tabelle eintragen, und auch nachdem die Hausarbeiten erledigt, Hände und Gesicht gewaschen und die Zähne geputzt waren, mußte man derartige Eintragungen machen. Mutter wollte auf den Tabellen auch eine Spalte für das Sprechen des Nachtgebets haben, Paps aber meinte: soviel er wisse, seien Gebete etwas Freiwilliges.

Ein strenger Drill – gewiß. Aber man vergegenwärtige sich, wieviel Mühe es die meisten Eltern kostet, auch nur ein einziges Kind morgens für die Schule fertig zu machen, und dann denke man sich diese Mühe mit zwölf multipliziert. Etwas Drill war notwendig, wenn nicht ein Irrenhaus entstehen sollte. Natürlich kam es vor, daß ein Kind die Tabellen ausfüllte, ohne tatsächlich das Entsprechende getan zu haben. Aber Paps hatte geradezu einen Röntgenblick und ein erschreckend lockeres Handgelenk. Diese beiden Dinge zusammen verhalfen gewöhnlich der Wahrheit zum Siege.

Ja – zu Hause oder im Geschäft: immer war Paps Fachmann für Leistungssteigerung. Er knöpfte seine Weste von unten nach oben und nicht von oben nach unten zu, weil das Verfahren von unten nach oben nur drei Sekunden in Anspruch nahm, von oben nach unten dagegen sieben. Er benutzte sogar zum Einseifen des Gesichts zwei Rasierpinsel, weil er auf diese Weise die Rasierzeit um siebzehn Sekunden verkürzen konnte. Eine Zeitlang versuchte er, sich mit zwei Messern zu rasieren, aber das gab er bald auf.

«Ich kann vierundzwanzig Sekunden einsparen», brummte er, «aber heute morgen hab ich zwei Minuten gebraucht, um mir den Hals zu verbinden.»

Dabei ärgerte er sich keineswegs über den Schnitt in seinem Hals, sondern nur über die zwei Minuten.

Manche Leute behaupteten, Paps habe so viele Kinder, daß er sie nicht alle im Auge behalten könne. Paps selber erzählte, daß Mutter einmal wegging, um einen Vortrag zu halten, und ihm das Haus überließ. Als sie wiederkam, fragte sie, ob alles friedlich abgelaufen sei.

«Ging alles gut, bis auf den einen da drüben», antwortete er. «Aber eine Tracht Prügel brachte ihn zur Räson.»

Mutter meisterte jede kritische Situation, ohne die Fassung zu verlieren.

«Der gehört nicht zu uns, Lieber», sagte sie. «Der gehört denen nebenan.»

Keiner von uns besinnt sich auf diese Geschichte, und vielleicht ist sie überhaupt nicht passiert. Paps machte es nämlich gar nichts aus, die Wahrheit ein bißchen zu korrigieren, denn einen guten Spaß liebte er über alles, besonders wenn er selber der Gegenstand dieses Spaßes war und, ganz besonders, wenn es über Mutter herging. Soviel aber ist sicher: Im Nebenhaus wohnten zwei rothaarige Kinder, und alle Gilbreths waren blond oder rothaarig.

Paps war zwar zu Hause ein gestrenger Zuchtmeister, aber von Außenstehenden duldete er keine Kritik an der Familie.

Einmal beklagte sich sein Nachbar, eines der Gilbreth-Kinder habe den Nachbarjungen den Sohn eines unaussprechlichen Wortes genannt.

«Na – und wie verhält sich's in Wirklichkeit?» fragte Paps höflich und ging davon, noch ehe der Nachbar ihn ganz begriffen hatte.

Aber Paps haßte unaussprechliche Wörter, und die Tatsache, daß er für seinen Sohn eingetreten war, hinderte ihn nicht, zu Hause in aller Form ein Verhör anzustellen und den Schuldigen zu bestrafen.

Paps fühlte sich am wohlsten unter vielen Menschen, vor allem unter vielen Kindern. Wo er auch auftauchte – immer folgte ihm ein ganzer Schwarm von Kindern; und die mit den vielen Sommersprossen waren bestimmt seine eigenen.

Er konnte gut mit Kindern umgehen und lehrte sie, sich einzuordnen. Dabei respektierte er sie aber auch, ohne daraus ein Hehl zu machen.

Er war der Ansicht, daß die meisten Erwachsenen mit dem Tage, an dem sie die Schule verlassen, zu denken aufhörten – manche sogar noch früher.

«Ein Kind dagegen bleibt eindrucksfähig und lernbegierig. Wenn man's nur jung genug packen kann», betonte Paps, «kann man ihm unendlich viel beibringen.»

Tatsächlich war mehr als alles andere seine Liebe zu Kindern schuld daran, daß er sich einen Haufen eigener Kinder gewünscht hatte. Selbst ein Dutzend war ihm noch nicht genug. Manchmal überblickte er uns und sagte zu Mutter:

«Schon in Ordnung, Lillie. Du hast dein Bestes getan.»

Wir Kinder hatten allerdings den Verdacht, er habe sich auch deshalb eine große Familie gewünscht, um immer, auch innerhalb seines Hauses, einer verständnisvollen Zuhörerschaft sicher zu sein. Solange wir da waren, hatte er immer ein Haus, das bis zur Galerie hinauf ausverkauft war.

Immer wenn Paps von einer Reise zurückkam – mochte er auch nur einen Tag lang fortgewesen sein –, pfiff er, sobald er in den Fußsteig vor unserem großen braunen Haus in Montclair einbog, den «Familiensammelpfiff». Diese Tonfolge hatte er selber komponiert, und er pfiff sie laut und schrill mit Zungenschlag. Das war ziemlich anstrengend, und da Paps sich vor körperlichen Anstrengungen, wenn irgend möglich, drückte, war er nach einem «Sammelpfiff» gewöhnlich völlig erschöpft und außer Atem.

Dieser Pfiff aber war wichtig. Er bedeutete, daß man alles stehen- und liegenzulassen und loszurennen hatte, oder man riskierte fürchterliche Folgen. Beim ersten Ton stürzten die Gilbreth-Kinder aus allen Ecken des Hauses und des Hofes herbei. Aus den benachbarten Häuserblocks liefen mit höllischem Gebell die Hunde zusammen, und an den Fenstern der Nachbarhäuser erschienen neugierige Gesichter.

Paps pfiff ziemlich oft. Er pfiff, wenn er der Familie etwas Wichtiges mitteilen und sichergehen wollte, daß alle es hörten. Er pfiff, wenn er sich langweilte und von seinen Kindern eine Anregung erwartete. Er pfiff, wenn er einen Freund eingeladen hatte und sowohl diesen der ganzen Familie vorstellen als auch dem Freund zeigen wollte, wie rasch die Familie sich versammeln konnte. Dabei benutzte er dann eine Stoppuhr, die er immer in der Westentasche trug.

Wie die meisten Ideen von Paps erwies der Familiensammelpfiff sich keineswegs nur als eine Plage, sondern auch als etwas durchaus Vernünftiges. Das zeigte sich vor allem eines Tages, als ein unbeaufsichtigtes Laubfeuer sich vom Fahrweg zum Hause hin ausbreitete. Paps pfiff, und in vierzehn Sekunden war kein Mensch mehr im Hause – der bisherige Rekord war um acht Sekunden unterboten worden. Dieses Feuer wurde außerdem durch die freimütigen Bemerkungen eines Nachbarn, der von seinem Garten aus die Flammen beobachtete, zu einem denkwürdigen Ereignis. Als die Aufregung ihren Höhepunkt erreicht hatte, trat nämlich die Frau des Nachbarn vor die Tür und rief ihrem Mann zu:

«Was ist denn los?»

«Das Haus von Gilbreths brennt ab», rief er zurück. «Gott sei Dank!»

«Soll ich die Feuerwehr rufen?» schrie sie.

«Was fällt dir ein, bist du verrückt?» antwortete der Mann höchst verwundert.

Das Feuer wurde übrigens schnell gelöscht, und man brauchte die Feuerwehr gar nicht zu rufen.

Paps pfiff zum Sammeln, wenn er wissen wollte, wer seinen Rasierapparat benutzt oder wer die Tinte auf seinem Schreibtisch vergossen hatte. Er pfiff, wenn er eine besondere Arbeit erledigt oder einen Botengang besorgt haben wollte. Meistens aber ertönte der Sammelpfiff, wenn er irgendwelche wunderbaren Überraschungen austeilen wollte, und die größte und schönste bekam derjenige, der als erster bei ihm war. So wußten wir, wenn wir seinen Pfiff hörten, nie, ob wir gute oder schlechte Neuigkeiten, wertlose oder kostbare Dinge zu erwarten hatten. Eines aber wußten wir: Es war ratsam, sich zu beeilen.

Manchmal war er, wenn wir alle zur Eingangstür gerannt kamen, zunächst sehr streng.

«Zeigt mal alle eure Nägel her!» brummte er mit schrecklich gerunzelter Stirn. «Sind sie auch sauber? Habt ihr sie auch nicht abgebissen? Müssen sie geschnitten werden?»

Und dann kamen lederne Maniküreetuis für die Mädchen und Taschenmesser für die Jungen zum Vorschein. Oh, wie wir ihn dann liebten, wenn die Falten in seinem Gesicht sich glätteten und einem breiten Grinsen wichen!

Oder er schüttelte feierlich einem nach dem andern die Hand, und wenn man die Hand wegzog, lag ein Riegel Nußschokolade darin. Oder er fragte, wer einen Bleistift habe, und dann verteilte er ein Dutzend Drehbleistifte.

«Wolln doch mal sehn, wie spät es ist», sagte er einmal und zog für alle Armbanduhren heraus – sogar für das sechs Wochen alte Baby.

«Oh, Papi, die sind goldrichtig!» riefen wir.

Und wenn wir ihn umarmten und sagten, wie er uns gefehlt habe, konnte er vor unterdrückter Rührung nicht antworten, verwuschelte uns statt dessen das Haar und gab uns eins hinten drauf.

Zweites Kapitel

Die Narrenkutsche

Es gab noch andere Überraschungen: Schachteln mit Konfekt, Puppen und anderes Spielzeug, Fotoapparate aus Deutschland, wollene Socken aus Schottland, ein Dutzend Berghühner aus Plymouth und zwei Schafe, die den Rasen kurz halten sollten; aber die armen Geschöpfe wurden vom Sattel wund gescheuert und so viel gestreichelt und am Schwanz gezogen, daß sie bald starben. Solange sie's aushielten, machten die Schafe uns Spaß, und ich kann mir kaum denken, daß jemals ein Paar Vierfüßler so oft von so vielen Leuten geschoren wurden.

«Wenn ich je wieder was Lebendiges in diesen Haushalt bringen sollte», sagte Paps, «dann hoffe ich, daß der Tierschutzverein mich vor die Schranken des Gerichts schleppt und mich zwingt, meine Buße zu bezahlen. Über nichts in meinem Leben hab ich mich so geschämt wie über diese Schafe. So wahr ich hier stehe.»

Als Paps das Haus in Montclair kaufte, beschrieb er es uns als eine verfallene Baracke in einer heruntergekommenen Gegend. Wir hielten das wieder für eine seiner Überraschungen, aber schließlich glaubten wir ihm, daß es eine elende Hütte sei.

«Diese Familie kostet einen Haufen Geld», sagte er. «Essen, Kleidung, Taschengelder, Arztrechnungen, Zahnbehandlungen und die vielen Eiskrem-Sodas. Tut mir leid, aber was Besseres konnte ich mir nicht leisten. Wir werden es so gut wie möglich einrichten, dann wird's schon gehn.»

Wir wohnten damals in Providence in Rhode Island. Auf der Fahrt von Providence nach Montclair deutete Paps auf jedes termitenverdächtige Holzhaus, an dem wir vorbeikamen.

«So ungefähr sieht's aus», sagte er, «nur daß noch mehr Fenster kaputt sind und der Garten vielleicht ein bißchen kleiner ist.»

Als wir nach Montclair kamen, fuhr er durch den häßlichsten Stadtteil und hielt schließlich vor einem verlassenen Gebäude, in dem sich selbst eine greuliche Märchenhexe nicht wohl gefühlt hätte.

«So, das ist es», sagte er. «Wir sind zu Hause. Alles aussteigen!»

«Du machst doch bloß Spaß, nicht wahr, Lieber?» fragte Mutter hoffnungsvoll.

«Was ist denn los? Gefällt's dir etwa nicht?»

«Wenn du es schön findest, Lieber», sagte Mutter, «wird's mir wohl auch genügen.»

«Das ist eine Elendshütte und weiter nichts», sagte Ernestine.

«Dich hat niemand um deine Meinung gefragt, mein Fräulein», erwiderte Paps. «Ich hab mit deiner Mutter gesprochen und wär dir dankbar, wenn du nicht dazwischenredetest.»

«Von mir aus», sagte Ernestine, die wohl fühlte, daß sie sich auf ein gefährliches Pflaster begab, sich aber vor lauter Aufregung nicht darum kümmerte. «Von mir aus – bitte schön. Ganz wie du willst. Nur möchte ich nicht mit einer Feuerzange drin wohnen.» (Sie meinte: «Es ist so eklig, daß ich's nicht mit der Feuerzange anfassen möchte.»)

«Ich auch nicht», sagte Martha. «Nicht mit zwei Feuerzangen.»

«Ruhig», sagte Mutter. «Papi wird's schon richtig machen.»

Lill fing an zu schluchzen.

«Wenn man's neu anstreicht und die Löcher dort mit ein paar Brettern vernagelt, wird's gar nicht so schlecht aussehn», sagte Mutter vergnügt.

Paps suchte inzwischen grinsend in der Tasche nach seinem Notizbuch.

«Donnerwetter, Kinder! Wartet mal einen Augenblick!» schrie er. «Falsche Adresse. Das soll einer ahnen! Alles wieder einsteigen! Mir kam's doch gleich so vor, als hätte es beim letztenmal nicht so runtergekommen ausgesehn.»

Und dann fuhr er mit uns zum Eagle Rock Way 68, und das war ein altes, aber schönes Haus im Stile des Indischen Grabmals, mit vierzehn Zimmern, einem zweistöckigen Schuppen, einem Gewächshaus, Hühnerhof, Weinspalieren, Rosenstöcken und einigen Dutzend Obstbäumen. Zuerst glaubten wir, Paps führe uns wieder an und übertreibe nun nach der anderen Seite: Dieses Haus sei viel besser als das wirklich von ihm gekaufte.

«Das ist's nun wirklich», sagte er. «Warum ich euch erst zu dem andern fuhr und warum ich nicht versuchte, euch dieses zu beschreiben – nun ja, ihr solltet nicht enttäuscht sein. Könnt ihr mir verzeihen?»

Ja, das taten wir.

Paps hatte das Auto im Jahr vor dem Umzug gekauft. Es war unser erster Wagen, und Autos waren damals das Allerneueste. Natürlich war auch der Wagen eine Überraschung. Paps hatte mit uns allen einen Spaziergang gemacht, der vor einer Garage endete, und da stand der Wagen.

Obwohl Paps seinen Lebensunterhalt damit verdiente, sich in komplizierte Mechanismen hineinzudenken, um die dafür erforderlichen Bewegungen zu vermindern, hat er den verzwickten Mechanismus unseres Autos doch nie richtig begriffen. Es war ein grauer Pierce-Arrow mit zwei Handhupen und einer elektrischen Hupe, die Paps womöglich alle zugleich ertönen ließ, wenn er jemand überholen wollte. Die Motorhaube war eckig und langgestreckt, und wenn man in der Morgenkälte Treibstoff zum Starten nachfüllen wollte, mußte man sie aufmachen.

Paps hatte den Wagen in der Fabrik gesehen und sich in ihn verliebt. Diese Zuneigung war völlig einseitig und wurde nicht erwidert. Er nannte den Wagen die Narrenkutsche, denn er sagte, ein Mann mit so vielen Kindern wie er müsse ein Narr sein, wenn er sich einbilde, sich einen Kraftwagen leisten zu können.

Die neumodische Maschine trat nach ihm, wenn er sie ankurbelte, spuckte ihm Öl ins Gesicht, wenn er ihr in die Eingeweide sah, quietschte, wenn er auf die Bremse trat, und rumpelte drohend, wenn er die Gänge schaltete. Manchmal spuckte, quietschte und rumpelte Paps wieder, aber er zog immer den kürzeren.

Ehrlich gesagt: Paps fuhr keineswegs gut. Aber er fuhr schnell. Er versetzte uns alle in Schrecken, vor allem aber Mutter. Sie saß, die beiden Kleinsten auf dem Schoß, gleich neben ihm auf dem Vordersitz und griff bald krampfhaft nach Paps Arm, bald schickte sie mit geschlossenen Augen ein Stoßgebet zum Himmel. Sobald wir um eine Ecke fuhren, versuchte sie, mit ihrem Körper die Babies wie mit einem Schild vor Tod oder Verstümmelung zu bewahren.

«Nicht so schnell, Frank, nicht so schnell», flüsterte sie und biß die Zähne zusammen. Paps aber schien das nie zu hören.

Die Narrenkutsche hatte Rechtssteuerung; deshalb mußte derjenige, der vorne links von Mutter und den Babies saß, die Straße im Auge behalten und Paps sagen, wann er den vor uns fahrenden Wagen überholen könne.

«Jetzt kannst du!» brüllte der Aufpasser.

«Hand raus!» brüllte Paps.

Elf Hände – nur Mutter und die Jüngsten ließen die Hände aus dem Spiel – fuhren auf beiden Seiten zum Wagen hinaus: vom Vordersitz,

Rücksitz und von den Klappsitzen mittschiffs. Wir hatten erlebt, wie Paps Kotflügel abgerissen, Hühner gemordet, Verkehrspolizisten dahingemäht und ausgewachsene Bäume umgefahren hatte, und wollten uns keiner Gefahr mehr aussetzen.

Die Idee, daß vorne ein Aufpasser saß, stammte von Paps selber. Die anderen Sicherheitsmaßnahmen, die wir aus Selbsterhaltungstrieb einführten, stammten von uns.

Einer übernahm es, auf Wagen zu achten, die aus linken Seitenstraßen auf uns zukamen; einer mußte auf die rechte Seite aufpassen, und einer mußte auf dem Rücksitz knien und nach hinten durch das Fenster aus Marienglas sehen.

«Wagen von links, Paps!» grölte der eine Aufpasser.

«Zwei von rechts!»

«Motorrad von hinten!»

«Ich seh ja schon, ich seh ja schon», sagte Paps gereizt, obwohl er meistens gar nichts sah. «Habt ihr denn gar kein Vertrauen zu eurem Vater?»

Ganz besonders liebte er die elektrische Hupe, ein ohrenzerreißendes Instrument, das mit schreckenerregendem metallischem Bariton «Tatütah» heulte. Wie Paps es fertigbrachte, gleichzeitig diese und die beiden Handhupen ertönen zu lassen, Gas zu geben, zu steuern, «elender Sonntagsfahrer!» zu brüllen und eine Zigarre zu rauchen – das spricht schon an sich für seine Fähigkeiten als Fachmann für Bewegungsrationalisierung.

Einige Tage nachdem er den Wagen gekauft hatte, nahm er uns Kinder, eins nach dem andern, zum Wagen mit, klappte die Haube auf und sagte, wir sollten mal hineinsehen, ob wir das Piepvögelchen im Motor entdecken könnten. Während wir ihm den Rücken drehten, ging er auf Zehenspitzen wie ein komischer Nikolaus in Zivil zum Steuersitz und drückte auf die elektrische Hupe.

«Tatütah, tatütah!» Wenn einem das Horn so direkt ins Ohr tutete, machte man vor Schreck und Verblüffung einen Satz. Paps lachte, bis ihm die Tränen kamen.

«Hast du das Piepvögelchen gesehn? Ha, ha, ha!» schrie er. «Du bist zwei Meter weit gehopst, wetten? Ha, ha, ha!»

Als wir eines Tages von einem besonders anstrengenden Ausflug zurückkamen, begann der Motor zu bocken; er hustete, spuckte und blieb stehen.

Paps war verschwitzt und müde. Wir Kinder waren ihm auf die Nerven gegangen. Er ließ uns alle aussteigen, denn der Wagen war überhitzt und dampfte. Paps bemühte sich, aus dem Rücksitz die Werkzeuge herauszuholen. Der Sitz klemmte, Paps trat dagegen. Er zog die Jacke aus, krempelte die Ärmel auf und öffnete die linke Seite der Motorhaube.

Paps fluchte selten. Vielleicht hier und da mal ein «Verdammt!», aber sonst fand er, daß er mit gutem Beispiel vorangehen müsse. Gewöhnlich hielt er sich an Redensarten wie «Donnerwetter!» und «potz Blitz!» Beide gebrauchte er auch jetzt, aber bei dem Ton, in dem er sie hinausbrüllte, konnte einem angst und bange werden.

Sein Kopf und seine Schultern verschwanden in der Haube. Man sah nur noch sein patschnasses Hemd, das ihm am Rücken klebte.

Niemand hatte auf Bill geachtet. Der war auf den Steuersitz gekrabbelt und – «Tatütah! Tatütah!»

Paps machte einen solchen Satz, daß er kopfüber in den Motor plumpste und seine Füße in der Luft baumelten. Er stieß sich den Kopf an der Haube und kam mit dem rechten Handgelenk an das rotglühende Auspuffrohr. Man konnte sein Fleisch direkt zischen hören.

Schließlich gelang es ihm, sich zu befreien. Er rieb sich den Schädel und schmierte sich dabei die Stirn voller Öl. Er pustete sich das verbrannte Handgelenk. Er sah leichenblaß aus.

«Allmächtiger!» schrie er, als habe er sich diesen Fluch seit seinem Hochzeitstag gerade für diese Gelegenheit aufgespart.

«Allmächtiger! Wer war das?»

«Ach du liebes bißchen!» sagte Mutter, und das war das Fluchähnlichste, was sie je hervorgebracht hat.

Bill, der sechs Jahre alt war und immer irgend etwas ausgefressen hatte, war einzig imstande zu lachen. Aber dieses Lachen klang etwas nervös.

«Hast du das Piepvögelchen gesehn, Papi?» fragte er.

Paps langte nach ihm, und Bill lachte nicht mehr.

«Das war doch ein netter Spaß mit dir, Papi», sagte Bill hoffnungsvoll, aber sehr zuversichtlich klang es nicht.

«Es gibt eine Zeit und einen Ort für Piepvögelchen», sagte Paps mit zusammengebissenen Zähnen, «und es gibt eine Zeit und einen Ort für Prügel.»

«Du bist zwei Meter weit gehopst, wetten, Papi?» sagte Bill, der Zeit gewinnen wollte.

Paps ließ ihn los. «Ja, Billy», sagte er, «das war ein netter Spaß mit mir, Donnerwetter, ja! Und sicher bin ich zwei Meter weit gehopst.»

Paps hatte es sehr gern, wenn man sich einen Spaß mit ihm erlaubte. Aber am liebsten hatte er es, wenn der Spaß schon ein paar Monate vorbei war, und nicht, wenn er gerade passierte. «Bill und das Piepvögelchen» wurde eine seiner Lieblingsgeschichten. Niemand lachte am Ende der Geschichte herzlicher als Paps. Natürlich außer Bill. Donnerwetter, ja!

Drittes Kapitel

Waisenkinder in Uniform

Wenn Paps mit der Familie im Pierce-Arrow ausfahren wollte, pfiff er zum Sammeln und fragte:

«Wie viele wollen denn mitfahren?»

Das war eine rein rhetorische Frage, denn wenn Paps fuhr, dann hatten eben alle mitzufahren, und so antworteten wir auch alle, daß wir gerne mitfahren wollten.

Und das entsprach auch beinah der Wahrheit. Denn obwohl Paps Fahren äußerst gefährlich war, so hatten sein Wettlauf mit dem Tode und die dramatischen Szenen, mit denen er den Verkehr zum Stillstand brachte, doch etwas seltsam Faszinierendes für uns. Es gehörte zu den Dingen, die man von sich aus nicht angefangen hätte, die man aber auch nicht hätte missen mögen. Es war etwa so, wie stehend auf einem Rodelschlitten bergab zu sausen, wie auf die Bühne zu gehen, wenn der Zauberkünstler Freiwillige aus dem Publikum aufruft, oder wie der Salto vom hohen Sprungbrett.

Und dann bedeutete eine Autofahrt für uns, mit Paps und Mutter zusammen zu sein, ja, wenn man Glück hatte, vorne neben ihnen zu sitzen. Wir waren so viele, und sie waren ja nur zwei, da hatten wir niemals so viel von ihnen, wie wir uns eigentlich wünschten. Etwa alle Stunde wechselten wir die Plätze, damit jeder einmal vorne neben ihnen sitzen konnte.

Paps sagte, wir sollten uns fertig machen, inzwischen werde er mit dem Wagen vorfahren. Er sagte das so leichthin – als käme ihm gar nicht der Gedanke, daß die Narrenkutsche sich etwa *weigern* könnte, vorzufahren. Paps war ein unverbesserlicher Optimist; er vertraute darauf, daß eines Tages der Verstand über den leblosen Stahl triumphieren würde, und er fühlte sich stark in dem Glauben, daß er mit sauberen Händen und reinem Herzen in den Kampf ging.

Während aus dem Schuppen stöhnende oder teuflisch gurgelnde Frühzündungsgeräusche drangen, brachte die Familie mit ihren planmäßig durchgeführten Vorbereitungen das Haus in eine wohlorganisierte Unordnung. Es war wie in einer Zeitungsredaktion in der Nacht der Präsidentenwahl, wie im Großen Hauptquartier am Tage vor der Invasion.

Fertig machen hieß: Hände und Gesicht waschen, Schuhe putzen, Kleider abbürsten und Haar kämmen. Es war nicht ratsam, zu spät zu kommen, *wenn* Paps schließlich vor die Einfahrt rollte, und es war ebensowenig ratsam, schmutzig zu erscheinen, denn er kontrollierte jeden von uns.

Jedes ältere Kind mußte nicht nur sich selber fertig machen, sondern war auch für eines von den jüngeren verantwortlich. Anne hatte für

Dan zu sorgen, Ern für Jack und Mart für Bob. Das galt nicht nur für Autofahrten, sondern überhaupt. Die ältere Schwester mußte ihrem Schützling morgens beim Anziehen helfen, mußte dafür sorgen, daß er sich wusch, rechtzeitig zu den Mahlzeiten kam und seine Tabelle im Badezimmer richtig ausfüllte.

Anne als die Älteste war für Betragen, Sauberkeit und Ordnung dieser ganzen Gruppe verantwortlich. Mutter mußte natürlich auf das Baby Jane aufpassen. Die mittleren Kinder, Frank, Bill, Lill und Fred, waren alt genug, um auf sich selber achtzugeben, aber noch nicht so alt, daß sie sich um andere hätten kümmern können. Paps rechnete sich aus Gründen der Bequemlichkeit (nämlich *seiner* Bequemlichkeit!) zu der mittleren Kategorie.

Letzten Endes war es Mutter zu verdanken, wenn dieses ganze System funktionierte. Mutter drohte nicht, schrie nicht und wurde nicht aufgeregt, und sie hat nicht eines von ihren Kindern jemals geschlagen – übrigens auch kein fremdes Kind.

Mutter war Psychologin. Auf ihre Weise kam sie mit der Familie zu noch besseren Ergebnissen als Paps. Aber strenge Disziplin lag ihr nicht. Wenn der Vorschlag zu einer Autofahrt immer von Paps und nie von Mutter ausging, so hatte diese schon ihre Gründe dafür.

Sie ging von Zimmer zu Zimmer, schlichtete, trocknete Tränen und knöpfte Jacken zu.

«Mutter, er hat mein Hemd genommen. Sag ihm, er soll mir's wiedergeben.»

«Mutter, kann ich vorne bei dir sitzen? Nie darf ich vorne sitzen.»

«Das ist meins, du hast mir's gegeben. Du hast gestern meins angezogen.»

Wenn wir uns dann – die Mädchen in Staubmänteln, die Jungen in Leinenanzügen – vor dem Haus versammelt hatten, rief Mutter die Namen auf: Anne, Ernestine, Martha, Frank und so weiter.

Wir behaupteten gewöhnlich, das Namenaufrufen wäre Zeit- und Bewegungsverschwendung, und die Verschwendung von Zeit und Bewegung galt bei uns als Todsünde. Aber Paps erinnerte sich sehr lebhaft an zwei Fälle, wo Kinder versehentlich zurückgelassen worden waren.

Das eine Mal geschah das in Hoboken an Bord des Überseedampfers *Leviathan.* Paps hatte kurz vor der Ausreise des Schiffes die Jungen zu einer Besichtigung mitgenommen. Er hatte, als er über die Laufbrücke ging, nicht daran gedacht, die Kinder nachzuzählen, und erst als die Brücke eingezogen war, merkte er, daß Dan fehlte. Erst als man Dan schlafend in einem Sessel auf dem Promenadendeck gefunden hatte, konnte die *Leviathan* abfahren – mit zwanzig Minuten Verspätung.

Die andere Geschichte war ein bißchen unheimlicher. Wir waren von Montclair nach New Bedford in Massachusetts unterwegs, und Frank jun. war versehentlich in einem Restaurant in New London vergessen worden. Erst gegen Ende der Fahrt stellten wir fest, daß er fehlte.

Wie ein Rasender wendete Paps und sauste unter Nichtachtung sämtlicher Verkehrsregeln zurück nach New London. Als wir in dem Restaurant dort zum Lunch eingekehrt waren, hatte es einen ganz ehrbaren Eindruck gemacht. Als wir jedoch abends wieder dorthin kamen, erstrahlte das Lokal im Glanz farbiger Lämpchen. Paps ließ uns im Wagen und ging hinein. Nach der Fahrt im Dunkeln blendete ihn das grelle Licht, und er konnte nicht gut sehen. Aber er ging schnell nach hinten zu den Nischen und sah in jede hinein. In der zweiten Nische saß eine hübsche junge Dame bei einem Whisky-Soda und wartete auf Kundschaft. Paps guckte aufgeregt hinein.

«Hallo, Dickerchen», sagte sie. «Nur nicht so schüchtern! Suchst du 'n unartiges kleines Mädel?»

Paps verschlug es die Sprache.

«Um Gottes willen, nein», stotterte er, und seine sonst so sichere Haltung geriet ins Wanken. «Ich such 'n unartigen kleinen Jungen.»

«Huch, Süßer», sagte sie. «Entschuldige man!»

Uns allen war eingeschärft worden, wenn wir verlorengingen, hätten wir dort zu bleiben, wo wir waren, bis jemand uns holen käme; Frank jun. fand sich hinten in der Küche, wo er zusammen mit der Wirtstochter Eiskrem aß.

Nach diesen beiden Erlebnissen ist es wohl zu verstehen, daß Paps immer auf dem Namensaufruf bestand.

Wenn wir vor dem Einsteigen in einer Reihe vor dem Hause standen, musterte Paps aufmerksam einen nach dem andern.

«Seid ihr auch alle noch mal verschwunden?» fragte er.

Er stieg aus und half Mutter mit den beiden Kleinsten auf den Vordersitz. Dann suchte er sich denjenigen von uns heraus, der sich besonders gut betragen hatte, und erlaubte ihm, als linker Aufpasser ebenfalls vorne zu sitzen. Wir andern drängelten uns hinten in den Wagen, und unter der Wagendecke wurde geknufft und gepufft, bis wir alle Platz gefunden hatten.

Endlich ging's dann los. Mutter, mit den beiden Kleinen auf dem Schoß, sprühte von Lebenskraft. Ihr glattfrisiertes rotes Haar wehte in Strähnen unter ihrem Hut hervor. Solange wir noch in der Stadt waren und Paps nicht schnell fuhr, schien sie die Fahrt zu genießen. Sie saß neben ihm, hörte ihm zu oder unterhielt sich lebhaft mit ihm. Gleichzeitig aber spitzte sie die Ohren, ob auch hinten alles in Ordnung sei.

Da hatte sie dann allerlei Anlaß zur Besorgnis, denn je enger wir saßen, desto unruhiger wurden wir. Schließlich konnte Paps das Durcheinander nicht mehr aushalten.

«Was ist denn da hinten los?» schnauzte er Anne an. «Hab ich dir nicht gesagt, du sollst für Ruhe sorgen?»

«Dazu müßte man wohl der liebe Gott sein», war Annes bittere Antwort.

«Du verläßt dich auf den lieben Gott, wenn du selber da hinten keine Ordnung schaffen kannst. Ich habe Ruhe gesagt, und ich wünsche Ruhe.»

«Ich versuche ja, ihnen Räson beizubringen, Papi. Aber es hört ja keiner auf mich.»

«Ich will keine Entschuldigungen; ich will Ordnung. Du bist die Älteste. Von jetzt an will ich nicht einen Ton mehr von da hinten hören. Oder wollt ihr alle nach Hause laufen?»

Die meisten von uns hätten das jetzt ganz gerne getan, aber keiner wagte es zu sagen.

Für eine Weile legte sich der Lärm. Selbst Anne kam zur Ruhe und vergaß ihre Verantwortung als Älteste. Aber schließlich ging's mit dem Treten und Kneifen unter der Wagendecke wieder los.

«Laß das, Ernestine, du bist gemein», zischte Anne.

«Du nimmst den ganzen Platz ein», entgegnete Ernestine. «Warum rutschst du nicht ein bißchen? Ich wünschte, du wärst zu Hause geblieben.»

«Das wünschte ich noch viel mehr als du», sagte Anne aus tiefstem Herzen. Bei solchen Gelegenheiten wäre Anne gern das einzige Kind ihrer Eltern gewesen. Wir waren so recht eine Sehenswürdigkeit, wenn wir in dem Wagen mit zurückgeklapptem Verdeck dahinfuhren. In den Städten und Dörfern, durch die wir kamen, verursachten wir einen Aufruhr wie sonst nur eine Zirkustruppe.

Das war nun eine von Paps Lieblingsrollen. Er verlangsamte die Fahrt bis auf acht Stundenkilometer und ließ zwei Häuserblocks weit die Hupen gegen nicht vorhandene Hindernisse und Wagen ertönen. Auf den Hupen spielte Paps wie auf einem elektrischen Klavier.

«Ich seh elf, den Mann und die Frau nicht mitgerechnet», rief jemand vom Gehsteig.

«Sie haben das zweite Baby hier vorne vergessen, Herr», rief Paps über die Schulter zurück.

Mutter tat, als hätte sie nichts gehört, und sah starr vor sich hin.

Aus den Seitenstraßen drängten die Fußgänger herbei, und die Kinder ließen sich von ihren Eltern auf die Schultern heben.

«Wie ziehst du denn bloß all die Rotköpfe groß?»

«Die?» brüllte Paps. «Sind doch nicht viele, Freundchen. Solltest mal die sehn, die ich noch zu Hause hab.»

An jeder Straßenkreuzung, an der wir bei rotem Licht halten mußten, sammelten sich die Menschen, und früher oder später kam die unvermeidliche Frage:

«Wie kriegen Sie nur all die Kleinen satt, lieber Herr?»

Paps überlegte ein Weilchen, und als hätte er sich's gerade ausgedacht, sagte er, sich weit zurücklehnend, damit auch die weitest Entfernten es hören konnten:

«Ja, wissen Sie – im Dutzend kommen sie billiger.»

Das sollte die Zuhörer zum Lachen bringen, und gewöhnlich lachten sie auch. Paps hatte sehr viel Sinn für Bühnenwirkung, und er versuchte diesen Auftritt zeitlich immer so auszudehnen, daß sein Schlußeffekt mit dem Wechsel der Verkehrszeichen zusammenfiel. Während die Bauern noch kicherten, brauste der Pierce-Arrow, in graue Rauchwolken gehüllt, davon, und der Herr Professor am Steuer schmetterte sein «Tut! Tut! Tatütah!»

Stets brachten wir sie zum Lachen!

Paps benutzte dieses «im Dutzend billiger» immer, wenn wir an einem Schlagbaum hielten, ins Kino gingen oder Fahrkarten für die Eisenbahn oder für ein Schiff kauften.

«Kriegen's meine Irländer hier im Dutzend billiger?» fragte er etwa den Mann an der Zollschranke. Paps brauchte einen Menschen bloß einmal anzusehen, und schon kannte er seine Nationalität.

«Irländer – natürlich, hätt ich mir gleich denken können. Gott schütze Sie, man muß schon Ire sein, um so einen Haufen rothaariger Iren großzuziehen. Das kann unser Herr Jesus nicht gewollt haben, daß so eine Familie bei mir Zoll zahlen soll! Fahren Sie einfach durch.»

«Wenn der wüßte, daß du Schotte bist, würde er seinen irischen Eichenknüppel nehmen und dir deinen geizigen Schädel einschlagen», kicherte Mutter, als wir weiterfuhren.

«Höchstwahrscheinlich», gab Paps zu, «weiß der Himmel!»

Und dann einmal im Zirkus.

«Kriegen's meine Holländer hier im Dutzend billiger?»

«Holländer, ach? Und solch eine Menge gesunder Holländer!»

«Kennen Sie schon die Geschichte von dem Mann mit der großen Familie, der seine Kinder mit in den Zirkus nahm?» fragte Paps. «‹Meine Kinder wollen Ihre Elefanten sehn›, sagte der Mann. ‹Das ist noch gar nichts›, sagte der Mann am Billettschalter, ‹meine Elefanten wollen Ihre Kinder sehen.›»

«Hab ich schon mal gehört», sagte der Zirkusmann. «Schon oft. Gehn Sie nur einfach da drüben durch den Eingang, wo keine Sperre ist.»

Einmal aber gingen Paps Szenen in der Narrenkutsche Mutter über die Hutschnur. Das war mitten im Stadtzentrum von Hartford in Connecticut. Wir hielten gerade an einem Verkehrszeichen, und wie üblich begann sich eine Volksmenge um uns zu sammeln. Da hörten wir ganz deutlich, wie eine dicke Dame sagte:

«Sieh doch nur die armen, lieben Kinderchen! Sehn sie nicht süß aus in ihren Uniformen?»

Paps war drauf und dran, eine neue Szene hinzulegen: der wohlwollende Waisenhausdirektor, der die kleinen Waisen einmal ausführt.

«Gott steh mir bei!» begann er mit lauter, jovialer Stimme. «Ja, meiner Treu . . .»

Da aber legte Mutter los.

«Das geht zu weit», sagte sie. «Das geht absolut und ausdrücklich zu weit.»

Paps war betroffen, denn das war etwas Neues. «Was gibt's denn, Lillie?» fragte er rasch.

«Das geht nicht nur etwas zu weit und auch nicht ein bißchen zu weit», sagte Mutter, «das geht schlechthin endgültig zu weit.»

«Aber was ist denn los, Lillie? Komm, erzähl mir's!»

«Jetzt ist der Bart ab», sagte Mutter. «Eben hat uns jemand für ein Waisenhaus gehalten.»

«Ach so», sagte Paps. «Natürlich, das hab ich gehört. War's nicht ulkig?»

«Nein», sagte Mutter. «Keineswegs.»

«Weil wir immer diese Staubmäntel anziehen müssen», sagte Anne halb weinend. «Diese verdammten, verdammten Staubmäntel sehn genau wie Uniformen aus.»

«Im Ernst, Papi», sagte Ernestine, «man muß sich ja genieren, wenn du unterwegs immer dieses schreckliche Theater machst.»

Die Menschenmenge war größer denn je.

«Ich komm mir vor, als müßt ich Spießruten laufen», sagte Martha.

Mutter war außer sich, rügte aber trotzdem Anne wegen ihres Fluchens.

Paps schüttelte sich bereits vor Lachen, und auch die Leute fingen an zu lachen.

«Die ist richtig», rief jemand. «Spießrutenlaufen! Geben Sie's ihm nur richtig, Fräulein. Spießruten!»

Jetzt fingen die Jungen an, Theater zu spielen. Bill saß oben auf dem Rücksitz wie ein heimkehrender Held, der von der jubelnden Bevölkerung empfangen wird. Er schwenkte den Hut und verbeugte sich mit starrem Bühnenlächeln liebenswürdig nach allen Seiten. Frank und Fred lösten ihm von Kopf und Schultern imaginäre Papierschlangen. Die Mädchen dagegen verkrochen sich mit hochroten Gesichtern unter der Wagendecke. «Geh da runter, Bill», sagte Mutter.

Paps brüllte immer noch vor Lachen. «Ich versteh euch Mädels einfach nicht», keuchte er. «In meinem ganzen Leben hab ich so was Komisches noch nicht gehört: ein Waisenhaus auf Rädern. Und ich als Vorsteher. Gilbreths Heim für rothaarigen Nachwuchs unverehelichter, aber bußfertiger gefallener Mädchen.»

«Nicht sehr witzig», sagte Mutter. «Können wir jetzt weiterfahren?»

Als wir Hartford hinter uns gelassen hatten, war Paps ganz klein und reuig, vielleicht sogar ein bißchen erschrocken.

«Ich wollte dich nicht verletzen, Lillie», sagte er.

«Das glaub ich schon, Lieber. Du hast mich auch nicht verletzt.»
Aber Ernestine ließ sich die günstige Gelegenheit nicht entgehen.
«Also, mit den Staubmänteln ist jetzt Schluß», verkündete sie von hinten. «Die ziehn wir nie wieder an. Nie wieder – so sprach der Rabe und ‹Nimmermehr!›, so sag ich. Ich habe gesprochen.»
Das konnte Paps sich von Mutter, nicht aber von seinen Töchtern bieten lassen.
«Wer sagt, daß mit den Staubmänteln Schluß ist?» brüllte er. «Diese Mäntel haben einen Haufen Geld gekostet, schwerverdientes Geld. Wenn ihr nur einen Augenblick glaubt, daß . . .»
«Nein, Frank», fiel ihm Mutter ins Wort. «Diesmal haben die Mädchen recht. Schluß mit den Staubmänteln!»
Es kam selten vor, daß die beiden nicht einer Meinung waren, und wir genossen das alle sehr.
«Gut, Lillie», sagte Paps grinsend, und damit war alles wieder in Ordnung. «Ich hab ja immer gesagt, du hast die Hosen an. Und damit hab auch ich gesprochen.»

Viertes Kapitel

Besuch bei Mrs. Murphy

Damals waren die Wege nicht sehr gut markiert, und außerdem glaubte Paps nicht an Wegweiser.
«Wahrscheinlich hat irgendein Kind diese Pfeile rumgedreht», sagte er und dachte dabei vielleicht an seine eigene Jugend. «Mir scheint, wenn wir dem Pfeil folgen und diesen Weg fahren, dann kommen wir wieder dahin, wo wir herkommen.»
Genauso war es mit dem «Blauen Autobuch», der Bibel für den Autofahrer in jener Frühzeit des Autos. Mutter las ihm daraus vor:
«Einen Kilometer hinter der Windmühle halte man sich links von einer Backsteinkirche und folge dem gepflasterten Weg.»
«Das muß die falsche Windmühle sein», sagte Paps. «Der Kerl, der das Buch geschrieben hat, hat das sicher nicht nachgeprüft, als er diesen Weg langkam. Mein Ortssinn sagt mir, daß wir nach rechts abbiegen müssen. Die Windmühle in dem Buch da haben sie wahrscheinlich abgerissen.»
Wenn er dann nach rechts abgebogen und in die Irre gefahren war, dann schalt er Mutter, sie hätte ihm falsch Bescheid gesagt. Mehrfach rief er Anne zu sich nach vorne und ließ sie aus dem Blauen Buch vorlesen.
«Deine Mutter hat keinen besonderen Ortssinn», sagte er laut und fixierte Mutter über seinen Kneifer hinweg. «Wenn im Buch rechts

steht, sagt sie, ich solle links fahren. Und dann beklagt sie sich, wenn wir uns verirren. Du liest mir jetzt genau das vor, was da steht. Du änderst nicht ein Wort, verstanden? Und erzähl mir nichts von Windmühlen, die es gar nicht gibt, oder von nicht vorhandenen Backsteinkirchen, damit verwirrst du mich nur. Lies einfach das, was da steht.»

Aber er richtete sich ebensowenig nach Annes Anweisungen und verirrte sich natürlich genauso.

Wenn alles ganz hoffnungslos aussah, dann fragte Paps in einem Laden oder an einer Tankstelle nach dem Weg.

Er hörte aufmerksam zu und fuhr dann gewöhnlich genau in die entgegengesetzte Richtung.

«So ein Idiot», brummte Paps dann. «Wohnt ein Leben lang acht Kilometer von Trenton entfernt und weiß nicht mal, wie man da hinkommt. Der wollte mich nach New York zurückschicken.»

Mutter bewahrte bei alldem philosophische Ruhe. Wenn sie der Ansicht war, daß Paps hoffnungslos falsch gefahren war, dann öffnete sie einen kleinen Eiskasten, der zu ihren Füßen unten im Wagen stand, und gab Jane ihre Flasche. Damit war das Zeichen zum Lunch gegeben.

«Schön, Lillie», sagte Paps dann. «Wir können ebensogut anhalten und essen, bis ich mich orientiert hab. Hast einen guten Picknickplatz ausgesucht.»

Während wir aßen, begab Paps sich auf die Suche nach etwas Interessantem. Er war der geborene Lehrer und fand, daß man jede Minute ausnutzen müsse. Essen war seiner Ansicht nach «unvermeidlicher Zeitverlust», ebenso wie Anziehen, Waschen und Kämmen. Aber auch der «unvermeidliche Zeitverlust» durfte nicht verschwendet werden.

Wenn Paps einen Ameisenhaufen fand, dann erzählte er uns vom Ameisenstaat mit Sklaven und Kuhherden. Dann legten wir uns auf den Bauch und sahen den Ameisen zu, wie sie hin und her liefen und Brotkrümchen aufsammelten.

«Seht mal, alle arbeiten, und nichts wird verschwendet», sagte Paps, und es war offensichtlich, daß die Ameise zu seinen Lieblingstieren gehörte. «Seht mal, wie sie zusammenarbeiten und zu viert das Fleischstückchen da zu transportieren suchen. Daran könnt ihr Bewegungsrationalisierung lernen.»

Oder er zeigte auf einen Steinwall und sagte, der sei ein Musterbeispiel der Baukunst. Und dann erklärte er uns, wie die Gletscher vor vielen Jahren über die Erde gewandert seien und beim Schmelzen die Steinblöcke zurückgelassen hätten.

Wenn eine Fabrik in der Nähe war, erklärte er, wie man eine Senkschnur verwendete, damit der Schornstein senkrecht würde, und daß die Fenster an bestimmten Stellen eingesetzt waren, um ein Maximum an Licht einzulassen. Wenn die Fabriksirene ertönte, zog er die Stoppuhr heraus und stellte den Zeitunterschied zwischen dem Hören des Tones und dem Sichtbarwerden des Dampfes fest.

«Nun nehmt mal eure Bleistifte und eure Notizbücher raus, dann will ich euch zeigen, wie man die Geschwindigkeit des Schalls berechnet», sagte er.

Er erzog uns dazu, daß wir jeden Moment Augen und Ohren aufsperrten.

«Sieh mal», sagte er. «Was siehst du? Ja, ich weiß, einen Baum. Aber sieh ihn dir an. Studier ihn. Was *siehst* du wirklich?»

Aber Mutter spann erst die Geschichten, die uns alles, was wir betrachteten, wirklich unvergeßlich machten. Paps sah in einem Ameisenhaufen Bewegungsrationalisierung und Zusammenarbeit; Mutter dagegen sah darin eine hochentwickelte Zivilisation, vielleicht mit einer dicken alten Königin als Oberhaupt, der tausend schwarze Sklaven morgens das Frühstück ans Bett brachten. Wenn Paps stehenblieb und uns die Konstruktion einer Brücke erklärte, so entdeckte sie den Arbeiter in blauen Baumwollhosen, der hoch oben auf einer Verspannung saß und frühstückte. Dadurch gab sie uns das Gefühl für die atemberaubende Höhe der Konstruktion und für die Winzigkeit der Menschen, die sie errichtet hatten. Oder wenn Paps auf einen krummgebogenen, knorrigen Baum deutete, dann machte Mutter uns klar, wie der Wind in jahrelangem Kampf dem Baum sein unbarmherziges Siegel aufgedrückt hatte. Dann saßen wir und merkten uns jedes Wort, und Paps sah Mutter an, als wollte er sagen: Hab ich nicht die wunderbarste Frau der Welt geheiratet?

Bevor wir von unserem Picknickplatz aufbrachen, bestand Paps darauf, daß Butterbrotpapier und anderer Abfall sorgfältig gesammelt, in den Picknickkoffer gepackt und mit nach Hause genommen wurde.

«Wenn ich etwas nicht leiden kann, so ist es Liederlichkeit beim Lagern», sagte er. «Nicht ein Stückchen Papier darf auf diesem fremden Grundstück liegen bleiben. Wir müssen alles so hinterlassen, wie wir's vorgefunden haben, womöglich noch ordentlicher. Nicht mal ein Stück Apfelschale darf liegen bleiben.»

Apfelschalen waren besonders geeignet, Anstoß zu erregen. Die meisten von uns aßen Äpfel gern geschält, aber Paps hielt das für Verschwendung. Wenn er einen Apfel aß, dann verzehrte er ihn mit Schale, Kerngehäuse und Kernen und erklärte, gerade diese seien das Gesündeste und Wohlschmeckendste an der ganzen Frucht. Anstatt an der Seite anzufangen und sozusagen um den Äquator herum zu essen, fing Paps am Nordpol an und aß sich durch das Kerngehäuse bis zum Südpol durch.

Er verbot uns nicht direkt, die Äpfel zu schälen und die Kerngehäuse wegzuwerfen, aber er erwähnte es immer wieder, damit wir ja wüßten, daß er es bemerkt hatte.

Manchmal ließ er uns, damit auch sicher kein Abfall zurückblieb, wie eine Kompanie Soldaten in einer Reihe antreten und über den Picknickplatz marschieren. Jeder mußte den Abfall auf dem Geländestreifen aufsammeln, den er abschritt.

Infolgedessen kamen wir oft mit den Überbleibseln zahlloser Leute nach Hause, die vor uns an der betreffenden Stelle gelagert hatten.

«Es ist mir unbegreiflich, wie ihr eine derartige Menge Zeug herumstreuen könnt», grinste Paps, wenn er alte Zeitungen, leere Flaschen und verrostete Konservendosen in den Picknickkoffer stopfte.

«Das ist nicht unser Zeug, Papi. Das weißt du genauso wie wir. Oder was sollten wir vielleicht mit alten Whiskyflaschen oder mit einer vorjährigen Nummer vom Hartford *Courant* anfangen?»

«Das möcht ich auch wissen», sagte er und schnupperte an den Flaschen.

Weder Paps noch Mutter hielten die Toiletten an den Tankstellen für hygienisch. Sie ließen sich nie im einzelnen darüber aus, welche Krankheiten man sich da holen könne, aber sie erklärten, diese Krankheiten seien häßlich und ansteckend. Verglichen damit war Lepra nur eine Art Schnupfen. Paps machte die Tür zu einer öffentlichen Toilette immer mit seinem Rockschoß auf, und die dann folgenden Vorbereitungen und Vorsichtsmaßnahmen waren «unvermeidlicher Zeitverlust» in des Wortes schlimmster Bedeutung.

Da also für ihn und Mutter die Tankstellen nicht in Betracht kamen, blieben uns nur die Wälder. Vielleicht war es die Nervenanspannung, die wir aufbringen mußten, um Paps Fahrten zu ertragen; vielleicht war es aber auch einfach die Tatsache, daß vierzehn Personen verschiedenartige persönliche Bedürfnisse haben. Jedenfalls schienen wir bei jeder einigermaßen geeigneten Baumgruppe zu halten.

«Ich kenne Hunde, die sich aus Bäumen weniger machen als ihr», stöhnte Paps.

Um innerhalb der Familie das notwendige Taktgefühl zu wahren, erfand Paps zwei Ausdrücke für das «Verschwinden» im Walde. Der eine hieß «Mrs. Murphy besuchen», der andere «mal nach dem hinteren Reifen sehn». Beide bedeuteten dasselbe.

Nach einem Picknick sagte er:

«Wie viele müssen Mrs. Murphy besuchen?»

Meistens mußte keiner. Wenn wir aber zehn oder fünfzehn Minuten unterwegs waren, dann meldete sich bestimmt einer. Dann hielt Paps an, Mutter führte die Mädchen in den Wald auf der einen Straßenseite, Paps die Jungen in den Wald auf der andern Seite.

«Ich kenne die gesamte Flora und Fauna von Bangor in Maine bis nach Washington in Columbia», stellte Paps erbittert fest.

Auf dem Heimweg war es schon dunkel, und dann kletterte Bill auf einen Klappsitz direkt hinter Paps. Immer wenn es um eine Kurve ging und Paps eifrig mit Steuern beschäftigt war, beugte Bill sich vor und packte ihn beim Arm. Bill war ein glänzender Schauspieler, und so flüsterte er in Mutters Ton: «Nicht so schnell, Frank. Nicht so schnell.» Paps meinte, Mutter zupfe ihn am Arm und flüsterte ihm etwas zu; er tat, als höre er nicht.

Manchmal aber machte Bill sich den Spaß, wenn der Wagen würdevoll im Fünfzig-Kilometer-Tempo dahinkroch; dann drehte Paps sich angewidert zu Mutter und sagte:

«Du meine Güte, Lillie! Ich fahre ja höchstens mit dreißig Sachen!» Er zog, sobald er mit Mutter über die Geschwindigkeit sprach, automatisch zwanzig Kilometer ab.

«Ich hab nichts gesagt, Frank», sagte Mutter. Dann drehte Paps sich um und sah, wie wir alle hinter unsern Taschentüchern kicherten. Gut gelaunt knuffte er Bill und zauste ihm das Haar. Insgeheim war Paps stolz auf Bills schauspielerisches Talent. Er sagte manchmal, wenn Bill einen Vogel nachahme, dann wage er (Paps) nicht hochzugucken.

«Junge, du bist ein Nagel zu meinem Sarge», sagte Paps zu Bill.

Wenn wir dann so dahinfuhren, sangen wir drei- und vierstimmig, wobei Mutter und Paps den Sopran und den Baß übernahmen. Wir sangen «Bobolink Swinging on the Bow», «Love's Old Sweet Song», «Our Highland Goat» und «I've Been Working on the Railroad».

Was sollte man nur anfangen, wenn man einziges Kind wäre? dachten wir.

Paps lehnte sich in seinen Sitz zurück und setzte sich den Hut flott aufs Ohr. Mutter tat, als fröre sie, und kuschelte sich an ihn. Die Babies schliefen. Manchmal drehte Mutter sich zwischen den Liedern zu uns um und sagte: «Solche Augenblicke sind die glücklichsten im ganzen Leben.» Und vielleicht hatte sie recht.

Fünftes Kapitel

Der Herr Präsident

Paps war in Fairfield in Maine geboren, wo sein Vater ein Kaufhaus und eine Farm betrieben und Trabrennpferde gezüchtet hatte. John Hiram Gilbreth starb 1871 und ließ seine strenge und harte Frau mit dem dreijährigen Sohn und zwei älteren Töchtern zurück.

Paps Mutter, Großmama Gilbreth, glaubte daran, daß ihre Kinder zu etwas Besonderem in der Welt berufen seien, und hielt es für ihre erste Pflicht, sie so zu erziehen, daß sie für ihre Begegnung mit dem Schicksal gerüstet waren.

«Dann», sagte sie mit vielsagendem Kopfnicken zu ihren Nachbarn in Fairfield, «wird sich's zeigen, was für Blut in ihren Adern rollt.»

Da sie in Maine keine geschäftlichen Bindungen hatte, siedelte sie nach Andover in Massachusetts über, damit die Mädchen die Abbott-Akademie besuchen konnten. Als die älteste Tochter sich später als musikalisch begabt erwies, beschloß Großmama Gilbreth, wieder umzuziehen: Sie siedelte mit ihrer Kinderschar nach Boston über, das, wie jeder Neuengländer wußte, der kulturelle Mittelpunkt der Welt war.

Paps hatte keinen größeren Wunsch, als Bauingenieur zu werden, und seine Mutter beabsichtigte, ihn auf das Technikum in Massachusetts zu schicken. Als er aber mit der höheren Schule fertig war, fand er, daß das für den Geldbeutel der Familie eine zu große Belastung wäre und das Studium seiner Schwester gefährden würde. Ohne seine Mutter zu fragen, nahm er Arbeit als Maurergehilfe an. Da es nun einmal geschehen war, beschloß Großmama Gilbreth, das Beste daraus zu machen. Schließlich hatte Abraham Lincoln am Anfang seiner Laufbahn Holzschwellen behauen.

«Wenn du schon Maurergehilfe werden willst», sagte sie, «dann werde in Gottes Namen ein guter Maurergehilfe.»

«Ich werd mich bemühen, einen guten Maurer zu finden, der mich als Gehilfen nimmt», grinste Paps.

Wenn Großmama glaubte, daß Paps ein guter Maurergehilfe werden könne, so war der Polier anderer Meinung: Er hielt ihn für den schlechtesten aller alten und jungen Maurer, die ihm in vierzig Jahren vorgekommen waren.

In der ersten Arbeitswoche machte Paps so viele Vorschläge, wie man schneller und besser mauern könne, daß der Polier ihn wiederholt rauszuschmeißen drohte.

«Du bist hergekommen, um was zu lernen», schrie der Polier ihn an. «Versuch um Gottes willen nicht, uns was beizubringen.»

Solche zarten Anspielungen machten Paps aber nichts aus. Im Grunde wußte er schon, daß die Bewegungsrationalisierung sein eigentliches Gebiet war, und er hatte etwas entdeckt, was bisher offenbar keinem Menschen in der Industrie aufgefallen war. Er versuchte, es dem Polier auseinanderzusetzen.

«Haben Sie noch nicht bemerkt, daß keine zwei Leute auf genau dieselbe Weise mauern?» fragte er. «Das ist wichtig, und wissen Sie warum?»

«Wenn du deine Schnauze noch mal aufreißt und über Mauern redest, dann stopf ich sie dir mit 'nem Mauerstein, das weiß ich.»

«Es ist deshalb wichtig, weil nämlich – gesetzt den Fall, daß einer richtig mauert – alle andern falsch mauern. Wenn ich Sie wäre, würde ich rauszufinden suchen, wer richtig mauert, und dafür sorgen, daß alle andern es ebenso machen.»

«Und wenn ich ich wäre», brüllte blaß vor Wut der Polier, «dann würde ich zuallererst diesen rothaarigen nichtswürdigen Lausejungen rausschmeißen, der sich da in meine Angelegenheiten mischen will. Denn das willst du!»

Er nahm einen Mauerstein auf und wog ihn drohend in der Hand.

«Vielleicht bin ich nicht so gescheit, meinen besten Maurer herauszufinden, aber meinen schlechtesten Mörtelträger, den kenn ich. Ich warne dich: Hör auf, mich zu ärgern, oder dieser Backstein landet in deiner Schnauze – aber hochkant.»

Nach einem Jahr hatte Paps ein Gerüst gefunden, mit dessen Hilfe er der schnellste Maurer der Baustelle wurde. Diesem Gerüst lag das Prinzip zugrunde, daß die losen Mauersteine und der Mörtel stets in derselben Höhe greifbar waren wie die im Bau befindliche Mauer. Die anderen Maurer mußten sich nach ihrem Material bücken, was Paps nicht brauchte.

«Du bist nicht ganz bei Trost», spottete der Polier. «Sogar zum Bücken bist du zu faul.»

Aber er ließ für die andern Arbeiter die gleichen Gerüste anfertigen und machte sogar den Vorschlag, Paps solle das Original ans Institut für Mechanik schicken, wo es dann auch preisgekrönt wurde. Später wurde Paps auf Empfehlung des Poliers zum Polier eines eigenen Bautrupps gemacht. Er erreichte so erstaunliche Rekorde, daß er zum Inspektor befördert und dann selbst Bauunternehmer wurde und Brücken, Kanäle, Industriesiedlungen und Fabrikanlagen baute. Manchmal bat man ihn, wenn der Bau fertig war, dort zu bleiben und seine Methoden der Bewegungsrationalisierung in der neuerbauten Fabrik einzuführen.

Mit siebenundzwanzig Jahren hatte er eigene Büros in New York, Boston und London. Er besaß eine Segeljacht, rauchte Zigarren und galt als eleganter junger Mann.

Mutter stammte aus einer wohlhabenden Familie in Oakland in Kalifornien. Sie hatte Paps in Boston kennengelernt, als sie sich auf einer Europareise befand, wie sie wohlbehütete amerikanische junge Damen aus guten Familien in den neunziger Jahren unternahmen.

Mutter war Phi Beta Kappa (das heißt Ehrenmitglied einer Studentinnenverbindung) und hatte an der Universität von Kalifornien in Psychologie promoviert. Damals wurden studierte Frauen noch mit einigem Mißtrauen betrachtet. Als Mutter und Paps heirateten, war in der Zeitung von Oakland zu lesen:

«Obwohl die Braut an der Universität von Kalifornien promoviert hat, ist sie doch eine äußerst reizvolle junge Dame.»

Und das war sie auch wirklich.

So beschlossen Mutter als Psychologin und Paps als Organisator und Fachmann für Bewegungsrationalisierung, das neue Gebiet der Betriebspsychologie und das alte Gebiet der psychologischen Führung eines kinderreichen Haushalts zu untersuchen. Sie gingen von der Ansicht aus, daß das, was in der Fabrik anwendbar sei, auch in der Häuslichkeit funktionieren müsse und umgekehrt.

Kurz nach unserem Umzug nach Montclair probierte Paps diese Theorie aus. Das Haus war zu groß, als daß unser Hausfaktotum Tom Grieves und die Köchin Mrs. Cunningham es hätten in Ordnung halten können. Paps beschloß, daß wir ihnen helfen müßten, wollte aber, daß wir diese Hilfe von uns aus anböten. Er hatte festgestellt, daß die Angestellten eines Betriebes am besten zur tätigen Mitarbeit zu bringen waren, wenn man einen gemeinsamen Arbeitgeber-Arbeitnehmer-Ausschuß bildete, der die Verteilung der Arbeit je nach persönlicher Eignung und Geschicklichkeit vornahm. Paps und Mutter gründeten also nach dem Muster eines solchen Arbeitgeber-Arbeitnehmer-Ausschusses einen Familienrat, der jeden Sonntagnachmittag nach dem Dinner zusammentrat.

Bei der ersten Sitzung erhob Paps sich feierlich, goß sich ein Glas Eiswasser ein und begann folgendermaßen:

«Ich bitte euch, zur Kenntnis zu nehmen, daß ich zu eurem Präsidenten ernannt worden bin. Widerspruch wird dagegen wohl nicht erhoben. Da sich also kein Widerspruch erhebt, wird der Präsident . . .»

«Herr Präsident», unterbrach ihn Anne. Sie ging schon in die höhere Schule und wußte in den parlamentarischen Gepflogenheiten einigermaßen Bescheid; daher fand sie, es sei ganz gut, wenn der Präsident die Volksmeinung kennenlerne.

«Unzulässig», sagte Paps. «Vollkommen unzulässig, jetzt hat der Präsident das Wort.»

«Aber du hast gesagt, es erhebe sich kein Widerspruch, und ich wollte doch widersprechen.»

«Unzulässig heißt: Setz dich hin!» brüllte Paps. Er nahm einen Schluck Eiswasser und fuhr in seiner Rede fort: «Die erste Aufgabe des Rates ist, die notwendige Haus- und Gartenarbeit gleichmäßig zu verteilen. Hat jemand hierzu etwas vorzuschlagen?»

Nein, keiner hatte was vorzuschlagen. Paps lächelte etwas gezwungen und bemühte sich, gute Laune zu verbreiten.

«Nun, meine lieben Mitarbeiter», sagte er, «hier herrscht Demokratie. Jeder hat das Recht, seine Meinung zu sagen. Wie denkt ihr euch die Verteilung der Arbeit?»

Keiner wollte die Arbeit verteilen oder überhaupt mit Arbeit in jeglicher Art, Form oder Gestalt etwas zu tun haben. Alle schwiegen.

«In einer Demokratie muß jeder reden», sagte Paps, «also, zum Donnerwetter, redet endlich!» Aus war's mit der guten Laune. «Jack, ich erteile dir das Wort. Wie denkst du über die Verteilung der Arbeit? Wehe, wenn du dir nichts darüber denkst!»

«Ich denke mir», sagte Jack langsam, «Mrs. Cunningham und Tom sollten die Arbeit machen. Sie kriegen ja dafür bezahlt.»

«Setz dich!» brüllte Paps. «Ich entziehe dir das Wort.»

Jack setzte sich unter allgemeinem Beifall, an dem nur Paps und Mutter sich nicht beteiligten.

«Sei bloß still, Jackie», flüsterte Mutter. «Wenn sie dich hören, kündigen sie womöglich. Es ist so schwer, Dienstboten zu kriegen bei den vielen Kindern.»

«Von mir aus sollen sie ruhig kündigen», sagte Jack. «Sie nehmen sich viel zuviel raus.»

Als nächster erhielt Dan das Wort.

«Ich glaube, Tom und Mrs. Cunningham haben genug zu tun», sagte er, während Paps und Mutter strahlten und beifällig nickten. «Ich glaube, wir sollten noch ein paar Leute engagieren, die für uns arbeiten.»

«Unzulässig!» schrie Paps. «Setz dich und halt den Mund!»

Paps sah ein, daß die Geschichte verfahren war. Aber Mutter würde sie schon wieder in Ordnung bringen – dafür war sie ja Psychologin!

«Der Präsident erteilt dem Vizepräsidenten das Wort», sagte er und gab Mutter durch ein Kopfnicken zu verstehen, daß er ihr soeben diesen Titel verliehen habe.

«Ja», sagte Mutter, «wir könnten noch Hilfskräfte engagieren, das wäre eine Lösung.»

Wir grinsten und stießen uns gegenseitig an.

«Aber», fuhr sie fort, «dann müßten wir das Budget an anderer Stelle beschneiden. Wenn wir auf Nachtisch und Taschengelder verzichteten, dann könnten wir uns ein Mädchen leisten. Und wenn wir ein Jahr lang nicht ins Kino gingen, keinen Eiskrem kauften und keinerlei Garderobe anschafften, dann könnten wir uns sogar einen Gärtner leisten.»

«Stellt jemand hierzu einen Antrag?» fragte Paps strahlend. «Wünscht jemand auf sein Taschengeld zu verzichten?»

Keiner meldete sich. Nachdem Paps noch etwas gestichelt hatte, wurde schließlich der Antrag auf Verteilung der Arbeit gestellt und angenommen. Die Jungen sollten den Rasen mähen und die Blätter zusammenharken. Die Mädchen sollten kehren, Staub wischen und abends das Geschirr spülen. Jeder außer Paps hatte sein Bett zu machen und sein Zimmer sauberzuhalten.

Als man daranging, die Arbeit je nach Fähigkeit zu verteilen, wurde entschieden, daß die kleinen Mädchen die Beine und die unteren Fächer der Möbelstücke, die größeren Mädchen die Tischplatten und die oberen Fächer abstauben sollten. Die älteren Jungen sollten den Rasenmäher bedienen und das Laub wegtragen, die jüngeren sollten zusammenrechen und Unkraut jäten.

Als Paps am nächsten Sonntag die zweite Sitzung des Rats einberief, saßen wir etwas befangen und gespannt um den Tisch. Der Präsident spürte, daß etwas in der Luft lag, und mußte sich das Lachen verbeißen. Als er die Sitzung eröffnete, hatte er Mühe, ernst zu bleiben.

Martha, die schon privat gründlich vorgearbeitet hatte, stand auf.

«Es ist den Mitgliedern des Rats zu Ohren gekommen», begann sie, «daß der Vizepräsident einen neuen Teppich für das Eßzimmer zu kaufen beabsichtigt. Da sämtliche Mitglieder des Rats diesen Teppich vor Augen haben werden und auf Stühlen sitzen müssen, die auf diesem Teppich stehen, beantrage ich, daß der Rat um seine Meinung befragt wird, bevor der Teppich gekauft wird.»

«Ich unterstütze den Antrag», sagte Anne.

Paps wußte nicht recht, was er dazu sagen sollte. «Wird eine Diskussion gewünscht?» fragte er, um Zeit zu gewinnen und inzwischen den Gegenangriff vorzubreiten.

«Herr Präsident», sagte Lillian, «wir müssen den Teppich kehren, also sollten wir ihn auch aussuchen dürfen.»

«Wir hätten gern einen mit einem Blumenmuster», warf Martha ein. «Wenn Blumen drauf sind, sieht man die Krümel nicht so, muß nicht so oft kehren und spart dadurch Bewegung.»

«Es würde uns interessieren zu hören, was für einen Teppich der Vizepräsident kaufen will», sagte Ernestine.

«Wir möchten sichergehen, daß er unser Budget nicht zu sehr belastet», verkündete Fred.

«Ich erteile dem Vizepräsidenten das Wort», sagte Paps. «Dieser ganze Familienrat war überhaupt deine Idee, Lillie. Was machen wir denn nun?»

«Ja», sagte Mutter nachdenklich, «ich hatte an einen einfarbigen lila Teppich gedacht und wollte hundert Dollar dafür ausgeben. Aber wenn die Kinder meinen, daß das zuviel ist, und wenn sie Blumen haben möchten, dann füge ich mich der Mehrheit.»

«Ich beantrage», sagte Frank, «daß nur fünfundneunzig Dollar ausgegeben werden.»

Paps zuckte die Achseln: Wenn Mutter nichts dagegen hatte, an ihm sollte es nicht liegen.

«Wer dafür ist, daß nur fünfundneunzig Dollar ausgegeben werden, soll ‹Ja!› sagen.»

Der Antrag wurde einstimmig angenommen.

«Wünscht noch jemand etwas vorzubringen?»

«Ich beantrage», sagte Bill, «daß wir die ersparten fünf Dollar dazu verwenden, einen jungen Schäferhund zu kaufen.»

«Halt!» rief Paps. «Moment mal!» Die Sache mit dem Teppich konnte man noch als Spaß auffassen, aber ein Hund – da wurde es ernst. Seit Jahren wünschten wir uns einen Hund. Paps fand, daß jedes

Haustier, das keine Eier legte, für einen Mann mit zwölf Kindern einfach sträflicher Luxus sei. Er hatte das Gefühl, daß es gar nicht abzusehen wäre, worüber der Rat das nächste Mal abstimmen würde, wenn er jetzt bei dem Hund nachgäbe. Ihm wurde ganz schlecht bei dem Gedanken an einen Stall voll Ponies, ein Sportauto für Anne, Motorräder, ein Schwimmbassin, und das Ende von alldem würde das Armenhaus oder der Schuldturm sein, falls es solche Dinge noch gäbe.

«Ich unterstütze den Antrag», sagte Lillian und riß damit Paps aus seinen Träumen.

«Ein Hund», sagte Jack, «ist ein Haustier. Die ganze Familie dürfte ihn streicheln, aber ich wäre sein Herr.»

«Ein Hund», sagte Dan, «ist ein Freund. Er könnte fressen, was übrig bleibt, und würde uns vor Verschwendung und den Müllkutscher vor unnötigen Bewegungen bewahren.»

«Ein Hund», sagte Fred, «verscheucht die Bettler. Er würde am Fußende meines Bettes schlafen, und ich würde ihn immer waschen, wenn er schmutzig ist.»

«Ein Hund», äffte Paps sie alle nach, «ist ein verdammter Unfug. Er würde unser Herr sein. Er würde mir die Haare vom Kopf fressen. Er würde vom Speicher bis zur Diele alles mit seinen Flöhen verseuchen. Er würde ausgerechnet auf dem Fußende *meines* Bettes schlafen. Und kein Mensch würde je seinen gräßlichen, dreckigen, verflöhten Wanst waschen.» Flehend sah er Mutter an. «Lillie, Lillie, bist du denn blind?» bettelte er. «Siehst du denn nicht, wohin das führt? Ponies, Sportwagen, Reisen nach Hawaii, seidene Strümpfe, Rouge und Bubikopf!»

«Lieber, ich glaube, wir müssen etwas Vertrauen zu der Vernunft unserer Kinder haben», sagte Mutter. «Ein Hund für fünf Dollar ist schließlich keine Reise nach Hawaii.»

Wir stimmten ab, und die einzige Neinstimme gab Paps ab. Mutter enthielt sich der Stimme. Und noch nach Jahren, als der Schäferhund längst nicht mehr jung war, als alle Möbel mit seinen Haaren besät waren, als er den Briefträger biß und tatsächlich versuchte, sich auf dem Fußende von Paps Bett häuslich niederzulassen, hörte man gelegentlich den Präsidenten zum Vizepräsidenten sagen:

«Jeden Abend danke ich meinem Schöpfer, daß ich damals nicht dafür gestimmt habe, daß dieses faule, gemeine, unleidliche Vieh in dieses Haus kommt, das einst mein Haus war. Ich freue mich, daß ich den Mut hatte, offen gegen diesen schamlosen Flohbastard zu stimmen, mit dem ich jetzt Tisch und Bett teilen muß, du Stimmenthalter, du!»

Sechstes Kapitel

Blindschreiben

Wie den meisten Ideen von Paps und Mutter lag auch dem Familienrat ein gesunder Gedanke zugrunde, und wenn der Familienrat sich manchmal auch hart an der Grenze der Hysterie bewegte, führte er doch zu Ergebnissen. Einkaufskomitees, die für eine bestimmte Zeit gewählt wurden, kauften Lebensmittel, Kleidung, Möbel und Sportausrüstungen für die Familie. Ein Sparkomitee erhob von Wasser- und Stromverschwendern Geldstrafen in Höhe eines Cent. Ein Planungskomitee achtete darauf, daß die Arbeiten so durchgeführt wurden, wie sie vorgesehen waren. Der Rat setzte die Taschengelder fest, auch Belohnungen und Strafen. Trotz der düsteren Prophezeiungen von Paps kam er weder zu Ponies noch zu Sportwagen.

Ein Einkaufskomitee entdeckte ein großes Warenhaus, das uns alles, von der Unterwäsche bis zu Baseballhandschuhen, zu Engrospreisen lieferte.

Ein anderes kaufte lastwagenweise Konserven direkt vom Fabrikanten.

Der Familienrat hatte es auch eingeführt, daß für besondere Arbeiten Angebote eingereicht wurden.

Als Lill acht Jahre alt war, legte sie ein Angebot vor, einen langen, hohen Zaun im Hintergarten für 47 Cent zu streichen. Natürlich war es das niedrigste Angebot, und die Arbeit wurde ihr zugesprochen.

«Sie ist zu klein, um den ganzen Zaun allein zu streichen», sagte Mutter zu Paps. «Laß sie's nicht machen.»

«Unsinn», sagte Paps. «Sie soll lernen, den Wert des Geldes einzuschätzen und sich an Vereinbarungen zu halten. Laß sie nur machen.»

Lill, die für ein Paar Rollschuhe sparte und das Geld gern haben wollte, ließ sich nicht davon abbringen.

«Wenn du's anfängst, mußt du's auch fertig machen», sagte Paps.

«Ich werd's auch fertig machen, Papi. Ich weiß, ich kann's.»

«Du hast ja den Vertrag selber abgeschlossen.»

Lill brauchte zehn Tage dazu und arbeitete täglich nach der Schule und am Wochenende den ganzen Tag. Sie bekam Blasen an den Händen und konnte manche Nacht vor Übermüdung nicht schlafen. Paps machte sich Sorgen, so daß er manchmal auch nicht sehr gut schlief. Aber er bestand darauf, daß sie ihren Vertrag erfüllte.

«Du mußt sie aufhören lassen», sagte Mutter immer wieder zu ihn. «Sie klappt uns zusammen, oder es passiert sonst etwas Schreckliches.»

«Nein», sagte Paps. «Sie lernt den Wert des Geldes kennen, und sie lernt, daß man das, was man angefangen hat, auch zu Ende führen muß, wenn man Geld dafür kriegen will. Sie muß es fertig machen; das steht in ihrem Vertrag.»

«Du redest wie Shylock», sagte Mutter.

Aber Paps blieb fest.

Als Lill endlich mit der Arbeit fertig war, kam sie tränenüberströmt zu Paps.

«Fertig», sagte sie. «Hoffentlich bist du zufrieden. Kann ich jetzt meine 47 Cent haben?»

Paps zählte die Geldstücke auf.

«Weine nicht, mein Süßes», sagte er. «Was du auch von deinem alten Papi denken magst – er tat's zu deinem Besten. Wenn du unter deinem Kopfkissen nachsiehst, wirst du merken, daß Papi dich die ganze Zeit wirklich liebgehabt hat.»

Das Geschenk war ein Paar Rollschuhe.

Fred leitete das Sparkomitee und zog die Strafgelder ein. Einmal entdeckte er kurz vor dem Schlafengehen, daß jemand einen Wasserhahn nicht fest zugedreht hatte, so daß er tropfte und die ganze Badewanne mit heißem Wasser vollgelaufen war. Jack schlief schon über eine Stunde, aber Fred weckte ihn.

«Steh auf und geh baden», sagte er.

«Aber ich hab ja grade vorm Schlafengehn gebadet.»

«Weiß ich, aber du hast den Hahn offen gelassen», sagte Fred. «Willst du denn das herrliche Wasser vergeuden?»

«Warum badest du denn nicht?» fragte Jack.

«Ich bade morgens, das weißt du doch. So steht's im Plan.»

Jack mußte an jenem Abend zweimal baden.

Eines Tages kam Paps mit zwei Grammophonen und zwei Stößen Platten heim. An den Eingangsstufen pfiff er zum Sammeln, und wir halfen ihm beim Auspacken.

«Kinder», sagte er, «da hab ich eine wunderbare Überraschung. Zwei Grammophone und lauter hübsche Platten.»

«Aber wir haben doch ein Grammophon, Papi.»

«Weiß ich, aber das Grammophon, das wir haben, ist für unten; jetzt haben wir zwei für oben. Wird das nicht lustig?»

«Warum?»

«Also von jetzt an», sagte Paps, «werden wir versuchen, den unvermeidlichen Zeitverlust einzuschränken. Diese Grammophone kommen in die Badezimmer – eins ins Jungenbad, das andere ins Mädchenbad. Wetten, daß wir die einzige Familie in der Stadt sind, die in jedem Badezimmer ein Grammophon hat? Und wenn ihr badet, die Zähne putzt oder sonst was tut, dann spielt ihr Grammophon.»

«Warum?»

«Warum? Warum? Warum?» äffte Paps nach. «Warum dies und warum das? Muß denn bei allem ein Warum sein?»

«Muß nicht, Papi», erklärte Ernestine geduldig. «Aber bei dir ist meistens eins dabei. Wenn du von unvermeidlichem Zeitverlust und von Grammophonen redest, dann tippen wir nicht grade auf Tanzmusik.»

«Nein», gab Paps zu. «Tanzmusik ist's nicht. Aber ihr werdet diese Platten in gewisser Weise ebensogut finden und dazu noch belehrender.»

«Was sind's denn für Platten?» fragte Anne.

«Oh», sagte Paps, «sehr amüsante. Französische und deutsche Sprachkurse. Ihr braucht nicht richtig zuzuhören. Spielt sie nur einfach ab. Am Ende bleibt doch was hängen.»

«O nein!»

Paps wurde der Diplomatie und der Psychologie bald müde.

«Haltet den Mund und hört zu», schrie er. «Ich hab hundertundsechzig Dollar für das ganze Zeug ausgegeben. Hab ich das etwa für mich getan? Nein! Zum Donnerwetter, nein! Zufällig kann ich nämlich Deutsch und Französisch schon so fließend, daß man mich oft für einen Deutschen oder für einen Franzosen hält.»

Das war zumindest eine ungeheuerliche Übertreibung; Paps hatte erst als Erwachsener angefangen, Sprachen zu lernen, und war mit Französisch nie recht vertraut geworden, während er Deutsch ganz gut radebrechte. Meistens setzte er es durch, daß Mutter ihn auf seinen Geschäftsreisen nach Europa als Dolmetscher begleitete. Mutter hatte eine natürliche Begabung für Sprachen.

«Nein», fuhr Paps fort, «nicht für mich hab ich diese kostspieligen Dinger gekauft, obwohl ich gestehen muß, daß ich sehr gern ein Grammophon und einen Haufen Sprachplatten für mich allein hätte. Aber diese hier hab ich als Geschenk für euch gekauft, und ihr werdet sie auch benutzen. Wenn diese Grammophone nicht jeden Morgen laufen – vom Aufstehn an, bis ihr zum Frühstück runterkommt –, dann werd ich schon rauskriegen, weshalb.»

«Zum Beispiel deshalb», sagte Bill, «weil man die Platten nicht auswechseln kann, wenn man in der Badewanne sitzt.»

«Wenn man nach den Grundsätzen der Bewegungsrationalisierung verfährt, dann braucht man in der Badewanne nicht länger zu sitzen, als eine Platte läuft.»

Das war allerdings richtig. Paps setzte sich in die Wanne und nahm die Seife in die rechte Hand. Dann legte er die rechte Hand auf die linke Schulter, fuhr damit die Oberseite des linken Arms hinunter, die Unterseite des linken Arms wieder hinauf bis zur Achselhöhle, dann die ganze linke Seite und die Außenseite des linken Beins hinunter und die Innenseite dieses Beins wieder hinauf. Dann nahm er die Seife in die linke Hand und verfuhr ebenso mit seiner rechten Seite. Dann fuhr er ein paarmal kreisförmig über Bauch und Rücken, wusch sich Gesicht und Füße, tauchte zum Abspülen unter und stieg heraus. Er versammelte mehrmals alle Jungen im Badezimmer und zeigte ihnen genau, wie er's machte, und eines Tages saß er völlig angezogen mitten auf dem Wohnzimmerteppich und brachte es den Mädchen bei.

Nun also gab es im Badezimmer keinen unvermeidlichen Zeitverlust mehr; es dauerte nicht lange, und wir sprachen alle wenigstens ein holperiges Französisch und Deutsch. Zehn Jahre lang erteilten die Grammophone im Obergeschoß unseres Hauses in Montclair ihren Elementarunterricht. Als wir einigermaßen fließend sprechen konnten, unterhielten wir uns oft beim Mittagessen deutsch oder französisch. Im letzteren Falle beteiligte Paps sich nicht an der Unterhaltung.

«Eure deutsche Aussprache ist gar nicht so schlecht», sagte er. «Wenn ihr deutsch sprecht, kann ich fast alles verstehn. Aber eure französische Aussprache ist so grauenhaft, daß euch wahrscheinlich kein Mensch verstehen kann. Ich glaube, ihr habt euch da eine eigene Fremdsprache zurechtgemacht, die mit Französisch ebensowenig zu tun hat wie mit Küchenlatein.»

Wir kicherten, und er wandte sich wütend an Mutter:

«Findest du nicht auch, Lillie?»

«Weißt du, Lieber», sagte sie, «ich glaube kaum, daß jemand sie für geborene Franzosen halten würde, aber meistens kann ich verstehen, was sie meinen.»

«Weil du dein Französisch hier gelernt hast», sagte Paps würdevoll, «wo jeder mit Akzent spricht, während ich es in Paris gelernt habe.»

«Mag sein, mein Lieber», sagte Mutter, «mag schon sein.»

An diesem Abend nahm Paps sich das Grammophon aus dem Jungenbad mit in sein Schlafzimmer, und wir hörten ihn bis spät in die Nacht hinein französische Platten spielen.

Ungefähr zu der Zeit, als Paps uns die Grammophone mitbrachte, wurde er Berater bei der Remington-Schreibmaschinen-Gesellschaft, und er war daran beteiligt, durch Bewegungsrationalisierung die schnellste Maschinenschreiberin der Welt heranzubilden.

Eines Abends beim Essen erzählte er uns davon: wie er an den Fingern der Schreiberin kleine Leuchtpunkte angebracht und davon Zeitlupenaufnahmen gemacht habe, um festzustellen, welche Bewegungen sie mache und wie man diese Bewegungen reduzieren könne.

«Jeder kann schnellschreiben lernen», schloß Paps. «Ich habe ein System entwickelt, nach dem man garantiert in zwei Wochen blindschreiben lernen kann.»

Wir sahen direkt, wie das große Experiment in seinem Hirn reifte.

«In zwei Wochen», wiederholte er. «Sogar einem Kind könnte ich in zwei Wochen Blindschreiben beibringen.»

«Kannst du blindschreiben, Papi?» fragte Bill.

«In zwei Wochen», sagte Paps, «könnte ich's einem Kind beibringen. Jeder kann das, wenn er nur genau das tut, was ich ihm sage.»

Am nächsten Tag brachte er eine neue schneeweiße Schreibmaschine, ein goldenes Messer und eine billige Uhr mit. Er packte alles aus und stellte es auf den Eßzimmertisch.

«Kann ich die Maschine mal probieren?» fragte Mart.

«Warum ist die Maschine weiß?» wollte Anne wissen. «Alle Schreibmaschinen, die ich bisher gesehen hab, waren schwarz. Sie sieht hübsch aus, sicher, aber warum ist sie weiß?»

«Sie ist weiß, damit sie sich besser fotografieren läßt», erklärte Paps. «Außerdem möchte aus irgendeinem Grund jeder, der eine weiße Schreibmaschine sieht, daran tippen. Fragt mich nicht warum. Das gehört zur Psychologie.»

Wir alle wollten einmal tippen, aber Paps erlaubte nicht, daß wir die Maschine anrührten.

«Jeder kann sich an diesem Experiment beteiligen», sagte er. «Ich glaube, ich kann euch das Blindschreiben in zwei Wochen beibringen. Wer's lernen will, darf auf der weißen Maschine üben. Wer nach zwei Wochen am schnellsten tippen kann, bekommt die Schreibmaschine geschenkt. Messer und Uhr werden als Preise für diejenigen ausgesetzt, die durch ihre Jugend benachteiligt sind.»

Alle, außer den beiden Jüngsten, die noch nicht sprechen konnten, sagten, daß sie es lernen wollten.

«Kann ich zuerst üben, Papi?» fragte Lill.

«Keiner darf üben, bis ich's sage. Jetzt will ich euch erst mal zeigen, wie die Maschine funktioniert.» Paps nahm ein Blatt Papier. «Hier spannt man das Papier ein. Und so–oo wird gedreht. Und wenn man den Wagen an den Zeilenanfang haben will, macht man's so.»

Und Paps tippte unsicher mit zwei Fingern das erste beste, was ihm gerade einfiel: seinen Namen.

«Ist das Blindschreiben, Papi?» fragte Bill.

«Nein», sagte Paps. «Das Blindschreiben zeig ich euch nachher.»

«Kannst du denn blindschreiben, Papi?»

«Billy, mein Junge, ich weiß, wie man's jemand beibringt.»

«Aber kannst du's selber, Papi?»

«Ich kann's beibringen!» brüllte Paps. «In zwei Wochen kann ich's einem Kind beibringen. Hast du mich verstanden? Gerade jetzt hab ich mitgeholfen, die schnellste Maschinenschreiberin der Welt auszubilden. Hast du das auch verstanden? Wie ich gehört habe, kann Carusos Gesanglehrer nicht einen einzigen Ton singen. Ist damit deine Frage beantwortet?»

«Ich denke ja», sagte Bill.

«Sonst noch eine Frage?»

Keiner hatte etwas zu fragen. Dann holte Paps Papiermodelle von der Schreibmaschinentastatur und gab jedem von uns eins.

«Zuerst müßt ihr die Tastatur auswendig lernen. QWERTYUIOP. Das sind die Buchstaben der oberen Reihe. Die lernt ihr auswendig. Ihr müßt sie vorwärts und rückwärts können. Ihr müßt sie mit geschlossenen Augen hersagen können – so.»

Paps machte das rechte Auge zu, linste aber ein bißchen durch das linke Auge, so daß er die Tabelle noch lesen konnte.

«QWERTYUIOP. Versteht ihr mich? Das müßt ihr im Schlaf können. Das ist der erste Schritt.»

Wir sahen etwas niedergeschlagen aus.

«Ich weiß schon, ihr wollt die weiße Schreibmaschine probieren. Hübsch, nicht wahr?»

Er schlug einige Tasten an.

«Geht so leicht wie eine Taschenuhr, was?»

Das mußten wir zugeben.

«Schön. Morgen oder übermorgen werdet ihr sie benutzen. Aber erst müßt ihr die Tasten auswendig lernen. Dann müßt ihr lernen, welche Finger ihr zu benutzen habt. Dann seid ihr so weit, daß ihr Moby Dick probieren dürft. Und einer von euch wird ihn gewinnen.»

Nachdem wir die Tasten auswendig konnten, wurden unsere Finger mit bunter Kreide bezeichnet: die kleinen Finger blau, die Zeigefinger rot usw. Auf die entsprechenden Tasten auf den Papiermodellen kamen die gleichen Farben. Beispielsweise wurden alle Buchstaben, die mit dem kleinen Finger der linken Hand angeschlagen werden – wie Q, A und Z –, blau bezeichnet, entsprechend dem blauen kleinen Finger.

«Nun habt ihr nichts weiter zu tun, als zu üben, bis jeder Finger weiß, zu welcher Farbe er gehört», sagte Paps. «Und wenn ihr das intus habt, können wir anfangen.»

In zwei Tagen waren wir so weit, daß wir die Farben unserer Finger mit den Farben auf den Papiermodellen zusammenbrachten. Ernestine war die Schnellste und durfte sich als erste an die weiße Schreibmaschine setzen. Zuversichtlich rückte sie ihren Stuhl heran, während wir alle um sie herumstanden.

«Aber Papi – das gilt nicht», jammerte sie. «Du hast ja auf alle Tasten weiße Kappen gesetzt. Ich kann gar nicht sehen, was ich anschlage.»

Heutzutage sind weiße Kappen allgemein bekannt, aber Paps hatte sie sich ausgedacht und von Remington besonders anfertigen lassen.

«Du brauchst nichts zu sehen», sagte Paps. «Stell dir einfach vor, die Tasten hätten verschiedene Farben, und tippe genau wie am Modell.»

Ern fing langsam an und wurde dann schneller, als ihre Finger instinktiv von einer Taste zur anderen sprangen. Paps stand mit seinem Bleistift in der einen und mit einem Modell in der anderen Hand hinter ihr. Jedesmal, wenn sie einen Fehler machte, gab er ihr mit dem Bleistift einen Klaps auf den Kopf.

«Laß das, Papi. Das tut weh. Ich kann mich nicht konzentrieren, wenn ich weiß, daß dieser Bleistift über meinem Kopf schwebt.»

«Es soll ja weh tun. Dein Kopf soll deine Finger lehren, keine Fehler zu machen.»

Ern tippte weiter. Bei jedem fünften Wort machte sie einen Fehler, und dann bekam sie mit dem Bleistift eine Kopfnuß. Aber die Kopfnüsse kamen immer seltener, und schließlich legte Paps den Bleistift weg.

«Sehr schön, Ernie», sagte er. «Ich glaube, ich werde dich behalten.»

Nach zwei Wochen konnten Mutter und alle über sechs Jahre alten Kinder ziemlich gut blindschreiben. Paps behauptete, er könne es auch. Wir waren noch weit davon entfernt, schnell zu schreiben – denn das erlangt man nur durch Übung, aber wir schrieben einigermaßen fehlerfrei.

Paps wollte, daß Ernestine sich als eine Art Wunderkind an einem staatlichen Wettbewerb beteilige, aber Mutter redete es ihm aus, und so hat Ern sich nie beworben.

«Ich will sie ja nicht vorführen», sagte er zu Mutter. «Ich will den Leuten ja nur einen Gefallen tun: Ich will ihnen zeigen, was man mit der richtigen Lehrmethode und mit Bewegungsrationalisierung fertigbringen kann.»

«Ich halte das für keine gute Idee, Lieber», sagte Mutter. «Ernestine ist ziemlich überspannt, und die Kinder sind auch so schon eingebildet genug.»

Paps begnügte sich damit, von uns Filmaufnahmen zu machen, erst mit den farbig bezeichneten Fingern am Papiermodell und dann richtig an der Schreibmaschine. Er sagte, die Bilder seien «für mein Archiv», aber etwa einen Monat später wurden sie für die Wochenschau freigegeben, und es wurde alles gezeigt – außer dem auf unsere Köpfe heruntersausenden Bleistift. Und manche von uns schrecken noch heute zusammen, sobald sie die Rücktaste berühren.

Da nach Paps Ansicht Essen eine Form von unvermeidlichem Zeitverlust war, nutzte er die Essenszeit zum Unterricht aus. Oberstes Gesetz war: Niemand darf sprechen, wenn sein Thema nicht allgemein interessant ist.

Paps entschied, welche Themen allgemein interessant waren. Da er überzeugt war, daß er selber nur interessante Sachen sagte, hatte die übrige Familie Mühe, überhaupt zu Wort zu kommen.

«Also bestimmt – wir haben im Geschichtsunterricht den dümmsten Jungen», fing Anne etwa an.

«Sieht er gut aus?» fragte Ernestine.

«Nicht allgemein interessant!» brüllte Paps.

«Mich interessiert's», sagte Mart.

«Aber ich», verkündete Paps, «langweil mich tot. Wenn Anne zum Beispiel in der Geschichtsstunde einen Jungen mit zwei Köpfen gesehn hätte, dann wär das allgemein interessant.»

Zu Beginn einer Mahlzeit war es gewöhnlich so, daß an einem Ende des Tisches Mutter das Essen austeilte, während Paps am anderen Ende das Unterhaltungsthema des Tages servierte.

«Heute traf ich einen Ingenieur, der gerade aus Indien zurückgekommen ist», verkündete er. «Wißt ihr, was er sagt? Er glaubt, Indien habe verhältnismäßig die kleinste Industrie aller Länder der Welt.»

Dann wußten wir, daß während dieser Mahlzeit auch die langweiligsten Tatsachen über Indien für allgemein interessant gehalten wurden – die Nachbarstaaten Siam, Persien, China und die Mongolei aus irgendeinem Grunde dagegen für weniger allgemein interessant galten und Vorfälle, die sich in Montclair in New Jersey ereignet hatten, als völlig uninteressant verworfen wurden. Wenn einmal Indien als Reiseziel ausersehen war, dann ließ Paps sich nicht davon abbringen und steuerte drauflos, als hätten wir eine wichtige Botschaft dorthin zu bringen.

Manchmal hing das Gesprächsthema mit dem Gebiet der Bewegungsrationalisierung zusammen, beispielsweise das Abräumen des Eßgeschirrs. Alles, was mit Bewegungsrationalisierung zu tun hatte, war natürlich immer ganz besonders allgemein interessant.

«Ist es besser, das Geschirr am Tisch aufeinanderzustellen und in einem großen Stoß hinauszutragen?» fragte Paps. «Oder ist es besser, immer nur ein paar Teller in die Anrichte zu bringen und sie beim Abspülen aufeinanderzustellen? Wir werden nach dem Essen zwei Parteien bilden, und jede Partei wird eine dieser beiden Methoden ausprobieren.»

Besonders allgemein interessant war auch eine Reihe von Kunstgriffen, mittels deren Paps große Zahlen ohne Bleistift und Papier im Kopf multiplizieren konnte. Die Ableitung für diese Kunstgriffe ist zu kompliziert, um sie hier ausführlich wiederzugeben; zwei ziemlich elementare Beispiele mögen genügen.

1. Um sechsundvierzig mit sechsundvierzig zu multiplizieren, berechnet man, wieviel größer sechsundvierzig ist als fünfundzwanzig. Antwort: einundzwanzig. Dann berechnet man, wieviel kleiner sechsundvierzig ist als fünfzig. Antwort: vier. Man nimmt das Quadrat von vier und erhält sechzehn. Man schreibt einundzwanzig und sechzehn nebeneinander und erhält einundzwanzigsechzehn, d. h. 2116.

2. Um vierundvierzig mit vierundvierzig zu multiplizieren, berechnet man, wieviel größer vierundvierzig ist als fünfundzwanzig. Antwort: neunzehn. Dann berechnet man, wieviel kleiner vierundvierzig als fünfzig ist. Antwort: sechs. Man nimmt das Quadrat von sechs und erhält sechsunddreißig. Man schreibt neunzehn und sechsunddreißig nebeneinander und erhält neunzehnsechsunddreißig, d. h. 1936.

«Ich möchte euch allen beibringen, wie man zweistellige Zahlen im Kopf multipliziert», fing Paps beim Mittagessen an.

«Nicht allgemein interessant», sagte Anne.

«Ja, wenn du einem Kalb mit zwei Köpfen beibringen könntest, zweistellige Zahlen zu multiplizieren!» schlug Ern vor.

«Wer das nicht allgemein interessant findet, kann vom Tisch aufstehn und in sein Zimmer gehn», sagte Paps kalt. «Soviel ich weiß, gibt's zum Nachtisch Apfelkuchen.»

Niemand stand auf.

«Da sich jetzt alle dafür zu interessieren scheinen», sagte Paps, «werde ich erklären, wie man's macht.»

Für Kinder war das schwer verständlich, man mußte dabei die Quadrate aller Zahlen von eins bis fünfundzwanzig im Kopf haben. Aber Paps ging langsam vor, und nach einigen Monaten hatten die älteren Kinder die notwendigen Kunstgriffe gelernt.

Während Mutter tranchierte und das Essen austeilte – Paps schnitzte zwar manchmal an einem Stück Holz herum, hätte aber nie bei Tisch ein Tranchiermesser angerührt –, rief Paps Rechenaufgaben aus:

«Neunzehn mal siebzehn.»

«Dreihundertdreiundzwanzig.»

«Richtig. Gut, Bill.»

«Zweiundfünfzig mal zweiundfünfzig.»

«Zweitausendsiebenhundertvier.»

«Richtig. Gut, Martha.»

Dan war damals fünf und Jack drei Jahre alt. Eines Abends bombardierte Paps Dan mit Fragen nach den Quadraten der Zahlen bis fünfundzwanzig. Das hätte mit Kopfrechnen nichts zu tun, sondern war reiner Gedächtniskram.

«Fünfzehn mal fünfzehn», sagte Paps.

«Zweihundertfünfundzwanzig», sagte Dan.

«Sechzehn mal sechzehn», sagte Paps.

Jack, der in seinem hohen Stuhl neben Mutter saß, antwortete: «Zweihundertsechsundfünfzig.»

Zuerst war Paps ärgerlich, weil er glaubte, einer von uns Älteren habe dazwischengeredet.

«Ich hab Dan gefragt», sagte er. «Ihr andern drängt euch nicht so vor und . . .» Dann aber fiel bei ihm der Groschen.

«Was hast du gesagt, Jackiebub?» flötete er.

«Zweihundertsechsundfünfzig.»

Paps zog ein Fünf-Cent-Stück aus der Tasche und wurde sehr ernst.

«Hast du die Quadratzahlen auswendig gelernt, während ich die andern abfragte, Jackie?»

Jack wußte nicht, ob das gut oder schlecht war, aber er nickte.

«Wenn du mir sagen kannst, wieviel siebzehn mal siebzehn ist, Jackiebub, kriegst du fünf Cent.»

«Natürlich, Papi», sagte Jack. «Zweihundertneunundachtzig.»

Paps reichte ihm das Fünf-Cent-Stück und sah Mutter strahlend an. «Lillie», sagte er, «ich glaube, wir behalten den Jungen.»

Martha konnte mit elf Jahren am schnellsten von der ganzen Familie kopfrechnen. Paps litt noch unter der Enttäuschung, daß er Ernestine nicht zu dem Schnellschreibewettbewerb hatte schicken können, und bestand darauf, Martha zu einer Ausstellung von Rechenmaschinen in New York mitzunehmen.

«Nein, Lillie», sagte er zu Mutter, «Martha ist nicht überspannt. Beim Blindschreiben hab ich mich mit Filmaufnahmen begnügt, aber dies hier kann man nicht filmen. Sie fährt mit nach New York.»

Bei der Ausstellung stand Martha auf einem Podium und löste die Aufgaben schneller als die Rechenmaschinen. Paps stand natürlich immer daneben.

Wenn das Publikum am Schluß applaudierte, sagte er bescheiden:

«Das ist wirklich noch gar nichts. Zu Hause hab ich einen Jungen namens Jack, der ist fast so gut wie sie. Ich hätte ihn ja mitgebracht, aber meine Frau meint, er sei noch zu klein. Vielleicht nächstes Jahr, dann ist er schon vier . . .»

Damals sahen wir schon ein, daß Paps als Lehrer etwas los hatte und genau wußte, was er wollte. Einmal aber mißlang es ihm doch.

«Morgen werde ich ein Vogelbassin aus Zement machen», sagte er nach dem Dinner. «Wer zusehn will, muß gleich nach der Schule nach Hause kommen, dann machen wir's am späten Nachmittag.»

Paps hatte sein Bauunternehmen schon lange aufgegeben und sich ganz der Betriebswissenschaft und der Bewegungsrationalisierung gewidmet, aber wir wußten, daß er ein perfekter Maurer war und ein Buch über Eisenbeton geschrieben hatte.

Am nächsten Nachmittag machte er eine Form, mischte zuversichtlich seinen Beton und goß das Vogelbassin.

«Jetzt lassen wir es eine Weile trocknen, und dann nehmen wir die Form weg», sagte er.

Danach mußte er für einige Wochen verreisen. Als er wiederkam, zog er sich einen alten Anzug an, pfiff zum Sammeln und ging vor uns her in den Garten.

«Die ganze Zeit, die ich fort war, hab ich an dieses Vogelbassin gedacht», sagte er. «Jetzt müßte es richtig hart sein.»

«Werden die Vögel drin baden, Papi?» fragte Fred.

«Freddy, ich nehm an, die Vögel werden meilenweit herkommen, um drin zu baden. Und am Samstagabend werden die Vögel höchstwahrscheinlich Schlange stehn, um unsere süße kleine Badewanne benutzen zu dürfen.»

Er beugte sich über die Gußform. «Tretet alle zurück», sagte er. «Jetzt wird das Meisterwerk enthüllt. Ihr kleinen Vögelchen – haltet eure Handtücher bereit, gleich könnt ihr baden.»

Wir standen mäuschenstill da und warteten. Als er aber das Vogelbassin aus der Form heraushob, gab es zu unserer Überraschung ein knirschendes Geräusch, und vor unseren Füßen lag ein Haufen Sand und Steinchen. Paps stand sprachlos und ganz kleinlaut da. Es ging ihm so nahe, daß er uns leid tat.

«Schadet nichts, Papi», sagte Lill. «Du hast's jedenfalls mal versucht.»

«Bill», sagte Paps streng, «hast du etwa . . .?»

«Was, Papi?»

«Hast du mein Vogelbassin angefaßt?»

«Nein, Papi. Ehrenwort.»

Paps bückte sich und nahm ein Stückchen Beton auf. Es zerfiel zwischen seinen Fingern zu Staub.

«Zuviel Sand», brummte er und sagte dann zu Bill: «Nein, meine Schuld. Zuviel Sand. Ich weiß, du hast es nicht angefaßt, und es tut mir leid, daß ich dich verdächtigt hab.»

Aber die Niedergeschlagenheit dauerte bei Paps nicht lange.

«Na ja», sagte er, «diesmal hat's nicht geklappt. Aber ich hab eins der schönsten und höchsten Gebäude der ganzen Welt gebaut. Und Brücken und Straßen und Kanäle, viele, viele Kilometer lang.»

«Ist ein Vogelbassin schwerer zu bauen als ein hohes Haus, Papi?» fragte Dan.

Paps fiel wieder ganz in sich zusammen, gab dem Schutthäufchen einen kleinen Tritt mit der Fußspitze und ging langsam ins Haus.

«Zuviel Sand», brummte er.

Siebentes Kapitel

Klassen werden übersprungen

Mutter betrachtete ihre Kinder als zwölf individuelle Wesen, als zwölf verschiedenartige Persönlichkeiten, die möglicherweise einmal einzeln durch die Welt kommen müßten. Paps betrachtete sie als eine geschlossene Gruppe, die er nach einem allgemeinen Plan erziehen müßte, nach einem Plan, der aus allen Kindern das Beste herausholte. Er glaubte, was für Anne gut war, müßte auch Ernestine, Bill oder Jack dienlich sein.

Zu Paps Plan gehörte es, daß wir in der Schule Klassen überspringen mußten. Er fand es nicht notwendig, daß seine Kinder durch eine Schule aufgehalten würden, die auf Kinder von gewöhnlichen Durchschnittseltern zugeschnitten war.

Von Zeit zu Zeit machte Paps überraschende Besuche in unseren

Schulen, um festzustellen, ob und wann wir springen könnten. Durch alles, was er uns zu Hause beibrachte – Schreibspiele, geographische Fragen, Rechnen und Fremdsprachen –, waren wir in manchen Fällen durchaus in der Lage, eine Klasse zu überspringen – allerdings nie in dem Maße, wie Paps es von uns verlangte.

Als Belohnung für das Überspringen einer Klasse gab es gewöhnlich ein neues Fahrrad. Keiner von uns sprang gern, denn das hieß, sich wieder neue Freunde suchen und in der Klasse nachhinken, bis man alles nachgeholt hatte. Aber das Fahrrad war ein großer Anreiz, und außerdem war immer zu befürchten, daß eines der jüngeren Geschwister springen und in der Klasse landen würde, in der man gerade saß. Und das wäre der Gipfel der Schande gewesen. Wenn also eines der jüngeren Familienmitglieder sich offensichtlich zum Springen anschickte, begannen alle älteren Kinder wahnsinnig zu büffeln, damit sie ihrerseits auch springen könnten.

Mutter sah sehr wohl die Schattenseiten dieser Methode. Sie wußte, daß wir zwar in gewissen Fächern weit voraus waren, daß wir aber in so schwer greifbaren Dingen wie Reife und Sicherheit nicht über den Durchschnitt hinausragten. Andererseits war ihr eines klar: Paps war jetzt in den Fünfzigern, und er wollte, daß möglichst viele seiner Kinder vor seinem Tode Schule und College hinter sich gebracht hätten.

Wenn wir gute Zeugnisse nach Hause brachten, wurden wir gefeiert und belohnt.

«Der Apfel fällt nicht weit vom Stamm», rief Paps dann. «Der Jüngste in der Klasse – und bringt die besten Zensuren heim! Als ich in der fünften Klasse saß, war ich auch Erster, und zum Thanksgiving-Tag durfte ich immer den Truthahn an die Tafel zeichnen. Meine einzige schwache Seite war die Orthographie. Ich hab nie richtig schreiben gelernt, bis ich erwachsen war. Zu meinen Lehrern sagte ich immer, ich würde mir mal einen Haufen Sekretärinnen leisten können, die die Rechtschreibung für mich besorgten.» Dann lehnte er sich zurück und brüllte vor Lachen. Man wußte nie, ob er ernsthaft prahlte oder ob er uns nur aufziehen wollte.

Wer ein schlechtes Zeugnis hatte, mußte nachmittags lernen und wurde dabei von den älteren Geschwistern und von Mutter und Paps beaufsichtigt. Aber Schelte bekamen wir deswegen fast nie von Paps. Im Grunde war er überzeugt davon, daß die schlechten Noten lediglich auf einen Irrtum des Lehrers zurückzuführen seien.

«Diese Lehrerin hat ihren Beruf verfehlt», raunte er Mutter zu. «Stell dir vor, eins von meinen Kindern soll versagt haben! Die kann ja nicht mal ein gescheites Kind von einem Dummkopf unterscheiden!»

Als wir nach Montclair zogen, stand unsere Anmeldung in der Schule als erster Punkt auf dem Programm. Paps lud sieben von uns in den Pierce-Arrow und fuhr los.

«Mir nach, ihr Würmer!» sagte er. «Es wird mir ein Genuß sein. Wir werden uns jetzt in die Hallen der Gelehrsamkeit begeben. Bedenkt: Das ist ein bedeutsamer Augenblick in eurem Leben. Tut euer Bestes und haltet Augen und Ohren offen. Laßt mich nur reden.»

Zuerst hielten wir vor der Grundschule Nishuane, einem imposanten, abstoßend dunkelroten Backsteinbau. In der Vorderfront waren zwei Türen; über der einen stand «Knaben», über der anderen «Mädchen».

«Frank, Bill, Lill und Fred – das ist eure Schule», sagte Paps. «Kommt, gehn wir rein. Seht bloß nicht so aus wie abgestochene Kälber! Geradehalten und 'n bißchen munter!»

Wir kletterten hinaus; uns war gräßlich zumute.

«Ihr großen Mädels auch», sagte Paps. «Warum sollen wir nicht Eindruck schinden?»

«Ach nein, Papi.»

«Was ist denn los? Kommt, kommt!»

«Aber das ist doch gar nicht unsere Schule.»

«Weiß ich, aber wir können ihnen doch mal 'ne richtige Familie vorführen. Eigentlich könnte ich schnell nach Hause fahren und Mutter und die Babies holen; Zeit haben wir noch dazu.»

Daraufhin sprangen die älteren Mädchen schleunigst aus dem Wagen.

Als wir uns der mit «Knaben» bezeichneten Tür näherten, drehten die Mädchen um und gingen zum anderen Eingang.

«Wo geht ihr Mädchen denn hin?» fragte Paps.

«Die Tür für die Mädchen ist da drüben.»

«Quatsch», sagte Paps. «Solche blöden Bestimmungen brauchen wir nicht zu beachten. Was denken die sich denn hier überhaupt? Wollen wohl die Kinder drillen, was?»

«Still, Papi! Sie können dich ja hören.»

«Laß sie doch. Werden sowieso bald genug von mir hören.»

Wir gingen also alle durch die mit «Knaben» bezeichnete Tür. In den Klassenzimmern saßen bereits die Kinder und starrten uns durch die offenen Türen nach, während wir durch den Korridor zum Zimmer der Direktorin gingen. An der Tür trat uns eine Lehrerin entgegen; bei unserem Anblick schnappte sie nach Luft.

«Guten Morgen, Fräulein», sagte Paps mit schwungvoller Verbeugung. «Nur eine Invasion der Gilbreths – oder vielmehr eine Teilinvasion, denn die meisten hab ich zu Hause bei ihrer Mutter gelassen. Ein herrlicher Morgen, nicht wahr?»

«Ja, ganz herrlich», sagte sie lächelnd.

Die Direktorin von Nishuane war eine ältere Dame, fast so dick wie Paps, aber viel kleiner als er. Sie hatte die gepflegteste Ausdrucksweise der ganzen mittelatlantischen Staaten. Wahrscheinlich war sie eine sehr gütige und liebenswürdige Dame, aber sie war die Direktorin, und wir hatten Angst vor ihr. Wir alle – außer Paps.

«Guten Morgen, gnädige Frau», sagte er und verbeugte sich wieder. «Gilbreth ist mein Name.»

«Guten Tag, Mr. Gilbreth. Ich habe schon viel von Ihnen gehört.»

«Komm bloß, um die da anzumelden», sagte Paps und wies mit dem Kopf auf uns. «Die andern drei hab ich nur mitgebracht, damit Sie sich von unserm Nachwuchs eine bessere Vorstellung machen können. Fast alle rothaarig. Ein paar Blonde drunter. Alle sommersprossig.»

«Schon recht, Mr. Gilbreth. Ich werde alles berücksichtigen. Ich freue mich, daß Sie vorbeigekommen sind.»

«Moment mal», sagte Paps. «Ich bin nicht bloß so vorbeigekommen. Ich möchte die Lehrer kennenlernen und möchte wissen, in welche Klassen die Kinder kommen. Ich hab's gar nicht eilig. Ich hab mich so eingerichtet, daß ich Ihnen den ganzen Vormittag zur Verfügung stehe.»

«Ich will Sie gerne mit den Lehrern bekannt machen, Mr. Gilbreth. In welche Klassen die Kinder kommen, hängt von ihrem Alter ab.»

«Halt! Halt!» unterbrach Paps. «Natürlich hängt's vom Alter ab, das heißt von der geistigen Reife. Komm mal her, Bill. Wie alt bist du? Acht, nicht wahr?»

Bill nickte.

«In welche Klasse kommen Achtjährige gewöhnlich?»

«In die dritte», antwortete die Direktorin.

«Ich möchte bitten, daß er in die fünfte kommt.»

«Sagen wir: in die vierte», sagte die Direktorin. Aber man sah schon, daß sie geschlagen war.

«Gnädige Frau», sagte Paps, «wie heißt die Hauptstadt von Columbia? Wie groß ist die Bevölkerung von Des Moines nach der Volkszählung von 1910? Sie wissen das natürlich, weil Sie Schuldirektorin sind. Aber Bill weiß das auch. Und unser kleiner Jackie auch, aber den mußte ich zu Hause lassen, es ist jetzt Zeit für sein Fläschchen.»

«Also in die fünfte», sagte die Direktorin.

Nachdem wir angemeldet waren, begann Paps mit seinen überraschenden Besuchen. Wir fürchteten sie, denn Paps setzte sich über die ganze Schulordnung hinweg. Er kam durch Türen, an denen «Ausgang» stand, ging Treppen hinauf, die man nur hinuntergehen durfte, und behielt manchmal sogar im Schulkorridor den Hut auf. Für eines dieser Vergehen hätte ein Kind eine Woche lang nachsitzen müssen; für alle drei Vergehen hätte ein Kind so lange in die Erziehungsanstalt gehört, bis es einen meterlangen Bart gehabt hätte. Aber die Lehrer schienen Paps Besuche und die Aufmerksamkeit, die er ihnen entgegenbrachte, reizend zu finden, und die Schuldirektorin – auch die Direktorin in Nishuane – war immer sehr darauf aus, ihn als Redner für die Schulversammlungen zu gewinnen.

«Wenn du nur halb soviel Verstand oder Manieren hättest wie dein Vater oder deine Mutter!» sagten die Lehrer dann, wenn sie einen von uns schalten.

Manchmal war die Klasse gerade beim Flaggengruß, wenn Paps, übers ganze Gesicht grinsend, hereinplatzte. Jedes Kindergartenbaby kannte die eiserne Regel, daß man während des Flaggengrußes einen Raum nicht betreten durfte, und kein Schulkind würde so etwas gewagt haben, und wenn es den Ausbruch eines Feuers, eines Monsuns oder der Pest zu melden gehabt hätte. Ganz anders Paps! Der Erdboden schien zu schwanken, und man wartete darauf, daß Miss Billsop ihre Zähne fletschte und auf Paps losging. Statt dessen lächelte sie ihn ganz freundlich an. Dann erwies auch Paps der Flagge seinen Gruß, und man hörte seine tiefe Stimme über dem Chor der Kinder dröhnen:

«One nation, indivisible, with liberty and justice for all.»

Jeder in der Schule wußte, daß auf den Flaggengruß das Vaterunser folgte und daß man nach «justice for all» sich hinsetzen und mit gesenktem Kopf und geschlossenen Augen warten mußte, bis die Lehrerin mit «Vater unser, der du bist im Himmel» anfing. Aber – was tat Paps?

«Guten Morgen, Miss Billsop», sagte er und dann – und das war das allerschlimmste: «Hallo, Frank junior! Warum versteckst du dich hinter dem Buch da? Kleine Überraschung, was? Hallo, ihr Halunken! Entschuldigt die Unterbrechung. Ich bin der Vater von Frank junior. Ich will eure Lehrerin nicht lange aufhalten. Kann gleich weiter unterrichten, weil ihr das doch so gern habt!»

Die Klasse lachte, und Paps lachte mit. Er hatte Kinder zu gern.

«Wie macht er sich denn, Miss Billsop?» (Einmal nannte er sie aus Versehen «Milksop» – Milchsuppe – und schickte ihr dann im Laufe des Vormittags ein Dutzend Rosen als Entschuldigung.) «Wie steht's mit ihm? Kommt er mit, oder muß er zu Hause mehr arbeiten? Sie verstehen's sehr gut mit ihm, er schwärmt zu Hause immerzu von Ihnen. Glauben Sie, daß er die nächste Klasse überspringen kann? Wenn er sich nicht anständig benimmt, dann lassen Sie's mich nur wissen.»

Paps hörte Miss Billsop ein paar Minuten zu, blinzelte seinen Sprößling kurz an, und schon war er wieder draußen, auf dem Weg zur Klasse eines anderen Gilbreth-Kindes.

Wenn Miss Billsop sich der Klasse wieder zuwandte, lächelte sie immer noch.

«Nun, Kinder, wollen wir den Kopf senken, die Augen schließen und das Vaterunser sprechen.»

Ängstlich wartete man auf die Pause, denn man wußte, daß man sich zur Wehr setzen mußte, wenn etwa jemand eine Anspielung machen würde, daß Vater so dick war oder daß er die Schulordnung schlechter kannte als ein Kindergartenbaby. Statt dessen kamen aber ein paar Kinder schüchtern heran und sagten:

«Du, dein Alter Herr, der ist in Ordnung. Der fürchtet sich vor nichts.»

«Ja–a», sagte man dann.

Manchmal versuchten wir Paps nach einem solchen Besuch klarzumachen, wie er uns durch sein plötzliches Erscheinen in Verlegenheit bringe.

«Verlegenheit?» fragte er ein bißchen beleidigt. «Wieso denn Verlegenheit?» Dann packte er einen fest bei der Schulter und sagte: «Na ja, vielleicht macht es mich alten Knaben auch ein bißchen verlegen. Aber man muß lernen, das nicht zu zeigen, und wenn man das einmal gelernt hat, dann macht's einem gar nichts mehr aus. Wichtig ist nur, daß mein plötzliches Erscheinen was nützt. Die Lehrer schlucken es glatt.»

Und das taten sie wirklich.

Paps ging nur zur Kirche, wenn eines von uns getauft wurde – mit anderen Worten: ungefähr einmal im Jahr; daher war es Mutters Sache, uns in der Sonntagsschule anzumelden.

Paps sagte, er glaube an Gott, könne aber die Pfarrer nicht ausstehen.

«Mir graust's vor ihnen», sagte er. «Ein Mensch, der das Maul aufreißt, der einen nicht richtig ansehn kann, ein Mensch mit einem feisten Hintern und einem leeren Schädel – da hast du einen Pfarrer.»

Paps war einmal auf einem Dampfer zusammen mit einer Delegation von Geistlichen gereist, die zu einer Tagung nach Europa fuhren. Auf dieser Reise hatte sich der Abscheu vor den ehrwürdigen Herren hauptsächlich in ihm festgesetzt.

«Bei Tisch rissen sie die ganze Unterhaltung an sich», beklagte er sich – und diese Sünde war für seine Begriffe wirklich unverzeihlich. «Sie entschlüpften einem bei jeder Diskussion, indem sie Jehova, Gott den Herrn, als höchste Autorität anführten. Acht elende Tage lang mußte ich mir täglich durchschnittlich achtmal ihr ‹Komm, Herr Jesus› anhören oder ähnliches Zeug. Und eine Stewardess erzählte mir, sie sei zwischen Hoboken und Liverpool so oft heimlich in den Hintern gekniffen worden, daß sie nicht mehr sitzen konnte.»

Trotzdem hielt Paps die Sonntagsschule für wichtig, denn seiner Ansicht nach sollte jeder die Bibel kennenlernen.

«Ein Mensch, der es im Leben zu was bringen will, muß überall Bescheid wissen», sagte er.

Gewöhnlich fuhr er Mutter und uns zur Sonntagsschule, blieb aber draußen im Wagen sitzen und las die *New York Times*, wobei ihn auch die entsetzten Blicke vorübergehender Kirchgänger nicht stören konnten.

«Du solltest wenigstens in die Wärme hereinkommen», schlug Mutter ihm vor. «Du wirst dir draußen den Tod holen.»

«Nein», erwiderte Paps. «Wenn ich einmal vor meinem Schöpfer stehe, dann will ich ihm sagen können: Ich habe gebetet, wann ich wollte, weder Hagel noch Schnee oder eiskalte Blicke haben mich davon abgehalten, und die Hilfe eines Vorbeters in schwarzem Rock, der den Kragen hinten zuknöpft, habe ich nicht nötig gehabt.»

«Dann könntest du doch wenigstens so parken, daß dich nicht alle Leute sehen.»

«Die Gaffer der ganzen Christenheit werden mich nicht zum Rückzug zwingen», sagte Paps. «Außerdem bin ich überzeugt, daß die halbe Stadt für meine arme Seele betet.»

Die einzige Kirche, die für ihn in Betracht käme, sei die katholische Kirche, sagte Paps zu Mutter.

«Das ist die einzige Firma, bei der ich wegen meiner großen Familie besonderen Kredit genießen würde», sagte er. «Außerdem sehen mir die katholischen Priester, die ich kennengelernt habe, nicht so aus, als ob sie andere heimlich in den Hintern kniffen.»

«So», sagte Ernestine und kniff Anne in ihre Sitzfläche.

«Laß das!» sagte Mutter entsetzt und fügte, zu Paps gewendet, hinzu:

«Du solltest dich wirklich vor den Kindern etwas mehr in acht nehmen. Sie hören alles.»

«Je früher sie wissen, was sie von Pfarrern zu erwarten haben, desto besser», sagte Paps. «Möchtest du, daß sie alle nicht mehr sitzen können?»

Mutter behauptete zwar, sie gehe gerne zur Kirche, aber meistens fuhr sie direkt nach der Sonntagsschule ganz bereitwillig wieder nach Hause.

«Na, was ist denn, Lillie?» fragte Paps. «Bleib doch noch hier. Ich fahr die Kinder nach Hause und komm dann wieder und hol dich ab.»

«Ach nein. Heute nicht, glaube ich.»

«Aber hör mal – Petrus wird dich nicht in den Himmel lassen, wenn du nur zur Sonntagsschule gegangen bist.»

«Na ja, ohne dich werd ich da oben überhaupt verraten und verkauft sein», sagte Mutter lachend. «Komm, fahren wir nach Hause. Nächsten Sonntag geh ich in die Kirche.»

Mutter betätigte sich eifrig in der Sonntagsschule. Sie gab keinen Unterricht, gehörte aber einer Reihe von Komitees an.

Einmal ging sie zu einer Dame, die gerade in unsere Stadt gezogen war, und bat sie, einem Komitee für Geldsammlungen beizutreten.

«Gerne – wenn ich Zeit dazu hätte», sagte die Dame. «Aber ich habe drei kleine Söhne, die halten mich den ganzen Tag in Atem. Wenn Sie selber einen haben, werden Sie sicherlich verstehen, wieviel Mühe drei Jungen machen.»

«Natürlich», sagte Mutter, «das stimmt. Ich verstehe das durchaus.»
«Haben Sie denn Kinder, Mrs. Gilbreth?»
«O ja.»
«Auch Jungen?»
«Ja, gewiß.»
«Darf ich fragen, wie viele?»
«Ja, ich habe sechs Jungen.»
«Sechs Jungen!» japste die Frau. «Nicht auszudenken – eine Familie mit sechs Kindern!»
«Oh, das ist noch nicht alles; ich habe auch noch sechs Mädchen.»
«Ich bin geschlagen», flüsterte die Dame. «Wann ist die nächste Sitzung des Komitees? Ich werde kommen, Mrs. Gilbreth, ich werde bestimmt kommen.»
Mrs. Bruce, eine Sonntagsschullehrerin, hatte die nächstgrößte Familie in Montclair. Sie hatte acht Kinder, fast alle älter als wir. Ihr Mann war ein gut verdienender Geschäftsmann, und sie bewohnten etwa acht Kilometer von uns entfernt ein großes Haus. Mutter und Mrs. Bruce hatten sich sehr angefreundet.
Ungefähr ein Jahr später kam eine Dame, die irgend etwas mit einer Organisation für Geburtenkontrolle zu tun hatte, aus New York nach Montclair, um hier eine Ortsgruppe zu gründen. Sie hieß Mrs. Alice Mebane oder so ähnlich. Sie erkundigte sich bei ihren Bekannten, wer sich wohl in Montclair für Geburtenkontrolle interessiere, und irgend jemand empfahl sie aus Ulk an Mrs. Bruce.
«Ich würde mit Freuden mitarbeiten», sagte Mutters Freundin zu Mrs. Mebane, «aber wie Sie sehen, habe ich selbst mehrere Kinder.»
«Ach, davon hatte ich keine Ahnung», sagte Mrs. Mebane. «Wie viele denn?»
«Mehrere», antwortete Mrs. Bruce unbestimmt. «Deshalb bin ich wohl nicht geeignet, in Montclair eine Bewegung für Geburtenkontrolle zu leiten.»
«Da muß ich Ihnen leider zustimmen. Wir müssen wissen, was wir wollen, und müssen das, was wir predigen, auch verwirklichen.»
«Aber ich weiß die richtige Frau für Sie», fuhr Mrs. Bruce fort. «Und die hat ein großes Haus, das für Versammlungen einfach ideal wäre.»
«Genau das, was wir brauchen», schnurrte Mrs. Mebane. «Wie heißt sie denn?»
«Mrs. Gilbreth. Sie interessiert sich sehr für öffentliche Angelegenheiten und ist überhaupt eine selbständige Frau.»
«Genau das, was wir brauchen. Eine selbständige Frau, die sich mit öffentlichen Angelegenheiten befaßt und – das Wichtigste – die ein großes Haus hat. Noch etwas anderes – aber das wäre fast zu schön –: Hat sie etwa zufällig auch Organisationstalent? Wissen Sie – kann sie die Dinge in die Hand nehmen und dafür kämpfen?»

«Ihre Beschreibung paßt haargenau auf sie», sagte Mrs. Bruce voller Schadenfreude.

«Fast zu schön, um wahr zu sein», sagte Mrs. Mebane und rang die Hände in Ekstase. «Darf ich mich bei Mrs. Gilbreth auf Sie berufen?»

«Bitte, tun Sie das auf alle Fälle!» sagte Mutters Freundin. «Es würde mich enttäuschen, wenn Sie es unterließen.»

«Und glauben Sie ja nicht, daß ich Ihre Kinder mißbillige», lachte Mrs. Mebane. «Wissen Sie, schließlich haben ja viele Leute Kinder.»

«Ja, ja – sehr leichtsinnig», bemerkte Mrs. Bruce.

An dem Nachmittag, an dem Mrs. Mebane zu uns kam, waren wir Kinder wie gewöhnlich entweder oben in unseren Zimmern, oder wir spielten im Hintergarten. Mrs. Mebane stellte sich Mutter vor.

«Es handelt sich um Geburtenkontrolle», sagte sie.

«Ja, bitte?» fragte Mutter und errötete.

«Man sagte mir, Sie interessierten sich dafür.»

«Ich?»

«Ich komme gerade von Ihrer Freundin Mrs. Bruce, und die interessiert sich bestimmt dafür.»

«Ist es für sie nicht ein bißchen zu spät?» fragte Mutter.

«Ich verstehe schon, Mrs. Gilbreth. Aber besser spät als nie, finden Sie nicht?»

«Aber sie hat doch acht Kinder», sagte Mutter.

Mrs. Mebane erbleichte und faßte sich an den Kopf.

«Mein Gott», sagte sie. «Das ist ja nicht möglich!»

Mutter nickte.

«Nein, wie entsetzlich! Sie machte mir einen ganz normalen Eindruck. Gar nicht wie eine Acht-Kinder-Frau.»

«Sie hat sich gut gehalten», gab Mutter zu.

«Ach ja – da gibt es viel zu tun», sagte Mrs. Mebane. «Bedenken Sie doch, da lebt sie nun keine dreißig Kilometer entfernt von unserer Zentrale der staatlichen Geburtenkontrolle in New York City und hat acht Kinder. Ja, da gibt es viel zu tun, Mrs. Gilbreth, und deswegen bin ich hier.»

«Was gibt es da zu tun?»

«Wir würden Sie gerne als treibende Kraft für eine hiesige Ortsgruppe für Geburtenkontrolle gewinnen.»

Hier nun fand Mutter die Situation so komisch, daß sie sie Paps nicht vorenthalten wollte; er hätte es ihr nie verziehen, wenn sie ihn nicht daran hätte teilnehmen lassen.

«Ich muß meinen Mann fragen», sagte sie. «Entschuldigen Sie bitte, ich will ihn nur rufen.»

Mutter ging zu Paps und klärte ihn kurz auf. Dann ging sie mit ihm in den Salon und stellte ihn vor.

«Ich freue mich, eine Dame kennenzulernen, die eine so edle Sache vertritt», sagte Paps.

«Ich danke Ihnen. Und ich freue mich, einem Manne zu begegnen, der diese Sache für edel hält. Im allgemeinen sympathisieren die Ehemänner mit unseren Bestrebungen viel weniger als die Frauen. Sie würden überrascht sein, wenn Sie hörten, was ich schon von Männern für schreckliche Sachen zu hören bekommen habe.»

«Ich schwärme für Überraschungen», grinste Paps. «Was antworten Sie denn darauf?»

«Wenn Sie wie ich relativ junge Frauen gesehen hätten», sagte Mrs. Mebane, «die vorzeitig gealtert sind durch die Geburt unerwünschten Nachwuchses! Und die Bevölkerungsstatistik zeigt . . . Aber Mr. Gilbreth, was machen Sie denn?»

Was machte Paps? Er pfiff zum Sammeln.

Beim ersten Ton konnte man im oberen Stockwerk ein Getrappel von Füßen hören. Türen schlugen, einem Erdrutsch gleich kamen wir die Treppe heruntergestürzt und rasten in den Salon.

«Neun Sekunden», sagte Paps und steckte die Stoppuhr wieder ein. «Drei unter dem bisherigen Rekord.»

«Heiliger Bimbam!» sagte Mrs. Mebane. «Was ist denn das? Sagen Sie bloß! Eine Schule? Nein. Oder ist das etwa . . .? Um Gottes willen – ja!»

«Was denn?» fragte Paps.

«Ihre Kinder! Nein, Sie können es nicht leugnen. Sie sind Ihnen beiden wie aus dem Gesicht geschnitten.»

«Ich wollte Sie gerade bekannt machen», sagte Paps. «Mrs. Mebane, darf ich Ihnen meine Familie vorstellen – oder wenigstens den größten Teil. Es scheint mir, daß da irgendwo noch ein paar mehr stecken müssen.»

«Gott steh mir bei!»

«Wieviel sind es eigentlich jetzt, Lillie? Kannst du's ungefähr überschlagen?»

«Als ich das letzte Mal zählte, war's, glaube ich, gerade ein Dutzend», sagte Mutter. «Vielleicht hab ich eins oder zwei vergessen, aber viele nicht.»

«Ja – zwölf wird wohl so ungefähr hinkommen», sagte Paps.

«Sie sollten sich was schämen! Und das keine dreißig Kilometer von unserer Zentrale entfernt!»

«Darf ich zum Tee bitten?» sagte Mutter.

Aber Mrs. Mebane griff nach ihrem Mantel. «Sie Arme, Liebe», gluckste sie Mutter an. «Mein armes Kind!» Dann wandte sie sich Paps zu. «Mir scheint, ich bin in dieser Stadt heute zweimal an der Nase herumgeführt worden.»

«Ist ja empörend!» sagte Paps. «Und das keine dreißig Kilometer von der Zentrale entfernt!»

Achtes Kapitel

Kußfreudige Verwandte

An dem Tage, als die Vereinigten Staaten in den Ersten Weltkrieg eintraten, schickte Paps folgendes Telegramm an Präsident Wilson: «Eintreffe Washington 7 Uhr 03 abends. Falls Sie keine Verwendung für mich haben, erteile Auskunft.»

Ob diese herzerfrischende Nachricht geeignet war, die Last, die der geplagte Mr. Wilson zu tragen hatte, zu erleichtern oder nicht – das hat Paps nie herausbekommen. Jedenfalls wurde er am Zuge abgeholt und ins Kriegsministerium gebracht. Als wir ihn das nächste Mal sahen, war er in Uniform und hatte die Aufgabe, das Lewis-Maschinengewehr und andere automatische Waffen nach den Prinzipien der Bewegungsrationalisierung zusammensetzen und auseinandernehmen zu lassen.

Er hatte wahrscheinlich den vorschriftsmäßigsten Haarschnitt der ganzen Armee, und wenn er in den Salon marschierte und «Achtung!» brüllte, dann mußten unsere Absätze knallen.

Mutter hatte sich seit Jahren vorgenommen, mit uns allen ihre Familie in Kalifornien zu besuchen. Als Paps ein Kommando nach Fort Sill in Oklahoma bekam, schien ihr die Zeit dafür gekommen.

Mutters Familie war vornehm und wohlhabend. Mutter war das älteste von neun Kindern, von denen nur drei geheiratet hatten. Die übrigen sechs, zwei Brüder und vier Schwestern, wohnten bei ihren Eltern in einem geräumigen Hause in Oakland, Twenty-Ninth Street 426. Das Haus war von Palmen und herrlichen Gärten umgeben, in denen imposante Nebengebäude versteckt lagen, wo die Familie ihren verschiedenen Liebhabereien frönte. Da gab es einen Billardraum, ein Radiohäuschen, ein Gewächshaus, einen Taubenschlag und einen Stall, in dem preisgekrönte Meerschweinchen gezüchtet wurden.

Mollers hatten drei Packards, einen französischen Chauffeur namens Henriette, einen Gärtner, einen chinesischen Koch und zwei Stubenmädchen. Trotz ihrer weltlichen Güter lebten sie ziemlich einfach. Sie waren ruhige, konservative Leute mit einem gepflegten Innenleben. Sie sprachen selten laut und bezeichneten sich gegenseitig als «die liebe Elinor, die liebe Mabel, die liebe Gertrude» und so weiter. Mutter war «die liebe Lillie».

Mutter war als einzige der ganzen Familie aus Kalifornien weggezogen. Als Mutter nach der Hochzeit ihr Elternhaus verließ, war sie ebenso konservativ und nach innen gekehrt und vielleicht noch schüchterner und stubengelehrter gewesen als die anderen. Nach zehn Jahren hatte sie sieben Kinder. Sie reiste umher und hielt Vorträge. Sie war eine selbständige Frau, und ihr Name tauchte immer wieder in den Zeitungen auf. Kurz gesagt: Mollers wußten nicht recht, was sie von der lieben Lillie halten sollten. Aber sie wußten, daß sie sie liebhatten.

Schon ehe wir nach Kalifornien kamen, kannten wir den Haushalt und seine Bewohner ganz genau, denn Mutter erzählte uns gerne aus ihrer Kindheit. Wir kannten die Einrichtung des Hauses bis zu dem großen Türspiegel in der Halle, den Mutters jüngere Schwestern immer gerade so weit aufmachten, daß sie sehen konnten, wie Paps Mutter den Hof machte.

Wenn Mutter uns erzählte, wie Vater um sie anhielt, wie sie auf dem Sofa saßen und er sie anhimmelte, dann fragten wir uns, was Mutters Eltern sich wohl gedacht haben mochten, als Paps das erste Mal zu ihnen kam.

Er hatte Mutter ein Jahr vorher in Boston kennengelernt, als sie sich wohlbehütet mit einigen anderen Mädchen aus Oakland auf einer Europareise befand. Die Anstandsdame war eine Kusine von Paps und hatte ihn allen Mädchen vorgestellt; aber er zeichnete allein Miss Lillie mit seiner Aufmerksamkeit aus.

Er lud Mutter zu einer Fahrt in seinem ersten Auto, einem frühen Vorfahren der Narrenkutsche, ein. Als Paps und Mutter in Staubmänteln und Schutzbrillen durch die Straßen von Boston rasten, riefen die Fußgänger ihnen allerlei Schimpfworte und Spottreden nach.

«Nehmen Sie lieber 'n Pferd!»

Paps wollte etwas zurückrufen, besann sich aber eines Besseren. Er war schon in Mutter verliebt und wollte einen guten Eindruck machen. Mutters schüchternes und damenhaftes Auftreten übte eine beruhigende Wirkung auf ihn aus, und er befleißigte sich seiner besten Manieren.

«Nehmen Sie doch 'n Pferd! Eins-zwei-drei, verdufte!»

Paps konnte es fast nicht mehr aushalten, aber er antwortete immer noch nicht.

«Noah, was machste denn mit deiner Arche?»

Das war zuviel. Paps bremste und schob seine karierte Mütze angriffslustig aufs Ohr.

«Ich sammle die Tiere, wie Gott mir befohlen hat», schrie er zurück. «Ich brauch nur noch 'n Esel. Spring auf!»

Danach fand Paps, daß er sich ebensogut natürlich benehmen könne, und bei seiner frischen Art und seinem herzhaften Lachen vergaß Mutter alle Schüchternheit und Zurückhaltung. Bald lachte sie über seine Witze fast ebenso laut und lange wie er.

Wie üblich, geschah das Unvermeidliche: Das Auto hatte eine Panne, und bald war es von einer Kinderschar umgeben. Damit die Kinder Paps nicht so sehr bedrängten, nahm Mutter sie beiseite und erzählte ihnen Geschichten. Als der Wagen wieder in Ordnung war und sie weiterfuhren, fragte Paps, wie sie es fertiggebracht habe, die Kinder so abzulenken.

«Ich habe ihnen Geschichten aus *Alice im Wunderland* erzählt», sagte Mutter. «Sehen Sie, ich habe acht jüngere Brüder und Schwestern, ich weiß, was Kinder gern haben.»

«*Alice im Wunderland?*» rief Paps. «Meinen Sie wirklich, daß Kinder so was mögen? Das müssen andere Kinder sein als zu meiner Zeit. Ich konnte nie was damit anfangen.»

«Natürlich mögen sie es, sogar sehr gerne», sagte Mutter. «Sie sollten es wahrhaftig einmal lesen. Ich finde, das muß man gelesen haben, es ist sozusagen ein klassisches Buch.»

«Wenn Sie's sagen, Miss Lillie», sagte Paps, «dann werd ich's lesen.» Er hatte sich nämlich bereits entschlossen, daß sie Mrs. Gilbreth werden müsse.

Mutter fuhr weiter nach Europa. Als sie zurückkam, reiste Paps ihr bis zur Westküste nach.

In Oakland angekommen, rief er bei Mollers an.

«Hallo», sagte er, «raten Sie mal, wer hier ist.»

«Ich habe keine Ahnung.»

«Na, raten Sie doch mal!»

«Nein, tut mir leid, ich habe wirklich keine Ahnung.»

«Ach, Sie wissen schon, wer am Apparat ist», sagte Paps, der das Buch, das man nach Mutters Ansicht gelesen haben mußte, inzwischen gelesen hatte. «Hier ist das weiße Kaninchen aus Boston.»

«Wer, bitte?»

«Das weiße Kaninchen aus Boston.»

«Aha – ich merke schon: Sie möchten wahrscheinlich eine von meinen Töchtern sprechen.»

«Gottsdonner», sagte Paps, der sich das Fluchen erst in der Ehe abgewöhnte, «wer ist denn da?»

«Hier ist Mrs. Moller. Wen möchten Sie denn sprechen?»

«Kann ich bitte Miss Lillie sprechen?» fragte Paps kleinlaut.

«Wer, soll ich sagen, ist am Apparat?»

«Sie können bitte sagen: Mr. Kaninchen», sagte Paps. «Mr. W. Kaninchen aus Boston.»

Einige Tage später wurde Paps in Mutters Elternhaus zum Tee eingeladen und lernte ihre Eltern und die meisten ihrer Geschwister kennen.

Im Wohnzimmer baute gerade ein Arbeiter einen neuen Kamin, und als Paps durch das Zimmer geführt wurde, blieb er stehen und sah zu.

«Interessante Arbeit», sagte Paps im Plauderton zu Mollers. «Maurerarbeit. Kommt mir ganz leicht vor. Kinderleicht. Ich verstehe nicht, wieso diese Arbeiter behaupten, mauern sei gelernte Arbeit. Wetten, daß das jeder kann?»

«Immer geradeaus, Mr. Gilbreth», sagte Mutters Vater. «Den Tee trinken wir auf der Veranda.»

Paps hatte es nicht so eilig. «Mir scheint», fuhr er mit seinem näselnden New England-Akzent fort, «sie nehmen bloß einen Stein auf, tun Mörtel drauf und setzen ihn in den Kamin.»

Der Maurer drehte sich um und sah sich den dicken, aber netten Gent aus dem Osten an.

«Nichts gegen Sie persönlich, lieber Mann», sagte Paps mit seinem gönnerhaftesten Lächeln.

Der Maurer wurde wütend. «Kinderleicht, was? Vielleicht mal probieren, Herr?»

Paps, der gerade das hatte erreichen wollen, sagte: «Nein, lieber nicht.» Mutter wurde unruhig und zupfte ihn am Ärmel.

«Geradeaus geht es zur Veranda», wiederholte ihr Vater.

«Hier», sagte der Maurer und reichte Paps die Kelle. «Versuchen Sie's nur.»

Paps grinste und nahm die Kelle. Er ergriff einen Stein, wippte ihn in der Hand, klatschte mit einem Schwung den Mörtel darauf, setzte den Stein ein, kratzte den überflüssigen Mörtel ab, langte nach einem zweiten Stein, wiegte ihn zurecht, und als er gerade Mörtel daraufklatschen wollte, streckte der Arbeiter die Hand aus und nahm die Kelle wieder an sich.

«Genug, Sie alter Ziegelträger», rief er und klopfte Paps liebevoll auf den Rücken. «Sie mögen ja ein feiner Herr aus dem Osten sein, aber Sie haben in Ihrem Leben viele tausend Steine gesetzt, da laß ich mir nichts weismachen.»

Paps stäubte sich mit einem blitzsauberen Taschentuch lässig die Hände ab.

«Kinderleicht, mein lieber Mann», sagte er.

Während des Tees benahm Paps sich ganz ordentlich, aber bei seinen späteren Besuchen unterbrach er manchmal Mutters Eltern mitten im Satz, stand auf und hob Mutter von ihrem Stuhl auf.

«Entschuldigen Sie nur einen Augenblick», sagte er zu seinen künftigen Schwiegereltern. «Ich glaube, hier oben macht Miss Lillie sich viel dekorativer.»

Er schwang sie hoch und setzte sie oben auf ein Bücherregal oder auf eine Porzellanvitrine, ging dann zurück und setzte sich wieder. Mutter wagte sich kaum zu rühren, um ihre Sitzgelegenheit nicht ins Wackeln zu bringen; so blieb sie steif sitzen, fest entschlossen, sich nichts zu vergeben. Paps tat so, als hätte er sie total vergessen, und setzte die Unterhaltung fort.

Wir wußten auch, daß Paps bei seinem ersten Wochenendbesuch bei Mollers sich mit einem tiefen Seufzer aufs Bett geworfen hatte, daß dieses zusammenbrach und ihn unter einem schweren, quastenbesetzten Betthimmel begrub.

«Was euer Papi da alles gebrüllt hat, bevor Papa und Onkel Fred ihn aus den Quasten herausgewickelt hatten!» kicherte Mutter. «Ich kann euch sagen, da konnten wir Mädchen was lernen und die Jungen auch.

Gott sei Dank, daß er sich das heute abgewöhnt hat.»

«Und was hielt eigentlich deine Familie von ihm?» fragten wir. «Mal ehrlich!»

«Mir war es immer unbegreiflich», sagte Mutter mit einem Blick auf Paps, der höchst selbstgefällig lächelte, «aber sie fanden ihn einfach wunderbar. Mama sagte, mit ihm komme direkt ein frischer Wind ins Zimmer. Und Papa meinte, das sei gar keine Großtuerei gewesen, wie er da die Steine gesetzt hatte; damit hätte Vater ihnen beibringen wollen, daß er sich anfangs mit seiner Hände Arbeit ernährt hatte.»

«Wolltest du ihnen das beibringen, Papi?» fragten wir.

«Wieso denn beibringen?» rief Paps. «Jeder, der was von New England weiß, kennt die Bunkers und die Gilbreths oder Galbraiths, die durch den Gouverneur Bradford direkt von der *Mayflower* abstammen. Gar nichts wollte ich ihnen beibringen.»

«Aber warum hast du dann gemauert?» bohrten wir weiter.

«Manche Leute», sagte Paps, «setzen sich ans Klavier und spielen Bach, wenn sie in einen Salon geführt werden, um Eindruck zu machen. Wenn ich in einen Salon komme, dann maure ich eben.»

Als wir mit Mutter nach Kalifornien fuhren, waren wir sieben Kinder. Fred war der Kleinste, und die ganze Fahrt von den Niagarafällen bis zum Goldenen Tor war er eisenbahnkrank. Lill, die Zweitjüngste, hatte sich vor drei Wochen den Fuß gebrochen und mußte in ihrer Schlafkoje liegen. Und Mutter fühlte sich selber nicht immer ganz wohl, weil sie in drei Monaten wieder ein Baby erwartete.

Daß Mutter nun endlich zu ihren Eltern fahren konnte, bedeutete mehr für sie, als wir ahnten, und sie war sehr besorgt darum, daß wir uns von unserer besten Seite zeigten und den Beifall der Familie fänden.

«Ich weiß, ihr werdet brav und still sein und tun, was die Großeltern und die Onkel und Tanten sagen», betonte Mutter immer wieder. «Ihr müßt immer daran denken: Sie meinen es sehr gut mit euch, aber sie sind's nicht mehr gewohnt, Kinder um sich zu haben. Sie werden euch sehr liebhaben, aber Lärm und Toberei sind ihnen ganz ungewohnt.»

Mutter hatte einen Haufen Geld für unsere Einkleidung ausgegeben, damit wir in Kalifornien einen guten Eindruck machten, und das wollte sie nun am Reisegeld wieder einsparen. Wir wurden immer zu zweit in eine Koje gezwängt und hatten im ganzen nur zwei Schlafabteile und ein Wohnabteil. Sie nahm einen Hartspirituskocher mit und zwei Koffer voller Lebensmittel, meist Cereals und Graham Crackers. Wir nahmen fast alle Mahlzeiten in unserem Wohnabteil ein; in den Speisewagen gingen wir nur, wenn Mutter unser Gejammer nicht mehr mit anhören konnte, wir würden bestimmt Skorbut kriegen.

Sie war meist mit Lills Pflege beschäftigt oder versuchte, etwas Milch aufzutreiben, die Fred bei sich behalten würde. Auf die übrigen Kinder konnte sie nicht viel aufpassen; wir durchstreiften den Zug, probierten den Inhalt der verschiedenen Eiswasserbehälter und guckten in alle Abteile; Frank und Bill schlugen in den Gängen Purzelbäume oder balgten sich herum.

Auf jeder Station überließ Mutter Anne die Sorge für den gebrochenen Fuß und den kranken Magen und eilte hinaus, um Milch, Lebensmittel und Hartspiritus zu kaufen. Wir anderen stiegen auch aus, vertraten uns die Beine und sahen zu, wie die Lokomotiven ausgewechselt wurden. Wenn der Zug wieder abfuhr, bestand Mutter darauf, daß die Namen aufgerufen wurden.

Nach vier Tagen Bahnfahrt, in denen wir nicht gebadet, sondern uns nur notdürftig mit dem Schwamm gesäubert hatten, langten wir in nicht gerade hygienisch einwandfreiem Zustand in Kalifornien an. Mutter wollte, daß wir beim Aussteigen so gut wie möglich aussähen, und nahm sich vor, etwa eine Stunde vor Oakland jedes Kind eigenhändig abzuschrubben und sauber anzuziehen.

Aber in Sacramento überraschte uns Onkel Fred, ihr ältester Bruder, und stieg zu uns in den Zug. Wir waren gerade beim Essen im Wohnabteil. Auf dem Fußboden standen geöffnete Koffer, und in einer Ecke lag ein Haufen Windeln. Mutter hielt das immer noch eisenbahnkranke schreiende Baby im Arm. Lill tat der Fuß weh, und sie lag ebenfalls weinend in der Koje. Bill machte auf einem Bett akrobatische Kunststücke. Auf einem Spieltisch standen Schüsseln mit Weizengrütze und Graham Crackers. Das ganze Abteil roch nach Hartspiritus, wenn nicht nach Schlimmerem.

Später, als wir älter waren, machte Onkel Fred oft Witze darüber und sagte, es sei ganz wie in einem Zoo gewesen. Aber als er damals hereinkam, war ihm nicht anzumerken, daß er das Ganze etwas ungewöhnlich fand.

«Lillie, mein Liebes, wie schön, dich zu sehen», sagte er. «Du siehst einfach blendend aus. Genauso jung wie früher.»

«Ach, Fred, Fred!» Mutter legte das Baby hin, wischte sich verschämt über die Augen und umarmte ihren Bruder. «Lächerliche Heulerei, nicht wahr? Aber daß du plötzlich da bist, das ist fast zuviel.»

«War die Reise schlimm, Liebes?»

Mutter war schon wieder mit Aufräumen beschäftigt. «Na, alle Tage möchte ich's nicht machen», gestand sie. «Aber nun ist es ja gleich vorbei, und du bist da. Du bist wie ein Vorgeschmack von zu Hause.»

Onkel Fred wandte sich an uns.

«Willkommen in Kalifornien», sagte er. «Jetzt laßt mich mal raten, ob ich jeden von euch beim Namen kenne. Mal sehn: Das Schreikind hier ist mein Namensvetter Fred. Und das hier mit dem gebrochenen Fuß ist natürlich die kleine Lill und das hier Billy . . .»

«Du bist genauso, wie wir dich uns vorgestellt haben», sagte Martha und hielt ihn fest bei der Hand. «Sind wir so, wie du dir uns vorgestellt hast?»

«Genauso», sagte er todernst, «bis zur letzten Sommersprosse.»

«Hoffentlich hast du sie dir nicht so vorgestellt», sagte Mutter, aber man sah ihr an, wie glücklich sie war. «Schadet nichts. In ein paar Minuten wirst du sie nicht wiedererkennen. Nimm mal die Jungen mit hinaus, dann mach ich erst mal die Mädchen sauber. Richtig sauber werden sie natürlich nicht, ehe sie gebadet haben.»

Als wir in Oakland ankamen, sahen wir einigermaßen annehmbar und manierlich aus; Mutters Schwestern und Brüder warteten mit den drei Limousinen. Es war ein herrlicher Empfang, aber wir fanden, unsere Tanten seien die kußfreudigsten Verwandten der Welt.

«Die denken wohl, wir sind Schoßkinder», flüsterte Bill, der fünf Jahre alt war und sich von keinem außer von Mutter küssen ließ, und auch das nur im stillen Kämmerlein.

«Lillie, mein Liebes, wie schön, dich zu sehen und die lieben Kinder!» sagten sie immer wieder.

Jedes von uns hatte eines von Mutters Geschwistern zum Paten, und nun begannen die Paten, uns unter sich zu verteilen.

«Hier, Ernestinchen, komm zu mir, mein Liebes», sagte Tante Ernestine.

«Komm, Martha, mein Liebes», sagte Tante Gertrude, «du gehörst zu mir.»

«Gib mir die Hand, Frank, mein Lieber», sagte Tante Elinor.

«Liebes hier und Liebes da», flüsterte Billy verächtlich.

«Wo ist denn mein lieber Billy?» fragte Tante Mabel.

«Hier bin ich, mein Liebes», sagte Bill.

Aber Bill und wir alle waren über diesen herzlichen Empfang im Grunde sehr glücklich.

Die Tanten führten uns zu den Wagen, wo Henriette in schwarzen Wickelgamaschen, die steife Schirmmütze unterm Arm, in strammer Habt-acht-Haltung stand. Onkel Frank und Onkel Bill fuhren die beiden anderen Wagen.

Die Fahrt vom Bahnhof zur Twenty-Ninth Street in den Wagen mit den vielen Glasscheiben war für uns sehr feierlich und luxuriös. Henriette behielt selbst im Sitzen seine stramme Haltung bei. Was wohl Papi dazu gesagt hätte? Bestimmt war diese Haltung nicht sehr zweckmäßig beim Chauffieren. Man sah ja mit einem Blick, daß sie ihn bis zur Erschöpfung ermüden mußte. Immerhin – Klasse!

Frank und Bill wollten die Fenster herunterkurbeln, um an den Ecken die Hände hinauszustrecken, aber Anne und Ernestine schüttelten den Kopf.

«Und wer ‹Sonntagsfahrer› brüllt, kriegt eins auf die Nase», flüsterte Ernestine.

Mutters Eltern – wir nannten sie Papa und Großie – erwarteten uns auf der Treppe vor dem Haus. Sie sahen genauso aus wie die Großeltern im Bilderbuch. Papa war groß, hager und ganz Kavalier; er trug einen Eckenkragen und eine «eiserne Fliege» und hatte einen weichen weißen Schnurrbart. Großie war klein und zierlich mit grauem hochfrisiertem Haar und freundlichen braunen Augen. Sie küßte uns alle und nannte uns «Liebes». Papa gab uns die Hand und sagte, er würde jeden Tag, den wir da seien, mit uns in einen Spielzeugladen gehen und jeder dürfte sich etwas aussuchen.

«Also – ich muß schon sagen», blubberte Anne, «das ist ja wie im Märchen mit lauter guten Feen, die einem alle Wünsche erfüllen.»

«So soll es auch sein für Lillies liebe Kinderchen», sagte Großie. «Was wünscht ihr euch denn nun zuerst? Erzählt mal, vielleicht kann ich es erfüllen.»

Die Antwort war nicht schwer. Nach Mutters viertägiger Eisenbahnkocherei und den seltenen Ausflügen in den Speisewagen wünschten wir uns vor allem etwas Gutes zu essen, eine richtige Mahlzeit wie zu Hause.

«Ich mag's ja gar nicht sagen, wo Mutter sich so mit dem Hartspiritus rumgeplagt hat», sagte Ernestine, «aber wir sind am Verhungern.»

«Wenn ich mir was wünschen dürfte», lenkte Mutter eilig ab, «dann säßet ihr alle sofort in der Badewanne und wüschet euch den Ruß aus dem Haar.»

Großie sagte, in anderthalb Stunden gebe es ein reichliches Dinner und sie wolle uns nicht den Appetit verderben.

«Wie wär's jetzt mit einem kleinen Imbiß?» schlug sie vor. «Danach Baden und dann Dinner? Wollt ihr nicht ein paar Graham Crackers mit Milch? Ich weiß doch, wie gern kleine Kinder Graham Crackers essen, und wir haben einen gewaltigen Vorrat davon.»

Bei Erwähnung der Graham Crackers war uns der Appetit vergangen, und wir sagten, wir wollten lieber den Imbiß überspringen und gleich baden.

«Was für liebe Kinder», sagte Großie und drückte uns an sich, «sie möchten, daß der Wunsch ihrer Mutter in Erfüllung geht!»

Neuntes Kapitel

Chinesische Küche

Der Komfort und die Reibungslosigkeit des Mollerschen Haushaltes beeindruckten uns so, daß wir ganz zahm waren und uns sehr gut benahmen. Am meisten aber war Mutter verändert. Sie richtete sich wieder in dem Schlafzimmer ein, in dem sie aufgewachsen war, gab jede

Verantwortung ab und wurde wieder «eins von den Moller-Mädchen». Unwillkürlich verließ sie sich bei wichtigen Entscheidungen auf ihren Vater, und wegen gesellschaftlicher Verpflichtungen und der dazu passenden Kleider fragte sie ihre Mutter um Rat. Bewegungsrationalisierung, ihre Selbständigkeit und ihr Haushalt da drüben im Osten – alles war anscheinend völlig vergessen. Ob ihre Eltern gut geschlafen hätten, wie es ihnen ginge und ob sie auch nicht im Zugwind säßen – das schienen ihre Hauptsorgen zu sein.

«Mama, mein Liebes», sagte sie, «ist dieser Schal auch wirklich warm genug? Soll ich nicht nach oben laufen und dir einen andern holen?»

Da Mutter um Großie und Papa so besorgt schien, hatten auch wir großen Respekt vor ihnen. In ihrer Gegenwart gingen wir auf Zehenspitzen und sprachen nur im Flüsterton.

Unser Respekt vor Großie steigerte sich noch, als sie am Tage nach unserer Ankunft Mutter in aller Ruhe eine Rüge erteilte; und Mutter nahm das hin, als wäre sie wieder ein kleines Mädchen. Wer so etwas bei Mutter fertigbrachte, mußte schon eine sehr bedeutende Persönlichkeit sein, fanden wir. Zu dieser Rüge kam es so: Großie überreichte Mutter ein Verzeichnis der sechs nächsten Freunde der Familie und schlug ihr vor, ihnen nachmittags ihre Aufwartung zu machen.

«Mama, mein Liebes, findest du das wirklich notwendig?» fragte Mutter.

«Es gehört sich doch wohl so, mein Liebes.»

«Was soll ich denn anziehn?»

«Ich würde denken, das Kleid, das du gestern abend zum Dinner anhattest, Liebes.»

Mutter ging Besuche machen und kam ungefähr nach zwei Stunden wieder.

«So», sagte sie, als sie lächelnd ins Wohnzimmer trat. «Gott sei Dank – das wäre erledigt. Ich hab nicht lange gebraucht, nicht wahr? Sechs Besuche in zwei Stunden? War ich nicht tüchtig?» Tüchtig sein galt bei der Familie Gilbreth als eine ebenso große Tugend wie Wahrheitsliebe, Ehrlichkeit, Großmut, Menschenliebe und Zähneputzen. Wir stimmten zu: Mutter sei wirklich besonders tüchtig gewesen. Aber Großie sah uns mißbilligend an.

«Findest du mich denn nicht tüchtig, liebe Mama?»

«Vielleicht, Lillie, mein Liebes», sagte Großie langsam, «vielleicht warst du ein bißchen – zu – tüchtig.»

Allmählich beunruhigte unser musterhaftes Betragen die Großeltern. Sie sagten zu Mutter, das sei doch nicht natürlich und es mache sie ganz nervös, wenn wir so flüsterten und auf Zehenspitzen gingen.

«Sie benehmen sich durchaus nicht so, wie ich's mir ausgemalt habe», sagte Papa. «Nach deinen Briefen glaubte ich, sie würden herumtoben und johlen. Mir scheint, sie fühlen sich hier nicht zu Hause.»

«Sie werden sich noch früh genug zu Hause fühlen», warnte Mutter. «Ich fürchte nur, ihr Entschluß, sich zu Hause zu fühlen, wird sehr plötzlich kommen. Und dann – rette sich, wer kann!»

Unser Entschluß, uns zu Hause zu fühlen, kam an dem Tage, an dem Großie zu Mutters Ehren einen feierlichen Tee gab. Unsere Patentanten badeten uns mit wohlriechender Seife und zogen uns neue Sachen an, die Großie ausgesucht hatte. Die Mädchen trugen Schweizer Mull und Haarschleifen und gleichfarbige Schärpen; die Jungen blaue Sergeanzüge und Etonkragen mit großen roten Lavallièreschleifen.

Die Hosen der Jungen waren ein Mittelding zwischen Shorts und Knickerbockers und wurden nicht vorn, sondern seitlich zugeknöpft. Frank und Bill fanden das schon schlimm genug. Aber das Unwürdigste war eine kleine Lasche, so groß wie die Zunge an einem Stiefel, die wie eine Knopfleiste vorne auf den Hosen festgenäht war.

«Heute werden wir stolz auf euch sein, ihr Lieben», sagten die Tanten. «Die Gäste werden euch sicher reizend finden.»

«In den Hosen nicht», sagte Bill. «Ich seh aus wie ein Schoßkind, und ich denk nicht dran, sie anzuziehn.»

«Aber Billy, mein Liebes», sagte seine Patentante Mabel, «du siehst doch süß aus. Wie der kleine Lord Fountleroy.»

«Ich will aber gar nicht so aussehn», heulte Bill. «Ich zieh die Dinger nicht an.»

«Natürlich ziehst du sie an, Billy, mein Liebes. Was würde dein Vater sagen, wenn er dich so reden hörte?»

«Der würde die Dinger auch albern finden», sagte Bill. «Der würde vielleicht über die Lasche vorn an meinen Hosen lachen!»

«Nun sei ein guter Junge, mein Liebes. Du willst doch Mutter und Großie und Papa keinen Kummer machen.»

«Doch, das will ich», sagte Bill. «Ich hab's satt, keinen Kummer zu machen. Ich sag: Zum Deibel mit all den Leuten!»

Die Patentanten erstarrten.

«Billy Gilbreth», sagte Tante Mabel, «wo hast du dieses *abscheuliche* Wort gehört?»

Einen Augenblick sahen wir auf Tante Mabels Gesicht den Schimmer eines Lächelns, und es schien uns so, als habe Tante Gertrude Tante Ernestine angestoßen – aber diese Vorstellung verwarfen wir wieder als höchst unwahrscheinlich und äußerst unpassend.

Bill wurde schließlich dazu überredet, den neuen Anzug anzuziehen. Aber er war schlechter Laune, und als man uns die Anweisungen für die Teegesellschaft gab, waren wir alle schlecht gelaunt.

«Also, meine Lieben, zuerst werden die Erwachsenen unter sich bleiben und etwas plaudern. Dann sollt ihr hereinkommen und den

Gästen guten Tag sagen. Denkt daran, daß die ältesten Freunde eurer Mutter dabei sind und daß Mutter mit euch Ehre einlegen will; also nehmt eure Kleider in acht. Nun lauft in den Garten, wir rufen euch dann, wenn es soweit ist.»

Als wir uns selbst überlassen waren, gingen wir auf den Rasen und standen dort steif, unbehaglich und verärgert herum. Wir hatten es satt, uns musterhaft zu benehmen, und wir wünschten, Papi wäre da, um Leben in die Bude zu bringen.

«Zu Hause machen die Kinder zusammen mit den Erwachsenen Besuch», flüsterte Martha uns zu. «Da braucht man nicht im Garten rumzustehn, als wäre man aussätzig.»

«Aber Martha, mein Liebes», äffte Ern in entsetztem Ton die Tanten nach, «wo hast du denn dieses *abscheuliche* Wort gelernt?»

«Zu Hause hält man die Kinder für vernünftig genug, daß sie sich selber frisieren können», sagte Martha. «Da werden einem die Haarschleifen nicht so fest gebunden, daß man nicht mal mit den Augenbrauen wackeln kann.»

«Guck mal die Lasche da vorn», sagte Bill und deutete auf seine Hose.

In der Nähe war ein Rasensprenger in Betrieb. Mit einem Ruck riß Martha ihre Haarschleife heraus, warf sie auf die Erde, ging bedächtig zu dem Rasensprenger und stellte sich darunter.

Anne und Ernestine waren starr vor Entsetzen.

«Martha!» riefen sie. «Bist du verrückt geworden? Komm da weg!»

Martha warf den Kopf zurück und lachte. Sie machte den Mund auf und ließ ihn voll Wasser laufen. Sie wackelte ekstatisch und erlöst mit den Augenbrauen. Die Stärke in ihrem Kleid weichte auf, und das Haar hing ihr in nassen Strähnen ins Gesicht.

Frank und Bill stellten sich zu Martha unter den Rasensprenger. Dann gesellte auch Ernestine sich dazu und brachte damit Anne, die Älteste, in das altvertraute Dilemma: Sollte sie sich zu uns oder zu den Erwachsenen schlagen? Sie wußte, ihr als der Ältesten würde man die Verantwortung zuschieben, wofür sie sich auch entscheiden mochte.

«Komm und laß dich naßregnen», riefen wir. «Sei doch kein Verräter! Das Wasser ist so schön.»

Anne seufzte, zog ihr Band aus dem Haar und gesellte sich zu uns.

«So, ihr Lieben», rief eine der Tanten vom Hause her. «Jetzt kommt herein und sagt guten Tag.»

Im Gänsemarsch gingen wir ins Wohnzimmer, und das Wasser aus unseren triefenden Kleidern sammelte sich auf Großies Perserteppich zu kleinen Pfützen.

«Jetzt, glaub ich, fühlen sie sich zu Hause», sagte Mutter ein bißchen kläglich. «Nun hört mal zu, Kinder. Ihr geht nach oben und zieht euch um. Keinen Unsinn jetzt! In zehn Minuten seid ihr in trockenem Zustand wieder unten. Verstanden?»

Und ob wir verstanden! Dieser Ton war uns vertraut. Alle fanden es viel schöner, daß wir nun johlend durchs Haus tobten, Versteck spielten und das Treppengeländer herunterrutschten. Nur nachmittags, wenn Großie ihr Schläfchen hielt, bat Papa um Ruhe.

«Versucht euch mal zwei Stunden zu einem gedämpften Gebrüll zu mäßigen, ihr Lieben», sagte er zu uns. «Eure Großmutter muß wirklich Ruhe haben.»

Unsere Patentanten bedienten uns von vorne und hinten, und allmählich genossen wir diese Verwöhnung mit vollen Zügen. Sie ließen alles stehen und liegen, wenn es um unser Vergnügen ging; sie machten Spiele mit uns, halfen uns einen Blumengarten anlegen, klebten mit uns Alben und sammelten mit uns die Samen kalifornischer Pflanzen, die wir nach der Heimkehr in unserem Garten aussäen wollten. Sie führten uns ins Kino, zeigten uns die Chinesenstadt von San Francisco und fuhren mit uns zum Wochenende in ihr Sommerhaus in Inverness. Es klang jetzt ganz natürlich, wenn sie uns «Liebes» nannten, und nach und nach erwiderten wir diese Anrede ohne Spott und ohne albernes Getue. Als die liebe Tante Gertrude freiwillig ins Krankenhaus ging, weil sie fürchtete, Keuchhusten zu bekommen, und weil sie uns nicht anstecken wollte, bedauerten wir ihre Abwesenheit beinahe so sehr, als hätte sich's um Mutter gehandelt.

Bill hatte mittlerweile einen ergebenen Freund und Verbündeten in Chew Wong gefunden, der das Regiment in der Küche führte. Chew Wong wußte, was er wollte, und ließ sich von keinem etwas sagen. Er sah finster und unnahbar aus und war schrecklich temperamentvoll. Er verstand ganz gut Englisch – nur dann nicht, wenn man an ihm etwas auszusetzen hatte oder ihm einen Befehl erteilte. In solchen Fällen begann er mit Tiegeln herumzufuchteln und auf chinesisch zu zischen, und dann drehte er einem den Rücken zu und ging davon. Er war ein vorzüglicher Koch. In der Mollerschen Familie hatte man sich stillschweigend dahin geeinigt, daß es für alle Betroffenen das beste sei, möglichst wenig davon zu wissen, wie und womit Chew kochte.

Tante Elinor, die den Speisezettel machte, traute sich als einzige von der Familie in die Küche. Uns Kindern hatte man geraten, draußen zu bleiben, wenn wir nicht den Zorn des Orientalen erregen, an irgendeinem exotischen Gift elend zugrunde gehen, einen geheimen Krieg entfesseln oder in Zukunft das Damoklesschwert des Harakiri über uns fühlen wollten.

Bill war sich zwar über die möglichen Folgen klar, konnte aber dem Duft von Kuchen und Pasteten nicht widerstehen und verbrachte einen großen Teil seiner Zeit in der Küche. Zuerst vertrieb Tante Elinor ihn. Aber Chew Wong hatte einen Narren an ihm gefressen und schmollte, wenn man Bill wegschickte. Wenn aber Chew Wong schmollte, dann mißriet das Essen, und so erlaubte man Bill am Ende, sich in der Küche herumzutreiben.

Dann übertraf Chew Wong sich selbst mit seiner Kochkunst, und die Küche hallte wider von Pidgin-Englisch, von Geplapper und Gelächter.

«Jetzt biette, Bliely, Mund auf! Hi-hi-hi-hi-hi. Gute Junge, Bliely!»

Wir fragten Bill, wozu er denn den Mund aufmache. Er erzählte uns, Chew Wong tue, wenn er einen Kuchen glasiere, den Zuckerguß in eine Spritztüte aus Zeitungspapier, beiße die Spitze ab und quetsche die Glasur auf den Kuchen. Ab und zu machte Bill den Mund auf, und die Spritztüte wurde ihm hineingesteckt. Als wir anderen in die Küche eindrangen, um auch etwas von der Spritztüte abzubekommen, trieb Chew Wong uns mit einem Tiegel in der Hand hinaus, während er und Billy vor Lachen brüllten. Hi-hi-hi-hi-hi!

Manchmal, wenn Bill in der Küche Unfug machte, zankte Chew Wong ihn aus, hob ihn hoch und drohte, ihn in den Herd zu stecken. Dann öffnete er die Ofentür und hielt Billy so hinein, daß er die Hitze im Gesicht zu spüren bekam.

«Blöse Junge, Bliely, steck dich in Ofen, back dich blaun, iß dich auf. Hi-hi-hi!»

Bill wußte, daß es nur Scherz war, aber er hatte doch Angst, wehrte sich und trat um sich.

Eines Nachmittags öffnete Chew Wong die Herdtür und beugte sich auf Zehenspitzen vor, um nachzusehen, ob der Kuchen überall braun sei. Bill schlich von hinten an ihn heran, stemmte eine Schulter gegen sein Hinterteil, hockte sich hin und hielt den Koch so fest.

«Blöse Junge, Wong», äffte er den Singsang des Kochs nach. «Bliely steck dich in Ofen, back dich blaun, iß dich auf. Hi-hi-hi-hi!»

Tante Elinor war in der Anrichte und hörte den Wortwechsel und Chew Wongs Gezeter. Als sie in die Küche gestürzt kam, hatte der Koch sich schon befreit, hielt beide Hände unter die kalte Wasserleitung und kreischte vor Wut. Aus den verschiedenen Teilen des Hauses kamen die anderen Mollers und Gilbreths in die Küche gelaufen.

Tante Elinor fand, daß sie Bill ins Gebet nehmen müsse, da sie nun einmal für die Küche verantwortlich war.

«Billy Gilbreth», sagte sie beinahe streng, «du hast dich nicht wie ein Gentleman benommen!»

Der Besuch ging zu Ende, wir zogen unsere Reisekleider an und kletterten wieder in die Limousinen. Wir waren jetzt daran gewöhnt und hatten keine Hemmungen, die Fenster herunterzulassen, die Hände hinauszustrecken und den Sonntagsfahrern unsere Meinung zu sagen. Mollers schienen das gar nicht so schlimm, sondern sehr nett zu finden. Selbst Henriette, immer in strammer Haltung, grinste, wenn er den Wagen gelassen um die Ecken steuerte und dabei unsere Hände aus den

Fenstern fuhren.

Auf dem Bahnsteig nahmen wir Abschied. Nun fand Bill es nicht mehr albern, sich küssen zu lassen. Er küßte sogar wieder.

Wir stiegen ein und drückten unsere Nasen an die Fensterscheiben.

«Eins kann ich nicht verstehn», sagte Anne. «Es wird ihnen wirklich schwer, daß wir wegfahren. Stellt euch das vor. Sie weinen genauso wie wir!»

Der Zug fuhr aus dem Bahnhof, und Mutter bemühte sich, uns aufzuheitern.

«Ich hab nicht eine einzige Dose Hartspiritus mitgenommen», sagte sie. «Die Rückreise wird viel besser gehn als die Herreise. Lills Fuß ist viel besser, und ich glaube nicht, daß es Freddy wieder übel wird. Wir können in den Speisewagen gehn und . . .»

«Üch», hustete Martha, «üch, üch!»

«Das Kind wird sich doch nicht den Keuchhusten geholt haben?» fragte Mutter. «Zeig mal deine Stirn.»

Als wir in Salt Lake City ankamen, hatten wir alle sieben Keuchhusten. Unsere Betten konnten nie gemacht werden, und in unserem Wagen kam kein Mensch zum Schlafen.

Paps war es gelungen, Urlaub von Fort Sill zu bekommen, und in Chicago stieg er überraschend zu uns in den Zug. Mit Eimer und Mop, die Mutter sich vom Dienstmann geborgt hatte, half er aufwischen, und er brachte uns Suppe, die auf neuerworbenem Hartspiritus heiß gemacht wurde.

«Danke, mein lieber Papi», sagten wir.

«Mein lieber Pappi?» fragte er. «Mein lieber Papi? Na – mir scheint, ich sollte euch jeden Sommer nach Kalifornien schicken.»

«Aber nicht mit mir», warf Mutter ein. «Ich kann dir nicht sagen, wie ich mich gefreut habe, alle meine Lieben wiederzusehen. Aber das nächste Mal fährst du mit den Kindern nach dem Westen, und ich zieh in den Krieg.»

Zehntes Kapitel

Mandelentzündung und Bewegungsstudium

Paps war der Ansicht, daß man Krankheiten in der Familie am leichtesten bewältigt, indem man sie einfach ignoriert.

«Für solchen Unsinn haben wir keine Zeit», sagte er. «Dazu sind wir zu viele. Ein Kranker bringt das ganze Ensemble durcheinander. Ihr Kinder stammt von gesunden Pionieren ab. Die Gesundheit habt ihr mitbekommen, nun bewahrt sie euch auch. Keine Entschuldigungen!

Ihr habt gesund zu bleiben!»

Abgesehen von Masern und Keuchhusten gehorchten wir auch. Der Arzt kam so selten ins Haus, daß sein Erscheinen für uns gleichbedeutend mit einem neuen Baby war.

Paps Mutter, die eine Zeitlang bei uns wohnte, hatte ihr geheimes Abwehrmittel gegen Krankheiten. Großmama Gilbreth war in Maine geboren, wo es, wie sie sagte, nur die Jahreszeiten Winter, Juli und August gebe.

Sie behauptete, Fachmann für die Bekämpfung schlechten Wetters und für die Vermeidung von Erkältungen zu sein.

Ihr geheimes Vorbeugungsmittel bestand in einem prall gefüllten und durchtränkten weißen Kampfersäckchen, das sie an ihrem Busen trug. An Großmamas Busen hatte allerlei Platz, nicht nur Kampfer, sondern auch ihre Brille, ihr Taschentuch und notfalls auch die Bettdekke, an der sie gerade häkelte. Jedes Jahr beim ersten Frost fertigte sie für uns zwölf gleichartige weiße Kampfersäckchen an.

«Beherzigt das, was Großmama sagt, und tragt immer diese Säckchen», sagte sie. «Wenn ihr jetzt eine Erkältung mitbringt, dann seid ihr gottverdammt selber dran schuld, und dann zieh ich euch bei lebendigem Leibe die Haut ab.»

Das war so Großmamas Art: Immer drohte sie, jemand bei lebendigem Leibe die Haut abzuziehen, ihn zu strecken oder zu vierteilen, ihn zu skalpieren wie eine Rothaut oder ihn windelweich zu prügeln. Großmama glaubte fest an den Satz: «Wer sein Kind liebhat, der züchtigt es.» Ihre Zuchtrute war ein Zweig von einem Fliederstrauch auf unserem Rasen. Sie hatte immer eine Rute von diesem Busch auf ihrem Kleiderschrank liegen.

«Das sag ich euch, jetzt kriegt ihr eins übergezogen», sagte sie. «Mutter will euch nicht verhauen, und Vater hat keine Zeit dazu, aber eure Großmama wird euch verprügeln, bis ihr nicht mehr sitzen könnt.»

Dann schwang sie die Rute mit einer Energie, die ihr Alter Lügen strafte. Meistens aber zielte sie so, daß die Rute nur harmlos durch die Luft pfiff. Immerhin versetzte sie einem ein paar leichte Hiebe auf die Beine, und da wir ihre Gefühle nicht verletzen wollten, schrien und heulten wir, als bekämen wir die einundzwanzig Geißelhiebe eines spanischen Inquisitors. Manchmal peitschte sie so heftig in die Luft, daß die Rute zerbrach.

«Aha, siehst du? So ungezogen warst du, daß ich meine Rute an dir zerprügelt hab. Nun geh mal gleich in den Garten und schneide mir eine neue fürs nächste Mal. Aber eine große, dicke, die mehr weh tut als diese hier. Nun geh schon, marsch!»

Wenn einer von uns krank wurde und im Bett bleiben mußte – was nur selten vorkam –, dann hielten Großmama und Paps gar keine

Behandlung für die beste.

«Ein krankes Kind wird am schnellsten gesund, wenn man es allein im Bett läßt», sagte Großmama, und Paps nickte beifällig. Mutter sagte, sie finde das auch, aber tatsächlich umsorgte sie das kranke Kind von vorn und hinten.

«Hier, Liebling, nimm mein schönes Bettjäckchen um», sagte sie zu dem Kranken. «Hier hast du ein paar Zeitschriften und Schere und Klebstoff. Na, ist das nicht schön? Ich geh mal in die Küche und mach dir einen Happen zu essen. Dann komm ich wieder rauf und lese dir vor.»

Ein Vetter schleppte uns die Masern ein, und alle Kinder außer Martha bekamen sie gleichzeitig. Zwei große, ineinandergehende Schlafzimmer im Oberstock wurden als Krankenzimmer eingerichtet, eins für die Jungen, das andere für die Mädchen. Wir hatten alle zwei oder drei elende Tage Fieber und Juckreiz, und Mutter pflegte uns mit Kakaobutter und Eisbeuteln. Dr. Burton, der die meisten von uns zur Welt gebracht hatte, sagte, es liege kein Grund zur Beunruhigung vor. Er war eine ausgesprochen männliche Natur und verstand sich mit Paps sehr gut.

«Ich muß zugeben, Gilbreth, daß Ihre Kinder nicht sehr oft krank sind», sagte Dr. Burton. «Aber wenn sie mal krank sind, dann bringen sie die Gesundheitsstatistik von ganz New Jersey durcheinander.»

«Wie das, Mr. Knochenbrecher?» fragte Paps.

«Ich muß jede Woche einen Bericht machen über die Fälle ansteckender Krankheiten, die ich behandle. Gewöhnlich hab ich ein paar Masernfälle in der Woche. Wenn ich nun berichte, daß ich an einem einzigen Tage elf Fälle hatte, dann müssen die ja ganz Montclair unter Quarantäne stellen und alle Schulen im Bezirk Essex schließen.»

«Na ja, es sind ja wohl besonders leichte Fälle», sagte Paps. «Pionierblut, wissen Sie.»

«Wenn Sie mich fragen: Masern sind Masern, und die Kinder haben die Masern.»

«Wahrscheinlich kriegen auch Pioniere die Masern», sagte Paps.

«Anzunehmen. Übrigens hatten die Pioniere auch Mandeln, und Ihre Kinder haben auch welche. Ganz scheußliche Mandeln. Man sollte sie rausnehmen.»

«Mir sind sie nie rausgenommen worden.»

«Ich möcht sie mir mal ansehn», bestimmte Dr. Burton.

«Ist gar nichts dran zu sehn.»

«Zum Donnerwetter, ich hab nicht soviel Zeit», sagte Dr. Burton. «Machen Sie den Mund auf, und sagen Sie ‹Ah›.»

Paps machte den Mund auf und sagte «Ah».

«Hab ich mir gedacht», sagte Dr. Burton und nickte. «Ihre müssen auch raus. Hätten schon vor Jahren rausgemußt. Sie werden's wohl nicht zugeben wollen, aber Sie haben doch Halsschmerzen, nicht wahr? Jetzt, in diesem Moment haben Sie doch Halsschmerzen, wie?»

«Quatsch», sagte Paps. «Bin nie in meinem Leben krank gewesen.»

«Schön, behalten Sie Ihre Mandeln, wenn Sie wollen. Sie schaden damit keinem außer sich selbst. Aber bei den Kindern sollten Sie sie wirklich rausnehmen lassen.»

«Ich werd's mal mit Lillie besprechen», versprach Paps.

Als wir kein Fieber mehr hatten, fühlten wir uns pudelwohl, obgleich wir noch im Bett bleiben mußten. Wir sangen, erzählten uns Geschichten mit Fortsetzungen, spielten Schreibspiele, gaben uns Rätsel auf und veranstalteten Kissenschlachten. Paps leistete uns oft Gesellschaft, sang mit uns und beteiligte sich an allen Spielen außer den Kissenschlachten, denn die waren eigentlich verboten. Er war immer noch der Ansicht, daß man kranke Kinder sich selbst überlassen sollte, aber da wir nun – außer Martha – alle krank waren, fühlte er sich so verlassen, daß er zu uns kommen mußte.

Eines Abends nach dem Abendessen erschien er in den Krankenzimmern und setzte sich auf einen Stuhl in eine Ecke. Wir sahen, daß sein ganzes Gesicht voller Flecken war.

«Papi», fragte Anne, «was hast du denn? Du hast ja lauter Flecken.»

«Ihr phantasiert», sagte Paps schmunzelnd. «Mir geht's ausgezeichnet.»

«Du hast die Masern!»

«Mir geht's gut», sagte Paps. «Ist nicht weiter schlimm.»

«Papi hat die Masern, Papi hat die Masern!» Paps saß grinsend da, aber auf unser Geschrei eilte Großmama herbei.

«Was ist hier los?» fragte sie. Und als sie Paps sah: «Barmherziger Gott, du hast ja lauter Flecke, Frank.»

«Ist ja nur Spaß», sagte Paps leise zu seiner Mutter.

«Leg dich ins Bett. Ein Mann in deinem Alter sollte doch wissen, was er zu tun hat. Schäm dich!»

Großmama suchte in ihrer Bluse, setzte sich die Brille auf und starrte Paps ins Gesicht.

«Also Frank Gilbreth, ich muß schon sagen!» legte sie los. «Manchmal machst du einem mehr zu schaffen als alle deine Kinder zusammen. Rote Tinte! Einen zu Tode erschrecken – und das nennst du Spaß! Rote Tinte!»

«Nur Spaß», wiederholte Paps.

«Sehr witzig», brummte Großmama, während sie aus dem Zimmer rauschte.

«Ich könnt mich totlachen.»

Paps saß verärgert da.

«Ist es wirklich rote Tinte, Papi?» fragten wir, und auch wir fanden, daß das wirklich ein guter Spaß sei. «Wirklich? Du hast uns aber angeführt!»

«Fragt doch eure Großmama», schmollte Paps. «Die ist eine sehr gescheite Dame. Die weiß alles.»

Martha durfte, obwohl sie gegen die Masern immun zu sein schien, das Krankenzimmer nicht betreten. In die Schule konnte sie nicht gehen, weil das Haus unter Quarantäne stand, und die ein bis zwei Wochen, in denen sie «einziges Kind» war, bekamen ihr so schlecht, daß sie keinen Appetit mehr hatte. Schließlich konnte sie es nicht mehr aushalten und schlich sich heimlich zu uns in die Krankenzimmer.

«Du weißt doch, daß du hier nicht rein darfst», sagte Anne. «Willst du denn krank werden?»

Martha brach in Tränen aus. «Ja», schluchzte sie. «Ach ja.»

«Soll das etwa heißen, daß wir dir fehlen? Es muß doch wunderbar sein; das ganze untere Stockwerk hast du für dich, und beim Essen bist du mit Mutter und Paps ganz allein.»

«Mit Paps ist nicht mehr viel los», sagte Martha. «Er ist so nervös. Er sagt, die Ruhe bei Tisch mache ihn verrückt.»

«Sag ihm, das ist nicht allgemein interessant», sagte Ern.

Kurz nach der Masernepidemie begann Paps mit der Anwendung der Bewegungsrationalisierung auf die Chirurgie, um bei gewissen Operationen Zeit einzusparen.

«Zwischen Chirurgen und geschickten Mechanikern ist kein großer Unterschied», sagte Paps, «nur sind die Chirurgen nicht so geschickt. Wenn ich ihre Bewegungen studierte, könnte ich ihnen sicher zu schnellerer Arbeit verhelfen. Von der Dauer einer Operation hängt oft das Leben ab.»

Die Chirurgen, an die er herantrat, wollten zuerst nichts von der Sache wissen.

«Das wird nicht gehen», sagte ein Arzt zu ihm. «Wir haben es nicht mit Maschinen zu tun, sondern mit menschlichen Wesen. Keine zwei Menschen sind einander gleich, deshalb kann man auch nicht immer wieder dieselbe Reihe von Bewegungen anwenden.»

«Doch, es wird gehen», beharrte Paps. «Wenn Sie mich nur ein paar Filmaufnahmen von Operationen machen lassen, dann werd ich's Ihnen beweisen.»

Endlich bekam er die Erlaubnis, seinen Filmapparat in einem Operationssaal aufzustellen. Nachdem der Film entwickelt war, führte er ihn uns mit dem Projektionsapparat im Wohnzimmer vor.

Vor dem schraffierten Hintergrund hing eine große Uhr, auf deren Zifferblatt «Gilbreth» zu lesen war und deren Zeiger pro Sekunde eine volle Umdrehung machte. Alle Ärzte und Schwestern waren weiß gekleidet und trugen Nummern an ihren Hauben. Auf dem Operationstisch im Vordergrund lag der Patient. Links befand sich ein in ein weißes Laken gehüllter Gegenstand, der etwa wie ein schneebedeckter Berg aussah. Als der Berg sich umdrehte, hatte er eine Stoppuhr in der Hand, und wenn er in die Kamera hineinlächelte, erkannten wir trotz der Verkleidung unsern Paps.

Dem Film nach schienen uns die Ärzte eine komplizierte Bauchoperation sehr schnell und routiniert auszuführen. Aber Paps, der hinter uns den Vorführapparat drehte, rief immer wieder, sie seien eine «Gesellschaft von Dummköpfen».

«Seht euch diesen Trottel da an – den Arzt Nr. 3. Paßt auf, was der jetzt macht. Er geht den ganzen Weg um den Operationstisch herum. Seht ihr, wie er jetzt nach dem Instrument greift? Und nun fällt ihm ein, daß er dieses Instrument überhaupt nicht braucht. Er braucht ein anderes. Er sollte den Namen des Instruments sagen, und die Schwester Nr. 6, die ihm assistiert, sollte es ihm geben. Dazu ist sie ja da. Und seht euch seine linke Hand an, wie sie nutzlos herunterhängt! Warum gebraucht er sie nicht? Er könnte doppelt so schnell arbeiten.»

Dieser Film hatte zur Folge, daß die darin aufgenommenen Chirurgen die Narkosezeit um fünfzehn Prozent verkürzen konnten. Aber Paps war noch lange nicht zufrieden. Er erklärte, er müsse von fünf oder sechs gleichartigen Operationen Filmaufnahmen machen, damit er die notwendigen Bewegungen von den überflüssigen trennen könne. Das Schwierige war, daß die meisten Patienten nicht fotografiert werden wollten, so daß die Krankenhäuser Angst hatten, verklagt zu werden.

«Laß nur, Liebes», sagte Mutter. «Ich bin überzeugt, daß sich bald für dich eine Gelegenheit bietet, alle notwendigen Aufnahmen zu machen.»

Paps sagte, er wolle nicht warten; wenn er mal ein Projekt im Kopf hatte, dann brachte er es nicht fertig, es eine Weile ruhen zu lassen und nach und nach wieder aufzugreifen, wenn er einen Patienten im Krankenhaus und einen Arzt gefunden hatte, die gegen Fotografen nichts einzuwenden hatten. Dann kam ihm ein Gedanke, und er schnippte mit den Fingern.

«Ich weiß», sagte er. «Jetzt hab ich's. Dr. Burton liegt mir in den Ohren, er will den Kindern die Mandeln rausnehmen. Er sagt, sie müßten doch raus. Wir werden hier im Laboratorium einen Operationssaal einrichten und werden Burton filmen.»

«Es kommt mir etwas herzlos vor, die Kinder als Versuchskaninchen zu benutzen», sagte Mutter zweifelnd.

«Ja, mir auch. Und ich tu's auch nicht, wenn Burton auch nur das geringste dagegen hat. Wenn das Fotografieren ihn nervös macht oder so, dann werden die Mandeln eben ohne Bewegungsstudium herausgenommen.»

«Dr. Burton nervös – das kann ich mir jedenfalls nicht vorstellen», sagte Mutter.

«Ich auch nicht. Ich werd mal zu ihm gehn. Und weißt du was? Ich werd bei der Sache ein gewisses Schuldgefühl nicht los; zur Beruhigung meines Gewissens soll der alte Menschenschlächter meine Mandeln auch rausnehmen.»

«Ich fühle mich auch ein bißchen schuldig bei der ganzen Sache», sagte Mutter. «Aber Gott sei Dank sind meine schon rausgenommen worden, als ich ein kleines Mädchen war.»

Dr. Burton war damit einverstanden, vor der Kamera zu operieren.

«Sie spare ich mir noch auf, alter Pionier», sagte er zu Paps. «Das Beste zuletzt. Seit ich Ihre großen, dicken schönen Mandeln zum erstenmal betrachtet habe, weiß ich, daß ich keine Ruhe finden werde, ehe ich nicht Hand an sie gelegt habe.»

«Hören Sie mit Ihrem Geschwätz auf, und legen Sie das Skalpell weg, Sie kleiner Schäker», sagte Paps. «Ich komm zuletzt dran. Meine sollen rausgenommen werden, wenn's den Kindern wieder bessergeht.»

Dr. Burton sagte, er wolle mit Anne anfangen und der Reihe nach abwärts über Ernestine, Frank, Bill und Lillian fortfahren. Martha dürfe als einzige von den älteren Kindern ihre Mandeln behalten, sagte der Arzt, und bei den kleineren Kindern könne man noch etwas abwarten.

Am Abend vor der Massenoperation mußte Martha bei Tante Anne, Paps ältester Schwester, schlafen.

«Du sollst mir hier nicht rumwimmeln», erklärte Paps. «Die Kinder, denen morgen die Mandeln rausgenommen werden, dürfen heute kein Abendbrot und morgen kein Früchstück essen. Ich will nicht, daß du ihnen das dauernd unter die Nase reibst.»

Martha hatte es uns nicht vergessen, wie wir sie vernachlässigt hatten, als sie schließlich doch noch die Masern bekam. Sie rieb es uns noch kräftig unter die Nase, bevor sie wegging.

«Bei Tante Anne gibt's immer Apfelkuchen zum Frühstück», sagte sie, und wir wußten, das war die schiere Wahrheit, nur war es manchmal Blaubeer- statt Apfelkuchen. «Und in der Anrichte hat sie einen Topf voll Krapfen stehn, und sie mag es sehr gern, wenn Kinder davon essen.» Auch das war leider nur allzu wahr. «Wenn euch morgen früh das Messer erwartet, werd ich an euch denken. Wenn ich nicht zu vollgefressen bin, werd ich versuchen, für jeden von euch einen Krapfen zu essen.»

Sie rieb sich den Magen und blähte die Backen kolossal auf, als kaue sie einen ganzen Krapfen auf einmal. Sie tat, als mache sie ein Gefäß auf und stopfe sich noch einen Krapfen in den Mund.

«Du meine Güte, Tante Anne», sagte sie, als wäre jene Dame im Zimmer, «die Krapfen schmecken heute noch viel besser als sonst.» . . . «Ja, nimm dir doch noch einen, Martha!» . . . «Danke, Tante Anne, ich glaube ja.» . . . «Warum nimmst du nicht gleich zwei oder drei, Martha?» . . . «Ich bin so voll vom Apfelkuchen, daß ich nicht weiß, ob ich noch zwei kann, Tante Anne. Aber du bist ja so glücklich, wenn man dein Gebäck ißt – da will ich mein Bestes tun.»

«Ersticken sollst du dran, Martha, mein Liebes», sagten wir.

Am nächsten Morgen versammelten sich die fünf Auserwählten, die ihre Mandeln der Bewegungsrationalisierung opfern sollten, im Salon. Martha hatte richtig prophezeit: Unsere Mägen waren leer. Sie knurrten und kollerten. Oben hörten wir Betten rücken und wußten: Die Krankenzimmer wurden wieder hergerichtet. Im Laboratorium, das neben dem Salon lag, verwandelten Paps, sein Kameramann, eine Schwester und Dr. Burton den Schreibtisch in einen Operationstisch und stellten den schraffierten Hintergrund und die Scheinwerfer auf.

Paps kam in den Salon, er sah wieder wie ein schneebedeckter Berg aus. «So, Anne, komm!» Er puffte sie in den Rücken und lächelte uns zu. «Es ist weiter gar nichts. In ein paar Minuten ist's vorbei. Und denkt mal, wie ulkig das sein wird, wenn wir den Film sehen und euch alle im Schlaf beobachten können.»

Als er mit Anne hinausging, sahen wir, daß seine Hände zitterten, und sein weißer Umhang zeigte Schweißflecke. Mutter kam und setzte sich zu uns. Paps hatte gewollt, daß sie sich die Operation ansähe, aber sie sagte, das könne sie nicht.

Nach einer Weile hörten wir Paps und die Schwestern mit schweren Schritten die Vordertreppe hinaufsteigen, und wir wußten, daß Annes Operation vorbei war und sie zu Bett gebracht wurde.

«Nun komm ich dran, und ich kann nicht sagen, daß ich keine Angst hätte», gestand Ernestine. «Aber ich bin so hungrig, daß ich bloß immer an Martha und ihren Kuchen denken muß. Die hat ein Schwein!»

«Und Krapfen!» sagte Bill. «Ein Schwein hat die!»

«Kriegen wir nach der Operation Kuchen und Krapfen?» fragte Lill Mutter.

«Wenn ihr sie dann haben wollt», antwortete Mutter, der ja die Mandeln schon herausgenommen waren.

Paps kam herein. Sein Umhang triefte jetzt von Schweiß. Es sah aus, als wäre auf dem Schneeberg Tauwetter ausgebrochen.

«Es ist gar nichts weiter», sagte er. «Und wir haben bestimmt ein paar großartige Aufnahmen gemacht. Anne schlief wie ein Baby. Also, Ernestine, mein Kind, du bist dran, komm mit!»

«Ich hab gar keinen Hunger mehr», sagte sie. «Jetzt hab ich nur noch Angst.»

Eine Schwester legte ein mit Äther getränktes Tuch über Erns Nase. Das letzte, auf das sie sich später besann, war Mr. Coggin, Paps Fotograf, der sich mit der Kamera abquälte. «Er müßte in einer Sekunde zweimal kurbeln», dachte sie. «Ich werde zählen und sehn, ob's stimmt. Und eins und zwei und drei und vier. So soll man Sekunden zählen, sagt Paps. Man muß das ‹und› zwischen die Zahlen schieben, um in der richtigen Geschwindigkeit zu zählen. Und eins und zwei und drei . . .»

Dann schlief sie ein.

Dr. Burton sah ihr in den Mund.

«Mein Gott, Gilbreth», sagte er, «ich hab doch gesagt, daß ich Martha nicht brauch.»

«Das ist ja auch nicht Martha», sagte Paps. «Das ist Ernestine.»

«Wissen Sie das bestimmt?»

«Natürlich weiß ich das, Sie Esel. Denken Sie, ich kenn meine eigenen Kinder nicht?»

«Sie müssen sich irren», belehrte ihn Dr. Burton. «Sehn Sie sie mal ganz genau an. Na also, ist das nicht Martha?»

«Wollen Sie damit sagen, ich könnte ein Kind nicht vom andern unterscheiden?»

«Ich will weiter nichts sagen, als daß wir einen schrecklichen Fehler gemacht haben, wenn das nicht Martha ist.»

«Wir?» schrie Paps. «Wir? Ich hab keinen Fehler gemacht. Und ich hoffe, Sie haben nicht den Fehler gemacht, den ich vermute.»

«Ja, sehn Sie, ich kann sie doch nur nach ihren Mandeln unterscheiden», sagte Dr. Burton. «Ich dachte, diese Mandeln wären Marthas Mandeln. Die einzigen, die nicht raus müssen.»

«Nein», jammerte Paps, «ach nein!» Dann sagte er entrüstet: «Heißt das, daß Sie mein kleines Mädchen für nichts und wieder nichts bewußtlos gemacht haben?»

«Es sieht so aus, Gilbreth. Tut mir leid, aber es ist geschehn. War verdammt leichtsinnig. Aber Sie haben ja auch einen unwahrscheinlichen Haufen Kinder, und für mich sehn sie alle gleich aus.»

«Na, lassen Sie mal, Burton», sagte Paps. «Tut mir leid, daß ich mich hab gehnlassen. Was machen wir denn nun?»

«Ich werd sie auf alle Fälle rausnehmen. Sie hätten doch bald raus gemußt, und das Schlimmste an einer Operation ist ja die Angst vorher. Sie hat ihre Angst ausgestanden; die wollen wir ihr ein zweites Mal ersparen.»

Als Dr. Burton sich über Ernestine beugte, stieß sie ihn durch eine Reflexbewegung mit dem Knie in den Mund.

«Hast recht, Ernestine, wenn du wirklich so heißt», murmelte er. «Das hab ich ja wohl verdient.»

Es stellte sich heraus, daß Ernestines Mandeln größer und zerklüfteter waren, als der Arzt gedacht hatte. Es war ziemlich umständlich, sie herauszunehmen, und der Filmoperateur Mr. Coggin mußte sich in einen Papierkorb übergeben.

«Nicht aufhören zu kurbeln!» brüllte Paps ihn an. «Oder Ihre Mandeln kommen als nächste dran. Ich reiß sie Ihnen eigenhändig mit Stumpf und Stiel aus. Kurbeln, zum Donnerwetter, kurbeln!»

Mr. Coggin kurbelte. Als die Operation vorbei war, trugen Paps und die Schwester Ernestine nach oben.

Als Paps in den Salon kam, um Frank zu holen, sagte er, Mutter möchte jemand zu Tante Anne schicken, um Martha zu holen.

«Apfelkuchen hin, Krapfen her – ihre Mandeln müssen raus», sagte er. «Noch so einen Tag wie den heutigen überleb ich nicht.»

Frank, Bill und Lillian wurden der Reihe nach die Mandeln herausgenommen. Dann erschien Martha, brüllend, um sich tretend und mit Kuchen und Krapfen vollgefressen.

«Sie haben gesagt, ich brauch mir die Mandeln nicht rausnehmen zu lassen, und ich laß sie mir auch nicht rausnehmen», schrie sie den Arzt an. Ehe er sie auf den behelfsmäßigen Operationstisch bugsiert hatte, versetzte sie ihm einen Tritt in den Magen.

«Wenn ich das nächste Mal zu Ihnen komm», sagte er zu Paps, als er wieder japsen konnte, «dann bring ich mir einen Brustschützer und eine Fechtmaske mit.» Und zur Schwester sagte er: «Etwas Äther für Martha – falls sie wirklich so heißt.»

«Ja, ich bin Martha», kreischte sie durch das Tuch. «Sie irren sich.»

«Hab ich Ihnen nicht gesagt, daß das Martha ist?» fragte Paps triumphierend.

«Ja, ja, ich weiß», sagte Dr. Burton. «Wir wollen nicht wieder von vorn anfangen. Sie heißt Martha, aber ihre Mandeln heißen für mich Ernestine. Mach deinen Mund auf, Martha, du süßes Kind, damit ich dir Ernestines Mandeln rausnehmen kann. Kurbeln Sie ruhig weiter, Mr. Coggin. Vielleicht wird das der erste Dokumentarfilm von einem Menschen, der langsam zum Wüterich wird.»

Uns allen war an diesem Nachmittag schrecklich elend, Martha aber war sterbenskrank.

«Schmach und Schande», sagte Großmama immer wieder zu Martha, die nach ihr hieß und ihr besonderer Liebling war. «Das hätten sie nicht tun dürfen; erst lassen sie dich all das Zeug essen, und dann schleppen sie dich hier zur Schlachtbank. Ob nun der Doktor oder dein Vater dran schuld ist, das ist mir gleich. Ich möchte ihnen beiden bei lebendigem Leibe die Haut abziehen und sie außerdem noch skalpieren wie die Rothäute.»

Während wir wieder gesund wurden, war Paps auffallend viel bei uns, aber er sagte immer, es sei gar nicht so schlimm und wir wollten nur Mitleid erwecken.

«Mir könnt ihr nichts vormachen», sagte er. «Ich hab die Operation gesehn – oder etwa nicht? Also, da wird ein kleiner, winziger Schnitt hinten im Hals gemacht. Ich weiß nicht, weswegen ihr so ein Gejammer macht. Wißt ihr nicht mehr die Geschichte von dem spartanischen Jungen, der keinen Mucks von sich gab, während seine Gedärme von einem Fuchs aufgefressen wurden?»

Weil wir soviel jammerten und um uns zu zeigen, wie ein Spartaner sich hätte die Mandeln herausnehmen lassen, beschloß Paps, sich die

Operation unter lokaler Betäubung machen zu lassen. Mutter, Großmama und Dr. Burton rieten ihm ab. Aber Paps hörte nicht auf sie.

«Ihr macht ja aus 'ner Mücke 'nen Elefanten!» sagte er. «So eine kleine Operation! Ich will Burton zusehn, ob er's auch richtig macht.»

Als wir Kinder das erste Mal aufstehen durften, fuhren Paps und Mutter im Wagen zur Praxis von Dr. Burton. Mutter hatte Paps dringend gebeten, ein Taxi zu nehmen. Sie konnte nicht fahren und meinte, Paps würde sich wahrscheinlich nicht wohl genug fühlen, um nach Hause zu fahren. Aber Paps lachte nur darüber.

«In einer Stunde sind wir zurück», rief er uns zu und probierte seine drei Hupen aus, um für jeden Notfall gerüstet zu sein. «Wartet auf uns mit dem Lunch. Ich bin schon am Verhungern.»

«Das muß man ihm lassen», gab Anne zu, als der Pierce-Arrow über den Wayside Place davonfuhr. «Er ist schon ein feiner Kerl. Wir haben uns alle halbtot gefürchtet vor der Operation. Und nun seht ihn an: Er freut sich direkt drauf!»

Zwei Stunden später hielt ein Taxi vor dem Haus; der Fahrer sprang heraus und riß die Wagentür auf. Mutter stieg aus, bleich und mit geröteten Augen. Sie und der Fahrer zogen eine verkrumpelte, stöhnende Masse aus blauem Serge ans Tageslicht. Der Hut saß verbeult und schief auf Paps Kopf. Sein Gesicht war grau und zusammengefallen. Er weinte nicht, aber die Augen tränten ihm. Er konnte weder sprechen noch lächeln.

«Der hat aber ganz hübsch geladen, Mrs. Gilbreth», sagte der Fahrer voller Neid. «Und noch dazu so früh am Nachmittag. Hab gar nicht gewußt, daß er gern einen hebt.»

Wir warteten auf das Donnerwetter, das nun fällig war – aber nichts geschah. Paps begnügte sich mit einem vernichtenden Blick – ein Zeichen, wie schlimm es um ihn stand.

«Halten Sie gefälligst Ihren Mund», sagte Mutter im schärfsten Ton, der ihr zu Gebote stand. «Er ist todkrank.»

Mutter und Großmama brachten Paps in sein Zimmer hinauf, und wir hörten unten sein Stöhnen.

Abends erzählte Mutter uns alles, während Paps unter der Wirkung von Schlaftabletten schnarchte. Während die Mandeloperation vor sich ging, hatte Mutter in Dr. Burtons Vorzimmer gewartet. Solange die Lokalanästhesie wirkte, hatte Paps sich wunderbar gefühlt. Als die Operation halb vorbei war, war er ins Vorzimmer gekommen und hatte grinsend eine Zange mit einer seiner Mandeln geschwenkt.

«Eine ist raus, und die andre kommt jetzt dran, Lillie», hatte er gesagt. «Völlig schmerzlos. Als ob man einen Baumstamm abschält.»

Nach einer Zeit, die Mutter endlos erschien, war Paps wieder ins Vorzimmer gekommen und hatte nach Hut und Mantel gegriffen. Er grinste immer noch, aber nicht ganz so breit wie vorher.

«Erledigt», sagte er. «Fast schmerzlos. Komm, Chefin, gehn wir. Ich bin immer noch hungrig.»

Dann merkte Mutter, wie seine gute Laune sich legte und wie er allmählich zusammensackte.

«Abgeschlachtet hat er mich», stöhnte er. «Ich werd noch verbluten. Burton, kommen Sie schnell! Was haben Sie mit mir gemacht?»

Dr. Burton kam aus seinem Sprechzimmer. Zu seiner Ehre muß gesagt werden: Er zeigte aufrichtiges Mitgefühl. Dr. Burton hatte sich nämlich auch mal die Mandeln herausnehmen lassen.

«Ist bald wieder in Ordnung, alter Pionier», sagte er. «Sie wollten's ja absolut so schwer haben.»

Da Paps offensichtlich nicht fahren konnte, hatte Mutter das Taxi gerufen. Später am Abend brachte ein Mann aus der Garage die Narrenkutsche angeschleppt.

«Hab versucht, den Wagen nach Hause zu fahren», sagte der Garagenmann zu Mutter, «aber er war nicht von der Stelle zu bringen. Der Motor lief ganz richtig, aber er spuckte und bockte, sowie ich schalten wollte. So ein vertracktes Biest!»

«Ich glaub, keiner außer Mr. Gilbreth versteht, mit ihm umzugehen», sagte Mutter.

Paps lag zwei Wochen im Bett, und seit wir denken konnten, war dies das erste Mal, daß er krank war. Er konnte weder rauchen noch essen oder sprechen. Aber er konnte einen anblitzen, und er blitzte Bill eines Nachmittags volle zwei Minuten lang an, als der ihn fragte, ob er sich die Mandeln wie ein Spartaner habe herausnehmen lassen.

Paps fand die Sprache erst an dem Tage wieder, als er endlich aufstehen durfte. Er lag, von vielen Kissen gestützt, im Bett und las seine Geschäftspost. Darunter befand sich eine Karte von dem Fotografen Mr. Coggin.

«Leider muß ich Ihnen mitteilen, Mr. Gilbreth, daß keiner der Filme etwas geworden ist. Ich hatte vergessen, den inneren Verschluß von der Linse zu nehmen. Tut mir schrecklich leid. Coggin. PS: Ich kündige hiermit.»

Paps schleuderte die Bettdecke fort und griff nach seinem Bademantel. Zum erstenmal seit zwei Wochen sprach er.

«Bis ans Ende der Welt werd ich ihn verfolgen!» krächzte er. «Ich werd ihm mit einem stumpfen Schuhknöpfer seine gottverdammten Mandeln mit Stumpf und Stiel rausreißen, wie ich's versprochen hab. Was heißt kündigen? Fristlos entlassen ist er!»

Elftes Kapitel

Nantucket

Im Sommer zogen wir immer nach Nantucket im Staate Massachusetts, wo Paps zwei Leuchttürme kaufte, die von der Regierung aufgegeben worden waren, und ein baufälliges Häuschen, das so aussah, als hätten Landstreicher darin gehaust. Die Leuchttürme ließ er versetzen, so daß sie zu beiden Seiten des Häuschens standen. In dem einen Leuchtturm hatten er und Mutter einen Arbeitsraum und ein Zimmer. Der andere diente als Schlafraum für drei Kinder.

Das Häuschen nannte er den *Schuh* zu Ehren von Mutter, die ihn, wie er sagte, an die alte Frau erinnerte, die in einem solchen hauste.

Häuschen und Leuchttürme lagen auf einem ebenen Landstreifen zwischen der Klippe und dem Strand, an denen sich das mondäne Badeleben abspielte. In unmittelbarer Nähe unserer Wohnung stand nur noch ein Haus, das einem Künstlerehepaar namens Whitney gehörte. Nach unserem ersten Sommeraufenthalt in Nantucket hatten Whitneys jedoch ihr Haus aufgebockt, mit Rollen versehen und anderthalb Kilometer weiter an eine freie Stelle auf der «Brant Point» genannten Landspitze transportiert. Von da an hatten wir das Landstück ganz für uns allein.

Auf der Reise von Montclair nach Nantucket übernachteten wir gewöhnlich in einem Hotel in New London in Connecticut.

Paps kannte den Geschäftsführer und alle Angestellten des Hotels, und es gab eine geräuschvolle Begrüßung mit gutmütig-derben Späßen zum Gaudium der Menschenmenge, die uns von der Straße her folgte.

«Herr du meines Lebens, wer kommt denn da?» rief der Geschäftsführer bei unserer Ankunft und sagte dann zu einem Angestellten: «Alarmieren Sie die Feuerwehr und den Hausdetektiv. Es sind nämlich Gilbreths. Und dann nehmen Sie mal diesen Zigarrenabschneider vom Tisch und schließen Sie ihn ins Safe.»

«So, diese lebensgefährliche Guillotine haben Sie immer noch?» grinste Paps. «Es wird Sie sicher enttäuschen, aber der Finger ist wieder nachgewachsen, so gut wie neu. Zeig mal dem Herrn deinen Finger, Ernestine.»

Ernestine hielt den kleinen Finger ihrer rechten Hand hoch. Bei dem vorigen Besuch hatte sie ihn in ihrem Forschungsdrang in den Zigarrenabschneider gesteckt und dabei fast dreißig Millimeter ihrer Fingerspitze eingebüßt. Sie hatte den ganzen Teppich vollgeblutet; Paps hatte versucht, den Arm abzubinden, und hatte durchs ganze Haus nach einem Arzt gebrüllt.

«Sagen Sie mal», bemerkte Paps, als er den Federhalter nahm, um sich in das dicke Buch einzuschreiben, «kriegen's meine Irländer im Dutzend billiger?»

«Irländer! Wenn ich einen Burnus trüge, würden Sie sagen, sie seien Araber. Wie viele sind's denn eigentlich? Als ich voriges Jahr Ihre Rechnung ausstellte, haben Sie behauptet, es seien nur sieben. Jetzt zähle ich mindestens ein Dutzend.»

«Möglicherweise sind inzwischen ein paar dazugekommen», gab Paps zu.

«Kommt mal her, eins, zwei, drei vier Boys! Ihr vier führt Mr. und Mrs. Gilbreth und ihre sieben Irländer – oder wie viele es nun sein mögen – auf Nummer 503, 504, 505, 506 und 507. Und daß ihr sie mir ja gut unterbringt!»

Nantucket ist der Landspitze Cape Cod vorgelagert. Als wir das erste Mal dorthin fuhren, war die Insel für Autos gesperrt, und wir mußten den Pierce-Arrow in einer Garage in New Bedford in Massachusetts lassen. Als später die Autosperre aufgehoben wurde, nahmen wir den Wagen auf der *Gay Head* oder auf der *Sankaty* mit, den beiden Dampfern, die zwischen dem Festland und der Insel verkehrten. Paps stand Todesängste aus, während er das Auto rückwärts die Laufbrücke hinaufbugsieren mußte. Mutter bestand darauf, daß wir ausstiegen und beiseite traten. Dann bat sie Paps, einen Rettungsgürtel anzulegen.

«Ich weiß, eines Tages fällst du mitsamt dem Wagen ins Wasser», unkte sie.

«Hat denn niemand, nicht mal meine Frau, Vertrauen zu mir?» stöhnte er und fügte dann ganz sachlich hinzu: «Ich kann übrigens schwimmen.»

Das größte Problem auf dem Schiff und im Wagen war das Kanarienpärchen, das Martha in der Sonntagsschule für besonders gutes Rezitieren gewonnen hatte. Wir alle liebten es zärtlich, außer Paps. Er nannte den einen Vogel «Maulhalten» und den andern «Hörstdu». Er behauptete, ihr Gestank verderbe ihm die ganze Reise und sie seien die einzigen Geschöpfe auf Erden, deren Stimmen die seiner Kinder überschreien könnten. Unser Hausfaktotum Tom Grieves, der den Käfig zu reinigen hatte, nannte die Vögel «Peter Dreck» und «Maggie Ferkel». Aber vor Mutter durften wir diese Namen nicht aussprechen; solche Wörter nannte sie «Eskimo». (Mit «Eskimo» bezeichnete Mutter alles, was zweideutig, abstoßend oder boshaft war.) Wir nannten die Vögel einfach Peter und Maggie.

Auf einer Reise saß Fred mit dem Käfig am Heck des Schiffes, während Paps den Wagen an Bord bugsierte. Irgendwie sprang die Gittertür des Käfigs auf, und die Vögel flogen weg. Sie flogen auf einen Stapel am Hafen und dann auf das Dach eines Lagerhauses. Als Paps den Wagen endlich verstaut hatte und auf Deck erschien, fand er drei von den kleinen Kindern in Tränen aufgelöst. Sie schluchzten so laut, daß der Kapitän sie hörte und von der Brücke kam.

«Was ist denn passiert, Mr. Gilbreth?» fragte er.

«Nichts», sagte Paps, der eine willkommene Gelegenheit sah, zwischen sich und die Kanarienvögel eine Entfernung von fünfzig Kilometer zu legen. «Sie können jederzeit ablegen, Käpten.»

«Ich leg ab, wenn *ich* will», verkündete der Kapitän eigensinnig. Er beugte sich über Fred. «Was gibt's denn, mein Junge?»

«Peter und Maggie», heulte Fred. «Sie sind über Bord.»

«Mein Gott!» Der Kapitän erbleichte. «Die ganze Zeit, seit ihr Gilbreths nach Nantucket kommt, hab ich gefürchtet, daß so was passieren würde.»

«Peter und Maggie gehören nicht zur Familie», sagte Paps gereizt. «Warum lassen Sie nicht die ganze Sache auf sich beruhen und legen ab?»

Der Kapitän beugte sich wieder zu Fred. «Wer sind denn Peter und Maggie? So rede doch, Junge!»

Fred hörte zu weinen auf. «Ich darf Ihnen ihre Nachnamen nicht sagen», erklärte er. «Mutter sagt, sie wären Eskimo.»

Der Kapitän war höchst verblüfft. «Da mach mir einer 'n Vers drauf», sagte er. «Also Peter und Maggie, die Eskimos, sind über Bord?»

Fred nickte. Paps zeigte auf den leeren Käfig. «Zwei Kanarienvögel, bekannt unter den Namen Peter und Maggie und anderen Pseudonymen, sind abgehauen», brüllte er. «Macht nichts. Lassen Sie sich nicht weiter aufhalten!»

«Wo sind sie denn hingeflogen, mein Kleiner?»

Fred zeigte auf das Dach des Lagerhauses. Der Kapitän seufzte.

«Ich kann kein Kind weinen sehn», sagte er. Er ging auf die Brücke zurück, um seine Befehle zu erteilen.

Vier Mann der Schiffsbesatzung kletterten, mit Krabbennetzen bewaffnet, auf das Dach des Lagerhauses. Während die Passagiere sie von der Reling aus durch Zurufe ermutigten, jagten sie die Vögel über das Dach in den Hafen, dann in die Takelage des Schiffs und schließlich wieder auf das Lagerhaus zurück. Zum Schluß waren Peter und Maggie spurlos verschwunden, und der Kapitän mußte es aufgeben.

«Tut mir leid, Mr. Gilbreth», sagte er. «Ich glaube, wir müssen ohne Ihre Kanarienvögel abfahren.»

«Sie waren wirklich schon zu liebenswürdig», versetzte Paps strahlend.

Paps genoß den Rest der Reise sehr, und er konnte sogar Martha davon überzeugen, es wäre am klügsten, den leeren, aber immer noch stinkenden Vogelkäfig über Bord zu werfen.

Als wir uns am nächsten Tage in unserm Häuschen eingerichtet hatten, kam ein Pappkarton vom Kapitän an. Er war an Fred adressiert, und in seinen Deckel waren Löcher gebohrt.

«*Mir* braucht ihr nicht zu erzählen, was drin ist», grollte Paps. «Ich hab's schon gerochen.» Er griff in seine Brieftasche und gab Martha einen Geldschein. «Nimm das, geh ins Dorf und kauf einen neuen Käfig. Und hoffentlich gehst du nun vorsichtiger mit deinen Habseligkeiten um.»

Unser Häuschen hatte einen kleinen Waschraum, aber weder heißes Wasser noch eine Dusche oder eine Badewanne. Paps hielt im Sommer eine primitive Lebensweise für gesund. Da aber Sauberkeit für ihn gleich nach Frömmigkeit kam, mußten wir alle mindestens einmal am Tage schwimmen gehen. Von dieser Regel gab's keine Ausnahme, auch wenn die Temperatur auf sechs Grad sank und kaltes Nieselwetter herrschte. Paps trabte uns voran vom Haus zum Strand, hielt in einer Hand ein Stück Seife und schlug sich mit der andern die Brust.

«Ozean, nimm uns auf, hinein in die Brandung! Brrr! Natürlich, unser Bill ist wieder der letzte!»

Dann warf er sich ins Wasser, tauchte und verschwand in einem Sprühregen von Gischt. Er schwamm ein Stück unter Wasser, steckte dann die Füße heraus und winkte mit den Zehen, schwamm noch ein Stück unter Wasser und tauchte dann mit dem Kopf zuerst auf; dann grinste er und spuckte das Wasser in einem dünnen Strahl durch die Zähne.

«Kommt rein», rief er. «Es ist wunderbar, wenn man erst mal drin ist.» Und dann fing er an, sich einzuseifen.

Außer den Babies war Mutter der einzige Nichtschwimmer unter uns. Sie haßte kaltes Wasser, sie haßte Salzwasser, und sie haßte Badeanzüge. Sie fand Badeanzüge so genierlich, und wenn sie auch die altmodischsten Modelle mit langen Ärmeln und schwarzen Strümpfen trug, so kam sie sich darin doch immer etwas unanständig vor. Paps pflegte zu sagen, wenn Mutter schwimmen ginge, zöge sie mehr an als aus.

Mutters Schwimmen spielte sich folgendermaßen ab: sie prüfte mit der Spitze ihres schwarzen Badeschuhs die Temperatur des Wassers, watete vorsichtig so weit, daß das Wasser ihr bis zu den Knien reichte, planschte probeweise ein paarmal mit den Händen herum, bespritzte sich etwas die Schultern und tauchte schließlich unter Aufbietung ihres ganzen Mutes mit zugehaltener Nase bis zur Brust unter. Das Nasehalten war eine überflüssige Vorsichtsmaßnahme, denn ihre Nase blieb immer einen Viertelmeter über dem Wasser.

Dann rannte sie mit klappernden Zähnen zum Haus zurück und wusch sich mit einem Schwamm das Salzwasser ab.

«War es heute morgen nicht himmlisch im Wasser?» sagte sie dann strahlend beim Lunch.

«Ich kenne Fische, die sich in der Luft wohler fühlen als du im Wasser», bemerkte Paps darauf.

Wie in jedem anderen Fach bewährte Paps sich auch beim Schwimmen als sachkundiger Lehrer. Manche von uns lernten schon mit drei Jahren schwimmen, und mit fünf Jahren konnten wir es alle. Paps war sehr betrübt darüber, daß er allein bei Mutter mit seinem Schwimmunterricht keinen Erfolg hatte. «In diesem Sommer bring ich's dir aber wirklich bei», sagte er am Anfang jeder Ferien zu Mutter. «Es ist gefährlich, nicht schwimmen zu können. Was willst du denn machen, wenn du auf einem untergehenden Schiff bist? Willst mich allein mit einem Dutzend Kinder zurücklassen, wie? Du solltest doch auch an mich denken.»

«Ich werd's noch mal versuchen», sagte Mutter geduldig. Aber man merkte es genau, daß sie es für aussichtslos hielt.

Wenn sie zum Strand herunterkamen, nahm Paps sie bei der Hand und führte sie. Mutter ging zuerst ganz tapfer los, aber sobald das Wasser ihr bis an die Knie reichte, blieb sie stehen. Wir standen im Kreis um sie herum und sprachen ihr auf alle erdenkliche Weise Mut zu.

«Nur weiter, Mutter», sagten wir. «Es tut ja gar nicht weh. Sieh mich an. Sieh mich an.»

«Bitte nicht spritzen», sagte Mutter. «Ihr wißt doch, ich kann Spritzen nicht leiden.»

«Also, Lillie», sagte Paps, «nun komm schon weiter rein.»

«Ist es noch nicht weit genug?»

«Du kannst doch nicht schwimmen lernen, wenn du noch Grund hast.»

«Ich lande ja schließlich doch auf dem Grund, auch wenn es tief ist.»

«Nun hab mal keine Angst. Komm weiter. Diesmal ist es anders. Wirst schon sehn.»

Paps zerrte sie weiter, bis das Wasser ihr gerade über die Hüfte reichte. «Also jetzt mußt du zuallererst toter Mann lernen», sagte er. «Wenn ein Toter das kann, wirst du's ja auch können.»

«Ich kann schon den Namen nicht leiden. Es klingt so unheilvoll.»

«Sieh mal, Mutter, so!»

«Ihr Kinder bleibt mal weg», sagte Paps. «Aber Lillie, wenn die Kinder es können, wirst du als erwachsene Frau es doch können. Komm, probier's mal. Du *mußt* ja schwimmen, denn wenn der menschliche Körper voll Luft gepumpt ist, ist er leichter als Wasser.»

«Du weißt doch, daß ich immer untergehe.»

«Ach wo, das war voriges Jahr. Jetzt versuch mal. Nur Mut! Ich paß schon auf, daß dir nichts passiert.»

«Ich mag aber nicht.»

«Du wirst doch vor den Kindern nicht als Hasenfuß dastehn wollen.»

«Von mir aus als ganzer Hase», sagte Mutter. «Aber ihr laßt mir ja doch keinen Augenblick Ruhe, wenn ich's nicht versuche. Also los! Und denk daran, ich verlaß mich auf dich, daß mir nichts passiert.»

«Du wirst bestimmt schwimmen. Nur keine Angst!»

Mutter atmete tief ein, legte sich aufs Wasser und ging unter wie ein Stein. Paps wartete eine Weile, denn nach den Gesetzen der Physik mußte sie schließlich und endlich ja wieder hochkommen. Als sie nicht hochkam, langte er angewidert ins Wasser und fischte sie heraus. Mutter war wütend, würgte und spuckte Wasser.

«Hab ich's nicht gesagt?» brachte sie schließlich heraus.

Paps war ebenfalls wütend. «Hast du das wirklich nicht mit Absicht getan?» fragte er.

«Herzlichen Dank», blubberte Mutter. «Vielen herzlichen Dank. Meinst du, ich treibe mich gern da unten auf dem Meeresgrund herum?»

«Meeresgrund», höhnte Paps. «Dabei warst du einen knappen Meter unter Wasser. Noch nicht mal auf dem Dachboden vom Meeresgrund.»

«Na, mir kam's wie Meeresgrund vor. Und du bringst mich nie wieder da hinunter. Du solltest doch nun endlich davon überzeugt sein, daß das Archimedische Prinzip auf mich einfach nicht anwendbar ist.»

Hustend und schnaubend ging Mutter zum Strand zurück.

«Ich versteh das nicht», brummte Paps. «Sie hat recht. Archimedes wird dadurch vollkommen widerlegt.»

Bevor wir nach Nantucket kamen, hatte Paps uns versprochen, daß es dort keinen richtigen Unterricht gebe, keinen Sprachunterricht per Grammophon und keine Schulbücher. Er hielt sein Versprechen, aber wir fanden, daß er uns, wenn wir nicht auf der Hut waren, nebenbei immerfort etwas beibrachte.

Zum Beispiel die Sache mit der Morseschrift.

«Ich weiß, wie ich euch ohne Lernen den Code beibringe», verkündete er eines Tages beim Lunch.

Wir sagten, wir wollten den Code nicht lernen, wir wollten überhaupt nichts lernen, bevor die Schule im Herbst wieder anfange.

«Es ist kein Unterricht», erklärte Paps, «und wer den Code zuerst lernt, bekommt eine Belohnung. Wer ihn nicht lernt, wird's später bereuen.»

Nach dem Essen nahm er einen kleinen Pinsel und eine Dose schwarzen Emaillelack und schloß sich damit auf der Toilette ein, wo er das Morsealphabet an die Wand malte.

Die nächsten drei Tage malte Paps mit seinem Pinsel den Code sogar auf die getünchten Wände jedes Raums im *Schuh*. An die Decken der Schlafräume schrieb er außer dem Alphabet noch Kennwörter, durch deren Rhythmus man sich den Code für die verschiedenen Buchstaben besser merken konnte. Das ging so: A, kurz-lang, a-TOM; B, lang-kurz-kurz-kurz, BOH-nen-sup-pe; C; lang-kurz-lang-kurz, CHLO-ro-

FORM-topf; D, lang-kurz-kurz, DRO-ge-rie; und so weiter.

Wenn man dösend auf dem Rücken lag, gingen einem die Wörter dauernd durch den Kopf, und man sagte vor sich hin: «DRO-ge-rie, lang-kurz-kurz, DRO-ge-rie.»

Er malte Geheimbotschaften in Code an die Wände in der Vorderveranda und im Eßzimmer.

«Was heißt das, Papi?» fragten wir ihn.

«Allerlei», entgegnete er geheimnisvoll. «Viele Geheimnisse und viele sehr komische Sachen.»

Wir gingen in die Schlafräume und schrieben uns das Morsealphabet auf Zettel ab. Dann übersetzten wir nach den Zetteln Paps Botschaften. Er malte immer weiter, als beachte er uns gar nicht, aber es entging ihm kein Wort.

«Großer Gott, was für faule Witze!» sagte Anne.

«Und wir können machen, was wir wollen», stöhnte Ern. «Wir werden ja doch keine Ruhe haben, bis wir alles übersetzt haben. Ich seh nur noch lang-kurz-lang-kurz und muß immerfort sagen CHLO-ro-FORM-topf.»

Fast jeden Tag ließ Paps einen Zettel mit einer Botschaft in Morseschrift auf dem Eßtisch liegen. Übersetzt ergab sie etwa: «Der erste, der diese Geheimbotschaft entziffert, werfe einen Blick in die rechte Tasche meiner Sporthose, die in meinem Zimmer an einem Haken hängt. Papi.» Oder: «Lauf nach oben, so schnell du kannst, und wirf einen Blick in die untere linke Schublade der Nähmaschine.»

In der Hosentasche oder in der Schublade fand sich dann irgendeine Belohnung – ein Stück Schokolade, ein 25-Cent-Stück oder ein Gutschein für einen Schokoladen-Eiskrem-Soda in Coffins Laden, auf Verlangen von Paps zu bezahlen.

Manche der Geheimbotschaften erwiesen sich als falscher Alarm. «Hallo, ihr Würmer! Keine Belohnung! Aber vielleicht gibt es sehr bald eine. Wenn du das gelesen hast, rase wie ein Verrückter davon, so daß der nächste denkt, du wärst einer tollen Sache auf der Spur. Dann wird er es auch lesen, und du bist nicht als einziger angeführt. Papi.»

Wie Paps beabsichtigt hatte, konnten wir nach wenigen Wochen recht gut morsen. Jedenfalls gut genug, um gegenseitig Botschaften abzuhören, die durch Klopfen mit einer Gabelspitze auf einem Butterteller gesendet wurden. Wenn etwa ein Dutzend Menschen auf diese Weise zu morsen versuchen – und wir alle sendeten lieber, als daß wir empfingen –, dann summiert sich dieser Lärm zu einer nervenerschütternden Lautstärke. Man könnte heute einen ähnlichen Effekt erzielen, wenn man zwei Radioreporter mit kräftigen Verstärkern gleichzeitig einstellte.

Das Beschreiben der Wände hatte sich beim Lernen des Codes so gut bewährt, daß Paps beschloß, uns auf die gleiche Art Astronomie beizubringen. Sein erster Schritt war, unser Interesse zu wecken; das tat er, indem er aus dem Stativ eines Fotoapparates und aus einem Feldstecher ein Fernrohr fabrizierte.

In klaren Nächten trug er die Apparatur in den Garten hinaus und betrachtete die Sterne, wobei er so tat, als bemerke er uns überhaupt nicht.

Wir standen um ihn herum, stießen ihn an, zogen ihn am Ärmel und baten, er möchte uns durchs Fernrohr sehen lassen.

«Stört mich nicht», sagte er dann, die Nase ans Fernrohr gedrückt. «O mein Gott – die beiden Sterne da werden gleich zusammenstoßen! Nein. Aber beinahe. Wollen doch mal sehn, was der alte Betei vorhat. Nein, was für ein herrlicher Stern!»

«Papi, laß uns mal durchgucken», quengelten wir. «Sei doch nicht so gemein.»

Schließlich erlaubte er uns mit gespieltem Sträuben einen Blick durch das Glas. Wir konnten den Saturnring, drei Jupitermonde und die Mondkrater sehen. Paps Lieblingsstern war Beteigeuze, der gelbrote «alte Betei» im Sternbild des Orion. Dieser Stern interessierte ihn persönlich, weil Freunde von ihm mit Michelsons Interferometer experimentierten, um den Durchmesser dieses Sterns zu berechnen.

Als Paps schließlich davon überzeugt war, daß wir uns für Astronomie interessierten, fing er an, die Wände mit astronomischen Malereien zu bedecken. Auf eine Wand zeichnete er die Hauptplaneten in ihrem Größenverhältnis zueinander, wobei der kleine Merkur ungefähr so groß wie eine Murmel, der Jupiter so groß wie ein Korbball erschien. Auf einer anderen Wand stellte er die verschiedenen Entfernungen der Planeten von der Sonne dar; der Merkur stand ihr am nächsten, und der Neptun war am weitesten weg – fast in der Küche. Pluto war damals noch nicht entdeckt, was sehr gut war, denn soviel Platz hätten wir wirklich nicht gehabt.

Doktor Harlow Shapley von der Harvard-Universität schenkte Paps über hundert Fotografien von Sternen, Nebelflecken und Sonnenfinsternissen. Paps hängte sie dicht über dem Fußboden an die Wand und bemerkte dazu, wenn sie weiter oben in der normalen Bilderhöhe hingen, könnten die Kleinen sie nicht sehen.

Etwas Platz war noch an den Wänden frei, und Paps hatte viele Ideen, wie man ihn ausfüllen könnte. Er heftete ein Stück Millimeterpapier an, das tausend Linien breit und tausend Linien hoch war und also eine Million kleiner Quadrate enthielt.

«Man hört die Leute soviel von Millionen reden», sagte er, «aber die wenigsten Menschen haben genau eine Million Gegenstände gleichzeitig gesehn. Wenn jemand eine Million Dollar besitzt, hat er genausoviel Dollar, wie dort auf der Karte kleine Quadrate sind.»

«Hast du eine Million Dollar, Papi?» fragte Bill.

«Nein», sagte Paps etwas kläglich. «Statt dessen hab ich eine Million Kinder. Es gibt einen Punkt, da muß man sich für das eine oder für das andere entscheiden.»

Im Eßzimmer malte er eine grafische Dartellung an die Wand, aus der der Unterschied zwischen Meter und Fuß, Kilogramm und Pfund, Liter und Quart zu ersehen war. Und an eine Wand neben der Eingangstür malte er siebzehn geheimnisvolle Symbole: die Therbligs.

Die Therbligs waren von Paps und Mutter entdeckt oder besser festgesetzt worden. Sie sagten: Jeder Mensch hat siebzehn Therbligs, und er kann diese zur Erleichterung oder zur Erschwerung seines Lebens verwenden.

Ein fauler Mensch, so meinte Paps, verwendet seine Therbligs immer am besten, weil er zu indolent ist, um Bewegungen zu verschwenden. Wenn Paps in einer Fabrik ein neues Bewegungsrationalisierungsprojekt in Angriff nahm, dann verlangte er als erstes, die Bewegungen des faulsten Mannes im Betriebe fotografieren zu dürfen.

«Ich brauch einen so faulen Kerl, daß er sich nicht mal kratzt», sagte er. «So einer muß doch hier sein. In jedem Betrieb gibt es so einen.»

Paps hatte die Therbligs nach sich selbst genannt – Gilbreth rückwärts buchstabiert mit einer kleinen Variante. Sie waren die grundlegenden Lehrsätze seiner Arbeit und führten indirekt zu Einrichtungen wie Fußhebeln zum Öffnen von Abfalleimern, Spezialstühlen für Fabrikarbeiter, besonders konstruierten Schreibmaschinen und bestimmten Methoden der technischen Montage.

Durch die Therbligs hatte Paps den Verkäufern der Regal Shoe Company beigebracht, wie sie den Kunden die Schuhe in sieben Sekunden ausziehen und in zweiundzwanzig Sekunden wieder anziehen und zuschnüren konnten.

Ein Therblig ist einfach eine Bewegungs- oder Denkeinheit. Nehmen wir an, jemand geht ins Badezimmer, um sich zu rasieren; er hat sein Gesicht eingeseift und will nun seinen Rasierapparat in die Hand nehmen. Er weiß, wo der Rasierapparat liegt, aber zuerst muß er ihn mit dem Blick lokalisieren. Das ist der erste Therblig, das «Suchen». Wenn der Blick den Rasierapparat gefunden hat und zur Ruhe kommt, so ist das der zweite Therblig, das «Finden». Der dritte ist das «Auswählen», das Stadium, das dem vierten Therblig, dem «Ergreifen», vorangeht. Der fünfte Schritt ist das «Transportieren», nämlich den Rasierapparat zum Gesicht führen, und der sechste ist das «Ansetzen», das heißt, den Rasierapparat mit dem Gesicht in Berührung bringen. Es gibt noch elf andere Therbligs, und der letzte ist «Denken»!

Wenn Paps eine Bewegung studierte, dann zerlegte er jede Operation in Therbligs und versuchte dann, die für jeden Therblig benötigte Zeit abzukürzen. So ließ er vielleicht die verschiedenen Bestandteile, die zusammengesetzt werden sollten, teils rot, teils grün einfärben; dadurch wurde dann zum «Suchen» und zum «Finden» weniger Zeit benötigt. Oder die Bestandteile konnten näher an den Ort des Zusammensetzens herangelegt werden; dadurch brauchte man weniger Zeit für das «Transportieren».

Jeder Therblig hatte ein besonderes Zeichen, und nachdem Paps diese an die Wand gemalt hatte, ließ er uns die Therbligs auf unsere Hausarbeiten wie Bettenmachen, Geschirrspülen, Auskehren und Abstauben anwenden.

Inzwischen waren der *Schuh* und die Leuchttürme eine Sehenswürdigkeit geworden, die manche Touristen auf ihren Rundfahrten über Nantucket besuchten. Nicht immer stiegen die Fremden dabei aus ihren Wagen oder Autobussen aus. Aber wir hörten dann, wie die Fahrer geheimnisvolle und ziemlich unzutreffende Berichte über die Geschichte des Hauses und seiner Bewohner abgaben. Manchmal kamen einzelne Leute an die Tür und fragten, ob sie einmal hineinsehen dürften, und wenn das Haus in Ordnung war, führten wir sie herum.

Wir waren sehr überrascht, als wir in dem Gästebuch im Vorderzimmer die Namen völlig fremder Leute entdeckten.

«Sind das Freunde von dir?» fragte Paps Mutter.

«Hab noch nie von ihnen gehört. Vielleicht sind's Freunde von den Kindern.»

Als wir sagten, daß wir sie auch nicht kennten, fragte Paps Tom Grieves, der bereitwillig zugab, daß er Touristen durch das Haus und die Leuchttürme geführt habe, während wir am Strand waren. Toms Fremdenführung erstreckte sich auch auf die Schlafzimmer, auf Mutters und Vaters Zimmer, wo das Jüngste schlief, und sogar auf die Toilette, wo er besonders auf das Morsealphabet hinwies. Manche Besucher sahen dann das Gästebuch auf dem Tisch liegen und glaubten, sie sollten sich dort einschreiben. Während die Touristen hinausströmten, stand Tom an der Eingangstür und kassierte nicht selten Trinkgelder ein.

Mutter war darüber sehr verärgert. «So was hab ich mein Lebtag noch nicht gehört. Stell dir vor, da führt er vollkommen fremde Menschen durch unsere Schlafzimmer, und dabei sieht das Haus wie eine Bruchbude aus.»

«Na ja», sagte Paps, der überzeugt war, daß die Touristen nur kamen, um seine augenfälligen Unterrichtsmethoden zu sehen, «wir brauchen ja schließlich die Ideen, die wir entwickelt haben, nicht für uns zu behalten. Vielleicht ist es gar nicht schlecht, wenn die Leute sehen, was wir machen.»

Nachdenklich lehnte er sich in seinen Stuhl zurück, einen alten Kirchenstuhl aus Mahagoni. Paps hatte diesen Kirchenstuhl in völlig zerbrochenem Zustande im Keller unseres Häuschens gefunden. Er hatte ihn voller Ehrfurcht wieder zum Leben erweckt, hatte ihn abgescheuert, wieder zusammengesetzt und neu gestrichen. Dieser Kirchenstuhl war sein Herrschersitz im *Schuh,* und nur dieser Stuhl war ihm wirklich bequem und genoß sein volles Vertrauen.

«Wieviel Tom wohl so eingenommen hat!» sagte er zu Mutter. «Vielleicht könnte man mit ihm eine Art Übereinkommen treffen, daß er uns bei künftigen Führungen von dem Eintrittsgeld etwas abgibt . . .»

«Ideen hast du!» sagte Mutter. «Es gibt in Zukunft keine Führungen mehr. Wenn ich mir das nur vorstelle!»

«Verstehst du denn keinen Spaß? Ich hab doch nur Spaß gemacht. Du hast doch sonst soviel Humor.»

«Ich weiß», sagte Mutter und nickte. «Wahrscheinlich hab ich keinen mehr. Aber ist dir niemals der Gedanke gekommen, daß es vielleicht Frauen gibt, die es nur als Spaß auffassen würden, wenn ihre Männer ihnen erzählten, sie hätten zwei Leuchttürme gekauft und . . .»

Da mußte Paps lachen, und sein Gelächter erschütterte das Haus so, daß der lockere Putz von der Decke bröckelte und ihm auf den Kopf fiel. Wenn Paps lachte, mußten alle lachen – man konnte einfach nicht anders. Und nach einem vergeblichen Versuch, ernst zu bleiben, lachte Mutter mit.

«Donnerwetter, ja», keuchte er. «Und wahrscheinlich gibt's auch Frauen, die an den Wänden ihres Hauses keine Morseschrift und keine Planeten und nicht einmal Therbligs mögen. Komm her, Chefin, ich nehm alles zurück, was ich je über deinen Humor gesagt hab.»

Mutter ging zu ihm und stäubte den herabgefallenen Putz aus seinem schon etwas gelichteten Haar.

Zwölftes Kapitel

Die «Rena»

Paps kaufte die *Rena* als Belohnung dafür, daß wir schwimmen gelernt hatten. Sie war ein kleiner Kutter, sechs Meter lang und fast ebenso breit. Sie war ein folgsames, würdevolles und altertümliches Fahrzeug.

Ehe wir an Bord der *Rena* durften, gab Paps uns einige Lektionen über Navigation, über Ebbe und Flut, über den Kompaß, über die Seefahrerei, das Seerecht und die nautischen Ausdrücke. Radar gab es damals noch nicht. Vermutlich hat kein Amerikaner – abgesehen von den Kadetten der Marineakademie in Annapolis – eine gründlichere Ausbildung genossen, bevor er seinen Fuß auf ein Segelboot setzen durfte.

Dann folgte eine Reihe von Trockenkursen auf der Vorderveranda des *Schuh.* Paps saß auf einem Stuhl, hielt einen Spazierstock als

Ruderpinne in der Hand, brüllte Befehle und manövrierte sein Phantasieschiff durch einen gefährlichen Hafen.

Wir saßen in einer Reihe so auf dem Fußboden, als drückten wir die dem Wind zugekehrte Seite des Bootes herunter. Paps tat, als wischte er sich das Wasser aus den Augen und suchte forschend den Horizont nach Pottwalen, Fliegenden Holländern oder schwimmendem Bernstein ab.

«Great Point Light backbords», brüllte er. «Segel einholen! Wir wollen versuchen zu lavieren.»

Er warf den Handgriff des Stockes zu der dem Wind abgekehrten Seite herum, und zwei von uns zogen ein nicht vorhandenes Tau an.

«Kurs halten!» kommandierte Paps. «Festmachen!»

Wir taten so, als wickelten wir das Tau um einen Poller.

«Wenden», rief Paps. «Niedrige Brücke. Achtung, hart nach Lee.»

Er warf den Stockgriff ganz und gar nach Lee herum. Wir duckten die Köpfe, krochen über die Veranda und setzten uns auf die entgegengesetzte Seite.

«Jetzt holen wir ein und werden unser Boot vertäuen. Das müßt ihr am Schluß jeder Segelfahrt tun. Ein guter Segler vertäut immer auf den ersten Anhieb. Landratten müssen es manchmal drei- oder viermal versuchen, bis sie's hinkriegen.»

Er stand aufrecht am Heck, um das Vertäuen besser im Auge behalten zu können.

«So. Segel losmachen, Bill. Halt dich mittschiffs, Mart. Jetzt ran mit dem Bootshaken, Anne und Ernestine, und seht zu, daß ihr's erwischt. Du bleibst am Großsegel, Frank, und du an der Spitze, Fred . . .»

Wir rannten auf der Veranda umher und taten unsere Pflicht, bis Paps mit seiner neuen Mannschaft zufrieden war und sie für seetüchtig erklärte.

Nirgends war Paps so glücklich wie auf der *Rena.* Kaum war er in unser Fischerboot geklettert und ruderte hinaus, wo die *Rena* vor Anker lag, war er ein anderer Mensch. Auf der *Rena* waren wir nicht mehr sein Fleisch und Blut, sondern eine Schiffsmannschaft, zusammengelesen aus dem letzten Abschaum von Landratten, die er in den Kneipen und Garküchen exotischer Häfen betrunken gemacht und aufs Schiff geschleppt hatte. Die *Rena* war kein leichter Kutter, sondern ein wendiger Viermaster, der auf tollkühner Fahrt um Kap Hoorn segelte, um seltene Gewürze und kostbare Schätze aus Indien zu holen. Wir mußten Paps «Käpten» nennen und nicht «Papi», und bei allem, was wir sagten, mußten wir sehr höflich sein und am Schluß jedes Satzes «Sir» sagen.

«Genau wie damals, als er bei der Armee war», flüsterte Ernestine. «Wißt ihr noch den militärischen Haarschnitt von Frank und Bill, und dann das ganze Theater mit ‹Achtung!›, Grüßen und Küchenpolizei?»

«Ruhe da, ihr Schwabber», rief Paps. «Daß mir keine Hetzreden vom Achterdeck zu Ohren kommen!»

Anne als die Älteste wurde zum ersten Maat auf der *Rena* ernannt, Ernestine wurde zweiter, Martha dritter und Frank vierter Maat. Die jüngeren Kinder waren allesamt Vollmatrosen, die Schiffszwieback aßen und vor dem Mast schliefen.

«Es scheint aufzufrischen, Mister», sagte Paps zu Anne. «Wir wollen das Großsegel reffen.»

«Jawoll, Sir.»

«Die *Rena* hat doch nur ein Segel, Papi», sagte Lill. «Ist das das Großsegel?»

«Ruhig, du Landratte, oder du kriegst eins mit dem Tau übergezogen. Natürlich ist es das Großsegel.»

Das mit dem Tau war keine bloße Drohung. Vollmatrosen oder Maate – wer nicht gleich sprang, wenn Paps einen Befehl brüllte, wurde tatsächlich mit einem Tauende gezüchtigt. Und das tut weh.

Paps Art wirkte ansteckend, und bald spielten die Maate sich genauso auf wie er und beschimpften, seinem Beispiel folgend, ihre Untergebenen als heimtückische Taschendiebe und pflichtvergessene Säufer. Paps vermittelte uns die Illusion, daß die sanfte alte *Rena* ein schmuckes Schiff sei.

«Taue aufschießen!» sagte er zu Anne.

«Jawoll, Sir. Kommt her, ihr Schwabber. Bißchen lebhaft jetzt, oder ich schmeiß euch alle über Bord, bei meinem klappernden Gebein.»

Manchmal begann Paps plötzlich sehr unmusikalisch Seemannslieder zu grölen, zum Beispiel das von den fünfzehn Mann, die einem Toten auf der Brust saßen; besonders liebte er eins, das lautete: «He said heave her to, she replied make it three.»

Hätten wir Fesseln an Bord gehabt, so wären die tolpatschige Landratte oder der niederträchtige Schwabber, die in ihrer Pflichtvergessenheit schuld daran waren, daß Paps nicht richtig vor Anker ging, bestimmt damit gefesselt worden. Paps empfand es als eine ungeheure Demütigung, wenn er zweimal zum Vertäuen ansetzen mußte, und er meinte, die ganze Küste lang lachten sich die anderen Segler und Schiffskapitäne tot über ihn. Er ließ die Ruderpinne fahren, lief puterrot an und ging mit dem Tau in der Hand auf den Missetäter los. Mehr als einmal sprang der hundsgemeine Schwabber in panischem Schrecken über Bord und schwamm an Land, wo er es schließlich mit Paps aufnehmen konnte – jedenfalls eher als mit dem Kapitän auf seinem Achterdeck.

Einmal hatten alle versagt, und das Vertäuen mißglückte; da ergriff er ein Tauende, um eine Massenbestrafung vorzunehmen; aber die ganze Mannschaft sprang gleichzeitig über Bord und verließ zum erstenmal wie ein Mann das Schiff. Nur der Kapitän blieb am Steuer und heulte uns von oben her furchtbare Drohungen nach, wie gefährlich die Haifische seien und was für Strafen auf Meuterei stünden. Diesmal vertäute er die *Rena* mühelos ganz allein und bewies damit, was wir längst vermutet hatten: daß er in Wirklichkeit unsere Hilfe überhaupt nicht brauchte, sondern uns nur gerne etwas beibrachte und eine Mannschaft um sich haben wollte, der er Befehle erteilen konnte.

Die ganze Zeit bewahrte die alte *Rena* ihr Phlegma; sie schien gar nicht zu merken, was für ein Irrenhaus sie auf ihre alten Tage beherbergen mußte. Sie war ein zu alter Seehund, um noch neue Kunststücke zu lernen.

Nur einmal gab sie einen kurzen Augenblick ein Zeichen von Temperament zu erkennen. Das geschah nach einer langen Segelfahrt. Es war Nebel aufgekommen, und die *Rena* war so durchnäßt wie ein Regendach. Bei der ersten Runde war es uns nicht gelungen, vor Anker zu gehen, und der Kapitän war schlechter Laune. Beim zweiten Versuch gelang das Vertäuen. Der Kapitän stand wie üblich mit dem Tau in der Hand am Heck und brüllte, wir sollten die Segel einziehen. Kurz ehe das Segel herunterkam, wurde die *Rena* von einer Bö gepackt, und der Mastbaum flog mit einem Ruck über den Schiffsrumpf. Der Kapitän sah es kommen, hatte aber zum Ausweichen keine Zeit mehr. Der Mastbaum versetzte ihm einen so fürchterlichen Schlag gegen die Schläfe, daß er das Gleichgewicht verlor und vornüber ins Wasser plumpste.

Es dauerte fast eine Minute, bis er wieder hochkam. Der Mannschaft lag nicht viel an ihrem Kapitän, aber sie bekam Angst um ihren Papi. Gerade wollten wir hinterdreinspringen, da tauchten ein Paar Füße auf und winkten mit den Zehen. Da wußten wir, daß alles in Ordnung war. Die Füße verschwanden wieder, und kurz darauf erschien Paps Kopf. Seine Nase blutete, aber er grinste und vergaß nicht, einen dünnen Wasserstrahl durch die Vorderzähne zu spucken.

«Der Vogel, der heißt Elefant», flüsterte er schwach, und das war wieder ganz Paps. Aber es dauerte nicht lange. Sobald er wieder klar bei Kopfe war und seine Kräfte wiederkamen, war er wieder Kapitän.

«So, ihr roten Hummern, genug jetzt!» krächzte er. «Werft mir mal ein Tau her und zieht euern Käpten an Bord; sonst krieg ich den beim Kanthaken, der den Mastbaum auf mich geschmissen hat, bei meinem klappernden Gebein.»

Dreizehntes Kapitel
Haben Sie schon unser neustes Modell gesehn?

Paps und Mutter hatten sich von Anfang an eine große Familie gewünscht, und nur in Ausnahmejahren kam bei Gilbreths kein neues Baby an. Paps hatte sich tatsächlich ein rundes Dutzend vorgenommen, und Mutter war sofort damit einverstanden.

Das erste Mal hatte Paps das Dutzend an ihrem Hochzeitstag erwähnt. Sie hatten gerade die Hochzeitsfeier hinter sich und waren in Oakland in den Zug gestiegen. Mutter versuchte, so blasiert auszusehen, als sei sie schon jahrelang verheiratet.

Das wäre ihr auch gelungen, wenn Paps ihr nicht, als sie ihren Hut abnahm, in vernehmlichem Bühnenton zugeflüstert hätte:

«Allmächtiger, Frau – du hast mir ja gar nicht gesagt, daß du rotes Haar hast!»

Die Köpfe der Reisenden fuhren herum, man grinste und blinzelte sich zu. Mutter setzte sich, drückte sich in die Ecke und versuchte, sich hinter einer Zeitschrift zu verstecken. Paps setzte sich neben sie. Aber er sprach erst wieder, als der Zug sich in Bewegung gesetzt hatte und sie sich unterhalten konnten, ohne im ganzen Wagen gehört zu werden.

«Ich hätte das nicht tun sollen», flüsterte er. «Es ist nur . . . ich bin so stolz auf dich, und ich möchte, daß jeder dich ansieht und weiß, daß du meine Frau bist.»

«Ist schon gut, mein Lieber. Ich freu mich, daß du stolz auf mich bist.»

«Wir werden ein wunderbares Leben haben, Lillie. Ein wunderbares Leben und eine wunderbare Familie. Eine riesengroße Familie.»

«Wir werden das ganze Haus voller Kinder haben», sagte Mutter und lächelte. «Lauter Kinder, vom Keller bis zum Dachboden.»

«Lauter Kinder, vom Fußboden bis zum Kronleuchter.»

«Wenn wir sonntags spazierengehen, werden wir aussehen wie Herr und Frau Piefke.»

«Herr Piefke, darf ich Sie mit Frau Piefke bekannt machen? Frau Piefke, dies ist Herr Piefke.»

Mutter legte die Zeitschrift auf den Sitz zwischen sich und Paps; darunter hielten sie sich bei den Händen.

«Was meinst du, wie viele wollen wir haben, nur so schätzungsweise?» fragte Mutter.

«Schätzungsweise: viele.»

«Ja, eine Unmenge.»

«Wir wollen uns auf ein rundes Dutzend einigen», sagte Paps. «Keinesfalls weniger. Was meinst du dazu?»

«Ein Dutzend, meine ich, wäre gerade richtig», sagte Mutter. «Keinesfalls weniger.»

«Nein, das ist das mindeste.»

«Jungen oder Mädchen?»

«Na ja, Jungen wären schön», flüsterte Paps. «Ein Dutzend Jungen wär grade richtig. Aber . . . Mädchen gingen natürlich auch. Natürlich. Klar.»

«Ich möchte die Hälfte Jungen und die Hälfte Mädchen haben. Wärst du damit einverstanden, wenn die Hälfte Mädchen wären?»

«Wenn du's so haben möchtest», sagte Paps, «dann wollen wir's uns so vornehmen. Entschuldige einen Moment – ich muß mir das eben aufschreiben.» Er nahm sein Notizbuch heraus und schrieb feierlich hinein: «Nicht vergessen: 6 Jungen und 6 Mädchen.»

Und tatsächlich hatten sie nach siebzehn Jahren ein Dutzend Kinder, sechs Jungen und sechs Mädchen. Paps war etwas enttäuscht, daß keine Zwillinge oder sonstige Mehrlinge darunter waren. Seiner Ansicht nach war der zweckmäßigste Weg, zu einer großen Familie zu kommen, ein riesiger Wurf von Kindern, mit dem dann ein für allemal die ganze Sache abgemacht wäre.

Etwa ein Jahr nach der Hochzeit erwartete Mutter ihr erstes Baby; da gestand Paps, er sei fest davon überzeugt, daß alle ihre Kinder Mädchen würden.

«Würde dir das sehr viel ausmachen?» fragte Mutter.

«Ob mir das was ausmachen würde?» fragte Paps erstaunt. «Ein Dutzend Mädchen und nicht einen Jungen?» Aber dann fiel ihm ein, daß Mutter gekränkt sein könnte, und er fügte rasch hinzu: «Nein, natürlich nicht. So wie du's bestimmst, wird's schön für mich sein.»

Paps Überzeugung, er würde keinen Jungen bekommen, beruhte auf einer düsteren Ahnung, der Name Gilbreth, auf den er schrecklich stolz war, werde mit ihm erlöschen und er sei der letzte Gilbreth. Paps war der einzige männliche Nachkomme seiner ganzen Familie. Es gab im Lande noch zwei oder drei andere Gilbreths, aber die waren mit Paps anscheinend nicht verwandt. Paps Familienname Gilbreth war erst vor kurzem durch Verstümmelung aus dem Namen Galbraith entstanden. In einer kleinen Stadt in Maine hatte ein Gerichtsschreiber auf einer Urkunde den Namen Galbraith falsch geschrieben, und für Paps Großvater war es einfacher gewesen, bei dem Namen Gilbreth zu bleiben – so hatte der Schreiber ihn fälschlich geschrieben –, als das Dokument ändern zu lassen.

Als Anne in New York geboren wurde, war Paps nicht im mindesten enttäuscht, denn er hatte ja die ganze Zeit gewußt, daß es ein Mädchen sein würde. Sicher hat ein Vater sich selten so wahnsinnig über seinen Nachwuchs gefreut wie Paps. Es war sogar ganz gut, daß Anne ein Mädchen war. Wäre sie ein Junge gewesen, dann wäre Paps wahrscheinlich total übergeschnappt und vielleicht mit einem Kris zwischen den Zähnen Amok gelaufen.

Paps hatte bei kleinen Kindern seine ganz bestimmten Theorien und brannte natürlich darauf, diese Theorien auszuprobieren, als Anne ankam. Er glaubte, Kinder würden wie kleine Affen mit einem sicheren Selbsterhaltungstrieb geboren, der aber unterdrückt würde, indem man die Babies in Bettchen einpferchte. Er war überzeugt davon, daß Babies vom ersten Moment nach ihrer Geburt an zu lernen anfingen und daß es deshalb verkehrt sei, sie in die Kinderstube einzusperren. Er erließ ein striktes Verbot, daß in Gegenwart von Anne oder einem der späteren Kinder die Babysprache gesprochen würde.

«Ein Baby spricht nur deshalb die Babysprache», sagte er, «weil es von den Erwachsenen nichts anderes hört. Manche Kinder sind fast erwachsen, ehe sie begreifen, daß kein Mensch auf der Welt die Babysprache spricht.»

Er fand auch, ein Baby, das sich im Familienkreis sicher und erwünscht fühlen sollte, müsse nahe bei seinen Eltern aufwachsen. Er stellte Annes Körbchen auf einen Tisch in sein und Mutters Schlafzimmer und unterhielt sich mit ihr wie mit einem Erwachsenen über Beton, über sein neues Hausboot, über Leistungssteigerung und über die vielen kleinen Schwestern, die sie noch bekommen würde.

Die deutsche Kinderschwester, die Paps engagiert hatte, tat sehr verächtlich. «Aber sie versteht doch kein Wort von dem, was Sie da reden», sagte sie zu Paps.

«Woher wissen Sie das?» fragte Paps. «Außerdem sollen Sie in Gegenwart des Babys deutsch sprechen, das hab ich Ihnen schon mal gesagt. Es soll beide Sprachen lernen.»

«Was versteht ein zwei Wochen altes Baby schon von Deutsch?» fragte die Kinderschwester kopfschüttelnd.

«Darauf kommt's nicht an», entgegnete Paps. «Ich hab Sie engagiert, weil Sie Deutsch können, und ich wünsche, daß Sie deutsch sprechen.» Er nahm Anne hoch und setzte sie auf seine Schulter. «Nun halt dich fest, Baby. Stell dir vor, du wärst ein kleiner Affe auf einem Baum im Dschungel. Halt dich fest, bei deinem Leben!»

«Aber bedenken Sie doch», sagte die Kinderschwester, «sie kann sich noch nicht festhalten. Sie ist ja erst zwei Wochen alt. Sie werden sie fallen lassen. Passen Sie doch auf!»

«Ich paß schon auf», sagte Paps gereizt. «Natürlich kann sie sich nicht festhalten, wenn Sie und ihre Mutter sie so verpimpeln und all ihre natürlichen Instinkte unterdrücken. Zeig der Schwester, wie du dich festhalten kannst, Anne, mein Kind.»

Anne konnte es nicht. Statt dessen spuckte sie etwas Milch auf Paps Schulter.

«Aber, aber! Ist das ein Benehmen?» fragte er. «Ich muß mich doch sehr wundern. Na – schadet nichts, mein Süßes. Ich weiß, das ist nicht deine Schuld. Das kommt davon, weil sie dich so furchtbar fest gewikkelt haben. Das muß einem ja den Magen umdrehn.»

«Gib sie jetzt lieber mir», sagte Mutter. «Genug Gymnastik für heute.»

Eine Woche später redete Paps Mutter ein, er müsse ausprobieren, ob neugeborene Babies aus angeborenem Instinkt schwimmen könnten.

«Wenn man kleine Affen in einen Fluß wirft, schwimmen sie ganz von selber. So bringen die Affenmütter ihren Jungen das Schwimmen bei. Ich werde das mit Anne in der Badewanne ausprobieren. Ich paß schon auf sie auf.»

«Sie sind wohl ganz und gar verrückt geworden», rief die Kinderschwester. «Mrs. Gilbreth, Sie werden doch nicht zulassen, daß er das Kind ertränkt!»

«Halten Sie den Mund, Sie können dabei nur was lernen», antwortete Paps.

Anne fühlte sich in der großen Badewanne außerordentlich wohl. Aber sie machte keinerlei Anstalten zu schwimmen, und Paps mußte schließlich zugeben, daß das Experiment mißglückt war.

«Na ja, wenn es ein Junge gewesen wäre . . .» sagte er finster zu der Krankenschwester, als Mutter außer Hörweite war.

Auf dem Tisch, der vom Bett aus leicht zu erreichen war, lagen neben Annes Körbchen Haufen von Notizzetteln und Zeitschriften wie «Das eiserne Zeitalter» und die Korrekturbogen eines Buches, das Paps gerade über Eisenbeton geschrieben hatte. Mutter benutzte den «unvermeidlichen Zeitverlust» ihres Wochenbettes dazu, Korrekturen zu lesen. Nachts, wenn das Licht aus war, langte Paps ins Körbchen hinüber und streichelte Annes Händchen. Und einmal wachte Mutter mitten in der Nacht davon auf, daß er über das Körbchen gebeugt stand und deutlich flüsterte:

«Bissen du denn unser tleines süßes Babysen? Bissen du Papi sein tleines süßes Mädilein?»

«Was war denn das, mein Lieber?» fragte Mutter und versteckte ihr lachendes Gesicht unter der Bettdecke.

Paps räusperte sich. «Gar nichts. Ich habe nur diesem brüllenden, unmanierlichen, häßlichen kleinen Teufel erzählt, daß er uns mehr zu schaffen macht als ein ganzer Wald voll Affen.»

«Aber vielleicht auch ebensoviel Spaß?»

«O ja, das auch!»

Paps und Mutter zogen in New York in eine andere Wohnung am Riverside Drive, und dort wurden Mary und Ernestine geboren. Dann siedelte die Familie nach Plainfield in New Jersey über, wo Martha das Licht der Welt erblickte. Als die vier Mädchen da waren, hatte Paps sich mit seinem Schicksal ausgesöhnt: Er war und blieb der Letzte der Gilbreths. Er war nicht verbittert, bloß resigniert. Immer wieder betonte er, wie ausgezeichnet er ein Dutzend Mädchen finde, und machte derbe Witze über seinen «Harem». Wenn Besuch kam, führte Paps Anne, Mary und Ernestine vor. Dann nahm er Martha aus ihrem Bettchen und brachte sie ins Wohnzimmer. «Und dies», sagte er, «ist unser neustes Modell. Komplett mit allen Verbesserungen. Aber dabei lassen wir's nicht bewenden: Im Laufe des nächsten Monats erwarten wir das Modell 1911.»

Mutters Zustand war so offenkundig, daß diese Ankündigung völlig überflüssig war, aber er mußte sie überall anbringen. Er begriff gar nicht, warum das Mutter in Verlegenheit brachte.

«Ich versteh einfach nicht, wieso dich das stört», sagte er hinterher zu ihr. «Darauf kann man doch stolz sein.»

«Natürlich kann man das. Vielleicht bin ich altmodisch, aber ich finde es verkehrt, es so öffentlich zu verkünden oder verhältnismäßig fremden Leuten mitzuteilen, bevor das Baby wirklich da ist.»

Aber Mutter wußte natürlich sehr gut, daß Paps einfach nicht anders konnte: Er mußte von seinen Kindern reden, von den schon vorhandenen und von den noch zu erwartenden.

Trotz Mutters Protest bestimmte Paps, das fünfte Kind solle nach ihr genannt werden. Mutter konnte den Namen Lillian nicht leiden und hatte sich geweigert, eines der ersten vier Mädchen so zu nennen.

«Also nun mach keinen Unsinn», sagte Paps. «Wir werden allmählich knapp mit Namen, und dieses Baby wird nach dir genannt. Ob du nun willst oder nicht, ich will eine kleine Lillian haben.»

«Aber weißt du, vielleicht wird es ein Junge.»

«Ein Junge!» brummte Paps. «Wer will denn Jungen haben?»

«Früher oder später wird schon ein Junge kommen», sagte Mutter. «Bedenke doch, wie es in meiner Familie war.» Mutters Mutter hatte sechs Mädchen bekommen, bevor sie einen Jungen zustande brachte.

«Gewiß», seufzte Paps, «aber dein Vater war auch nicht der letzte Gilbreth.»

Als bei der Geburt des fünften Babys Doktor Hedges aus Mutters Schlafzimmer kam und sagte, Mutter und Kind befänden sich wohl, sagte Paps, «das neueste Modell» solle Lillian heißen.

«Ein wunderhübscher Name», sagte Dr. Hedges beifällig. «Wirklich hübsch. Natürlich werden die andern Jungen in seiner Klasse ihn damit aufziehen, daß er einen Mädchennamen hat, aber . . .»

«Das stimmt allerdings», sagte Paps. «Daran hatte ich nicht gedacht . . .» Dann packte er den Arzt bei den Schultern und schüttelte ihn. «Die andern Jungen?» rief er. «Haben Sie gesagt: die andern Jungen? Wirklich: Jungen?»

«Hoffentlich ist es keine zu große Enttäuschung für Sie, Mr. Gilbreth», sagte Dr. Hedges grinsend. «Vor allem, da Sie überall rumerzählt haben, wie nötig Sie ein fünftes Mädchen für Ihren Harem brauchen. Aber diesmal . . .»

Paps stieß ihn beiseite und stürzte ins Schlafzimmer, wo sein erster Sohn in einem inzwischen etwas abgenutzten Körbchen schlief, auf einem Tisch, der auch diesmal mit Korrekturbogen bedeckt war. Paps und Mutter richteten es immer so ein, daß ihre Bücher zur Zeit von Mutters jährlich wiederkehrendem «unvermeidlichem Zeitverlust» erschienen.

«Der Apfel fällt nicht weit vom Stamm», flötete Paps, über das Körbchen gebeugt. «Jeder Zoll ein Gilbreth. Oh, Lillie – wie hast du das bloß fertiggebracht?»

«Findest du ihn gut geraten?» flüsterte Mutter.

«Ich glaube, wir können ihn behalten», sagte Paps. «Weißt du was? Ich konnt es doch nicht so sagen, da hätt ich dich vielleicht gekränkt, und ich wußte ja, daß du schon dein Bestes tust. Aber tatsächlich hab ich mir die ganze Zeit einen Jungen gewünscht. Ich hab nur dir zu Gefallen gesagt, ich wünschte mir ein fünftes Mädchen.»

Mutter hatte Mühe, ernst zu bleiben. «Na, ich danke, da hast du uns ja alle schön an der Nase herumgeführt», sagte sie. «Und ich dachte, du würdest wer weiß wie wütend sein, wenn die kleine ‹Lillian› ein Junge würde. Du warst doch ganz erpicht darauf, dieses Baby nach mir zu nennen. Bist du auch wirklich nicht enttäuscht?»

«Ach, woher denn!» Das war alles, was Paps herausbringen konnte.

«Wie sollen wir ihn nennen?»

Aber Paps hörte nicht zu. Er stand immer noch über das Körbchen gebeugt und schäkerte mit dem Baby. Mutter wußte übrigens ganz genau, wie das Baby genannt werden würde, und Paps entschied die Sache mit der nächsten Bemerkung, die er an das Baby richtete.

«Ich muß dich jetzt ein paar Minuten allein lassen, Mr. Frank Bunker Gilbreth junior», sagte er und weidete sich an dem Klang des Namens. «Ich muß einige Telefongespräche führen und ein paar Telegramme aufgeben, und dann muß ich ein paar Spielsachen für einen Jungen besorgen. Das, was wir hier im Haus haben, ist ja nur was für Mädchen. Benimm dich anständig, wenn ich weg bin, und paß gut auf deine Mutter auf. Das ist von jetzt an dein Amt.»

Und Mutter rief er über die Schulter zu: «In ein paar Minuten bin ich wieder da, Lillie.»

«Fahr wohl, du vorletzter Gilbreth», flüsterte Mutter. Aber Paps hörte es schon nicht mehr. Nachdem er die Tür vorsichtig hinter sich zugemacht hatte, hörte Mutter ihn brüllen:

«Anne, Mary, Ernestine, Martha! Habt ihr schon das Neuste gehört? Ein Junge! Frank Bunker Gilbreth junior! Na, wie klingt das? Jeder Zoll ein Gilbreth. Der Apfel fällt nicht weit vom Stamm. Hallo, Amt! Ist da das Amt? Bitte Fernamt! Es ist ein Junge!»

Nachdem er nun Vater eines Sohnes geworden war, hielt Paps es für selbstverständlich, daß alle folgenden Kinder Jungen würden.

«Die ersten vier waren nur zur Übung», sagte er zu Mutter und sah dabei die Mädchen wie ein Menschenfresser an. «Natürlich können wir sie trotzdem behalten. Eines Tages werden wir sie ganz gut gebrauchen können, sie können ja Töpfe und Pfannen scheuern und die Socken für die Männer stopfen. Aber noch mehr von der Sorte brauchen wir nicht, find ich!»

Dann überfielen ihn die Mädchen, und Paps ließ sich von ihnen auf den Teppich werfen. Martha hielt sich an seinen Westentaschen fest und kletterte ihm auf den Bauch, und die drei andern kitzelten ihn so, daß Martha von seinem Gelächter hin und her geschaukelt wurde.

Nummer sechs wurde in Providence geboren, wohin die Familie im Jahre 1912 übergesiedelt war. Wie Paps richtig vermutet hatte, war der neue Zuwachs ein Junge. Er wurde nach Mutters Vater und einem ihrer Brüder William genannt.

«Gut gemacht, Lillie», sagte Paps zu Mutter. Aber diesmal lag kein überschwengliches Lob in seiner Stimme, sondern nur die Anerkennung, daß Mutter tüchtige Arbeit geleistet habe, wie man sie von einer tüchtigen Frau erwarten könne. «Damit hätten wir das erste halbe Dutzend beisammen.»

Und wenn er von Freunden gefragt wurde, ob das neue Baby ein Junge oder ein Mädchen sei, antwortete er ganz sachlich: «Ach, wieder ein Junge.»

Paps war während der Entbindung gar nicht zu Hause gewesen. Er und Mutter hatten sich dahin geeinigt, daß es doch keinen Zweck habe, wenn er in der Halle auf und ab ginge, zumal sein Geschäft ihn immer mehr beanspruchte.

Mutter bekam ihre ersten sechs Babies nicht in einer Klinik, sondern zu Hause, denn auch im Wochenbett behielt sie gern den Haushalt im Auge und half Paps bei seiner Arbeit. Sie führte den Haushalt, bis die Wehen einsetzten. Dann kamen ungefähr vierundzwanzig Stunden, in denen nicht mit ihr zu rechnen war. Aber sie hatte den Speisezettel im voraus zusammengestellt, und der Haushalt lief auch an dem Tage der Entbindung reibungslos weiter. In den nächsten zehn bis vierzehn Tagen, in denen sie das Bett hüten mußte, marschierten wir jeden Morgen bei ihr auf, und sie band den Mädchen die Haarschleifen und sah nach, ob die Jungen sich auch ordentlich gewaschen hatten. Abends kamen wir dann wieder zu ihr und durften das neue Baby halten, und Mutter las uns *The Five Little Peppers* vor. Mutter genoß dieses Buch genauso wie wir; vor allem liebte sie eine Gestalt, die Phronsie oder so ähnlich hieß.

Als Großmama Gilbreth bei uns wohnte und Mutter im Haushalt vertreten konnte, beschloß diese, Nummer sieben in einem Krankenhaus in Providence zu bekommen. Sechs Stunden nach Mutters Einlieferung ins Krankenhaus rief eine Schwester bei uns an und teilte Paps mit, Mrs. Gilbreth hätte einen neun Pfund schweren Jungen bekommen.

«Schnelle Arbeit», sagte Paps zu Großmama. «Sie hat wirklich die beste Methode rausgefunden, Kinder zu kriegen.»

Großmama fragte, ob es ein Junge oder ein Mädchen sei, und Paps erwiderte: «Meine Güte, natürlich ein Junge. Was dachtest du denn?»

Kurz darauf rief das Krankenhaus wieder an und sagte, es sei ein Irrtum passiert. Nicht Mrs. Gilbreth, sondern eine Mrs. Gilbert habe den Jungen bekommen.

«Na schön, aber was hat denn *meine* Frau bekommen?» fragte Paps. «Diese Mrs. Gilbert interessiert mich weder in punkto Entbindung noch sonstwie.»

«Nein, selbstverständlich nicht», entschuldigte sich die Schwester. «Einen Moment, bitte, ich werde mich nach Mrs. Gilbreth erkundigen.» Und nach ein paar Minuten: «Mrs. Gilbreth scheint nicht mehr im Krankenhaus zu sein.»

«Nicht mehr im Krankenhaus? Aber sie ist doch erst vor sechs Stunden hingegangen. Hat sie denn einen Jungen oder ein Mädchen bekommen?»

«Nach unseren Unterlagen keins von beiden.»

«Es muß doch aber das eine oder das andre sein», beharrte Paps. «Oder gibt es noch etwas Drittes?»

«Nein, das nicht», erklärte die Schwester, «aber ich meine, sie scheint wieder weggegangen zu sein, bevor es losging.»

Paps hängte ab. «Besser, wir setzen heißes Wasser auf», sagte er zu Großmama. «Lillie ist auf dem Weg nach Hause.»

«Mit dem neuen Baby?»

«Nein.» Paps machte einen ganz zerschmetterten Eindruck. «Das Baby gehört jemand anders. Lillie kriegt ihrs wohl erst noch.»

Ungefähr nach einer halben Stunde kam Mutter wieder zu Hause an. Sie war den ganzen Weg mit dem Koffer in der Hand gelaufen. Großmama schäumte vor Wut.

«Nun sag mal, Lillie, was hast du in diesem Zustand auf der Straße zu suchen? Noch dazu mit dem schweren Koffer! Gib mal her! Jetzt hinauf mit dir ins Bett, wo du hingehörst. In deinem Alter sollte man wirklich etwas vernünftiger sein. Warum bist du denn nicht im Krankenhaus geblieben?»

«Ach, ich hatte das Warten so satt und fühlte mich so allein. Da hab ich mir gedacht, ich will dies auch lieber zu Hause kriegen. Außerdem benahm diese Schwester sich wie eine Furie. Sie versteckte meine Bleistifte und mein Notizbuch und wollte mich nicht einmal lesen lassen. Es war der elendste Tag meines Lebens.»

Am nächsten Tag wurde Lill geboren, in Paps und Mutters Schlafzimmer, wo Bleistifte, Notizbücher und Korrekturbogen in Reichweite von Mutters Bett lagen.

«Nun hab ich schon überall rumerzählt, es würde wieder ein Junge», sagte Paps etwas kläglich. «Aber ich weiß ja, du kannst nichts dafür, und ich finde ein Mädchen auch ganz schön. Überhaupt hatte ich die ewigen Jungens schon etwas über. So, dies Baby wird aber nach dir genannt.»

Mittlerweile waren die älteren Kinder neugierig geworden, woher die

Babies kämen. Das einzige, was wir herausgekriegt hatten, war die Tatsache, daß Mutter immer krank im Bett lag, wenn ein Baby ankam. Als etwa vier Monate nach Lills Geburt Mutter erkältet war und früh zu Bett ging, waren wir fest davon überzeugt, am nächsten Morgen würde ein neuer Bruder oder eine neue Schwester dasein. Gleich nach dem Aufstehen gingen wir in Paps und Mutters Zimmer hinunter.

«Wo ist das Baby? Wo ist das Baby?» riefen wir.

«Was regt ihr euch denn so auf?» wollte Paps wissen. «Was ist denn in euch gefahren? Es liegt doch da im Bettchen.» Und er zeigte auf die vier Monate alte Lill.

«Aber wir wollen doch das *neuste* Modell sehen», sagten wir. «Komm, Papi! Uns kannst du nichts weismachen. Ist es ein Junge oder ein Mädchen? Wie soll es denn heißen? Komm doch, Papi. Wo hast du's denn versteckt?»

Wir begannen unter dem Bett und in einer halboffenen Kommodenschublade zu suchen.

«Sagt mal, wovon redet ihr eigentlich?» fragte Mutter. «Es ist doch gar kein neues Baby da. Wollt ihr wohl nicht Vaters ganze Wäsche aus der Schublade reißen? Lieber Himmel, wie kommt ihr bloß auf das neue Baby?»

«Ja, aber bist du denn nicht krank?» fragte Anne.

«Gewiß, ich bin erkältet.»

«Na ja, und immer, wenn du krank bist, kommt ein Baby.»

«Nun ja, aber Babies kommen doch nicht einfach deshalb, weil man krank ist», sagte Mutter. «Ich dachte, das wüßtet ihr.»

«Ja, aber wann kommen sie denn?» fragte Ern. «Bisher kamen sie immer, wenn du krank warst. Sag doch mal, Papi.»

Selten hatten wir Paps so verlegen gesehen. «Kinder, ich hab in der Stadt zu tun», sagte er. «Bin sehr eilig. Mutter wird euch das erklären. Hab mich schon verspätet.» Er wandte sich an Mutter. «Ich würd's ihnen ja furchtbar gern erklären, wenn ich Zeit hätte», sagte er. «Nun sei kein Frosch und sag's ihnen, Lillie. Wird Zeit, daß sie's erfahren. Schade, daß ich's so eilig hab. Aber du verstehst doch, nicht wahr?»

«Ja, ja – ich versteh schon», sagte Mutter.

Paps stürmte die Vordertreppe hinunter und zur Haustür hinaus. Er nahm sich nicht einmal die Zeit, im Eßzimmer eine Tasse Kaffee zu trinken.

«Ich freue mich, daß ihr Kinder danach fragt», fing Mutter an, sah aber gar nicht so sehr erfreut aus. «Kommt mal her und setzt euch aufs Bett. Es wird Zeit, daß wir darüber sprechen. Erstens mal, der Storch – manche Kinder glauben, er brächte die Babies, aber das stimmt nicht.»

«Das wissen wir schon lange!»

«So?» Das schien Mutter zu überraschen. «Nun, sehr schön. Äh – und was wißt ihr sonst noch?»

«Man muß verheiratet sein, wenn man Babies kriegen will, und man braucht eine Menge heißes Wasser, und manchmal tut der Doktor etwas, wo man dann schreien muß.»

«Ja, das stimmt: nicht sehr laut und nicht sehr oft.»

«Gut. Dann wollen wir zuerst einmal über die Blumen und die Bienen und . . .»

Als Mutter fertig war, hatten wir eine ganze Menge über Botanik und einiges über das Leben der Bienen gelernt, aber nichts darüber, wie die Babies zur Welt kamen. Mutter brachte es einfach nicht über sich, uns das zu erklären.

«Ich weiß nicht, was mit Mutter los ist», sagte Anne hinterher. «Es ist das erste Mal, daß sie sich davor gedrückt hat, eine Frage zu beantworten. Und Papi stürzte aus dem Zimmer, als wüßte er schon, wo der Hund begraben liegt.»

Später fragten wir Tom Grieves. Aber die einzige Antwort, die wir ihm entlocken konnten, war: «Wenn ihr nicht gleich aufhört, von so unanständigen Sachen zu reden, dann sag ich's eurem Vater, ihr ungezogenen Kinder!»

Paps nahm an, Mutter hätte es uns gesagt. Mutter nahm an, sie hätte uns durch die Blumen und Bienen darauf gebracht. Und wir wußten immer noch nicht, wo die Babies herkommen.

Fred wurde in Buttonwoods in Rhode Island geboren, wo wir einen Sommer verbrachten. Durch einen Orkan waren sämtliche Verbindungen unterbrochen, und wir konnten keinen Arzt erreichen. Eine Nachbarin, die zum Helfen zu uns kam, kriegte es so mit der Angst, daß sie Mutter wiederholt anschrie:

«Kriegen Sie bloß das Kind nicht, bevor der Doktor kommt!»

«Ich werde mich bemühen», versicherte Mutter ihr ganz ruhig. «Es hat gar keinen Zweck, sich so aufzuregen. Verausgaben Sie sich doch nicht so, das ist nicht gut für Sie. Setzen Sie sich hier an mein Bett, und versuchen Sie, sich zu entspannen.»

«Wer kriegt denn hier eigentlich das Baby?» fragte Paps die Nachbarin. «Sie sind mir eine schöne Hilfe!»

Er ging in die Küche und brachte riesige Kübel voll Wasser zum Kochen, die größtenteils dann gar nicht gebraucht wurden.

Nummer acht, Fred, kam gleichzeitig mit dem Arzt.

Dan und Jack wurden in Providence geboren, Bob und Jane in Nantucket. Dan und Jack kamen ganz normal zur Welt, aber bei Bob ging es sehr plötzlich.

Tom Grieves mußte per Rad in ganz Nantucket nach dem Arzt suchen. Tom war im Schlafanzug, denn wir hatten ihn aus dem Bett geholt, und die ganze Insel wußte über Bobs Geburt Bescheid. Wieder einmal kamen Baby und Arzt gleichzeitig an.

Inzwischen waren alle männlichen Namen in der Familie aufgebraucht. Sämtliche Onkel, beide Großväter und die vier Urgroßväter hatten schon ihre Namen hergegeben. Nun wurden aus dem Familienstammbuch verschiedene Großonkel ausgegraben und sorgfältig überprüft.

«Jetzt wollen wir noch einmal die Namen der Bunkers durchsehn», sagte Paps und dachte dabei an die Brüder von Großmama Gilbreth. «Samuel? Kann ich nicht ausstehn. Nathaniel? Klingt zu gelehrt. Frederic? Haben wir schon. Humphrey? Pfui Teufel! Daniel? Auch schon da. Aus.»

«Wie steht's denn mit den zweiten Vornamen?» schlug Mutter vor. «Vielleicht finden wir da bei den Bunkers etwas.»

«Mal sehn. Moses? Zu klotzig. William? Schon vorhanden. Abraham? Dann wird er Abie genannt. Irving? Nur über meine Leiche!»

«Wie hieß noch dein Vater?» fragte Mutter.

«John», sagte Paps. «Haben wir doch schon.»

«Nein, das weiß ich. Ich meine den zweiten Namen.»

«Den kennst du doch», sagte Paps. «Den wollen wir nicht.»

«Ach richtig», kicherte Mutter. «Hieß er nicht Hiram?»

Paps blätterte ungeduldig in der Bibel. «Jakob? Nein. Saul? Hiob, Noah, David? Klingt alles so weichlich. Peter? Paul? John? Haben wir schon.»

«Robert!» rief Mutter. «Jetzt hab ich's: Wir nennen ihn Robert.»

«Wieso Robert? Wer heißt denn Robert?» Paps sah Mutter über seinen Kneifer hinweg an, und sie errötete.

«Ach, weiter niemand. Es ist einfach ein schöner Name. Also dieser soll Robert heißen.»

Nun fing Paps an, sie aufzuziehen. «Ich weiß ja, du hast eine merkwürdige Sammlung von Anbetern aus deiner Schulzeit, aber welcher war denn Robert? Den hast du meines Wissens nie erwähnt. Oder war das der auf dem Bild, in einer Flanelljacke und Mandoline spielend? Oder war es der Stotterer, von dem mir deine Schwestern erzählt haben?»

«Hör auf, Frank», sagte Mutter. «Das ist doch lächerlich.»

Aber für uns war das ein gefundenes Fressen: «Ach, Mutter, Robert ist so ein schöner Name. Warum hast du mich nicht Robert genannt? Lillie, mein Liebchen, darf ich dir die Bücher vom College nach Hause tragen? Ach, Robert, du sagt so *reizende* Sachen, und so kluge dabei!»

Paps wußte sehr wohl, daß Mutters Lieblingsdichter Robert Browning war und daß sie daher auf den Namen Robert kam; trotzdem spreizte er seine Finger und warf Kußhändchen in die Luft.

«Ach, Robert», flötete er, «mich dürstet nach dem Nektar deiner Lippen!»

«Wenn ihr alle fertig seid», sagte Mutter eiskalt, «dann könnten wir vielleicht über den vorgeschlagenen Namen abstimmen. Und wenn wir schon von alten Flammen sprechen wollen, so könnte man dieses Spielchen ja auch zu zweit spielen. Mir fällt gerade ein . . .»

«Ach wo, wir wollen dir doch deine Schulmädchenromantik nicht zerstören, was, Kinder?» warf Paps hastig ein. «Was meint ihr, nehmen wir Robert einstimmig an?»

Wir stimmten ab, und Robert wurde einstimmig angenommen.

Mit Nummer elf, Bob, waren es sechs Jungen und fünf Mädchen. Ob das nächste Baby männlichen oder weiblichen Geschlechts sein sollte, darüber entbrannte ein harter Kampf. Die Jungen wollten die Mehrheit behalten, aber die Mädchen wollten gern das halbe Dutzend vollmachen. Paps wünschte sich natürlich noch einen Jungen. Mutter hätte gern Paps den Gefallen getan, gleichzeitig aber hätte sie es hübsch gefunden, als letztes Kind ein Mädchen zu haben.

Nummer zwölf, Jane, war im Juni 1922 fällig, wir würden also zu der Zeit in Nantucket sein. Mutter hatte geschworen, nie wieder in unserm Sommerhaus ein Kind auf die Welt zu bringen, weil es so primitiv eingerichtet war. Eine Zeitlang schwankte sie, ob sie in Montclair bleiben und das Baby zu Hause bekommen oder ob sie mit uns nach Nantucket fahren und im Krankenhaus entbinden sollte. Schließlich wählte sie trotz ihrer schlechten Erfahrungen in Providence das Landkrankenhaus in Nantucket, und so kam Jane dort zur Welt.

Die zehn Tage, die Mutter im Krankenhaus lag, waren für Paps eine reine Qual. Er zappelte herum, hatte schlechte Laune und sagte, er könne nicht arbeiten, wenn Mutter nicht da sei. Paps war auf seinen Geschäftsreisen nach Europa manchmal monatelang von zu Hause fort, aber dann war er unterwegs und in anderer Umgebung. Jetzt zu Hause hingegen, in der Familie, wo er daran gewöhnt war, Mutter um sich zu haben, war er todunglücklich und ergriff jede Gelegenheit, um ins Krankenhaus zu fahren und sie zu besuchen. Wenn wir klagten, er vernachlässige uns, dann entschuldigte er sich damit, er müsse doch seine neue Tochter richtig kennenlernen.

«Ich bleib nicht lang», sagte er. «Anne, du vertrittst mich, solang ich weg bin.» Dann sprang er in den Wagen und blieb stundenlang weg.

Niemals hatte er soviel Sorgfalt auf seinen Anzug verwandt. Sein Haar saß tadellos, seine Leinenschuhe leuchteten in keuschem Weiß, und in den leinenen Knickerbockers, gerippten Kniestrümpfen und in der Gürteljacke mit Spitzentaschentuch sah er sehr fesch aus.

«Oho, Papi, du siehst ja aus wie ein Bräutigam!» sagten wir dann.

«Braucht ihr mir nicht zu erzählen, daß ich ein hübscher Kerl bin», grinste er. «Ich hab nämlich einen Spiegel, wißt ihr. Muß doch auf meine neue Tochter einen guten Eindruck machen. Wie hieß sie doch gleich? Richtig: Jane.»

Im Krankenhaus setzte er sich an Mutters Bett und sprach mit ihr über die Arbeit, die er im Herbst vorhatte.

«Also, ich möchte, daß du hierbleibst, bis du dich wieder wohl und kräftig fühlst. Ruh dich nur richtig aus; es ist die erste Ruhezeit für dich, seit es mit den Kindern losging.» Und im selben Atemzug: «Heilfroh werd ich sein, wenn du wieder nach Hause kommst. Ich kann, glaub ich, mit keiner Arbeit fertig werden, wenn du nicht da bist.»

Mutter fand es im Krankenhaus herrlich. «Bis zur Geburt meines zwölften Kindes hab ich gebraucht, um rauszukriegen, daß man sie im Krankenhaus viel besser bekommt. Die Schwestern hier bedienen mich von vorn und hinten. Du kannst dir nicht vorstellen, wie bequem es ist, im Krankenhaus ein Kind zu kriegen.»

«Nein», sagte Paps, «ich kann mir's nicht vorstellen, und der Himmel gebe, daß ich mir's auch nie vorstellen kann!»

Mutter fand das Krankenhaus vor allem deshalb so schön, weil es dort nichts ausmachte, wenn sie bei der Entbindung mal einen Laut von sich gab; aber das sagte sie Paps nicht.

Als Paps Mutter und Jane schließlich nach Hause brachte, stellte er uns alle dem Alter nach auf der Vorderveranda auf. Jane in ihrem Kinderwagen stand am Ende der Reihe.

«Ein ganz hübscher Haufen, muß ich schon sagen», prahlte er und stolzierte die Reihe entlang wie ein Offizier, der seine Mannschaft inspiziert. «Ja, Lillie, da hast du sie nun, und jetzt ist Schluß. Hast du mal dran gedacht, daß wir nächstes Jahr um diese Zeit keinen Kinderwagen mehr brauchen? Und daß es nächstes Jahr um diese Zeit in unserm Haus keine Windeln, keine Babyflaschen, keine Kinderklappern und keine Schnuller mehr geben wird – wenn ich denke, was sich da im Laufe der Jahre bei uns angesammelt hat! Hast du mal dran gedacht, wie das sein wird, wenn in unserm Zimmer kein Baby mehr stehn wird? Dann wirst du zum erstenmal seit siebzehn Jahren ins Bett gehn, ohne den Wecker zum Nähren auf zwei Uhr zu stellen.»

«Ich hab dran gedacht», sagte Mutter. «Es wächst sich langsam zum Luxus aus, nicht wahr?»

Paps legte den Arm um sie, und ihr traten die Tränen in die Augen.

Wenn später im Sommer Besuch kam, pfiff Paps zum Sammeln und stellte uns vor.

«Das hier ist Anne», sagte er, und sie trat vor und gab die Hand. «Dies ist Ernestine, dies Martha . . .»

«Wie reizend, Mr. Gilbreth. Und alles Ihre Kinder?»

«Halt, einen Moment!» Dann verschwand er im Schlafzimmer und kam mit Jane wieder heraus. «Sie haben ja das neuste Modell noch nicht gesehn.»

Aber es klang nicht mehr ganz so schwungvoll, denn er wußte ja, das neuste war nun auch das letzte Modell, und er würde nie wieder die Redensart anbringen können, die Mutter immer so verlegen gemacht hatte, wenn ein neues Baby unterwegs war.

Vierzehntes Kapitel

Blitzlicht und Beerdigungen

Neben dem Bewegungsstudium und der Astronomie lag Paps die Fotografie am meisten am Herzen. Er hatte den größten Teil des zweistöckigen Schuppens in Montclair in ein fotografisches Laboratorium umgewandelt. Hier regierte hinter mehreren dreifach verschlossenen Türen Mr. Coggin, Paps englischer Fotograf. Kinder machten Mr. Coggin nervös, vor allem, wenn sie die Tür zur Dunkelkammer aufmachten und er gerade den Filmertrag einer Woche entwickelte. Selbst in Gegenwart von Paps und Mutter nannte er uns widerliche Gören und Lumpen. Hinter ihrem Rücken bezeichnete er uns als Pferdediebe, blutige Bastarde und als noch Schlimmeres.

Nachdem Mr. Coggin uns nach der unseligen Katastrophe bei unserer Mandeloperation verlassen hatte, kamen und gingen verschiedene andere Berufsfotografen. Paps meinte immer – und nicht ganz mit Unrecht –, kein Berufsfotograf könne so gut fotografieren wie er. Infolgedessen machte Paps die Aufnahmen von der Familie am liebsten selber.

Er fotografierte uns so oft wie möglich, bei Regen und Sonnenschein, tags und nachts, im Sommer und im Winter; am liebsten aber sonntags. Die meisten Fotografen machen ihre Aufnahmen gern bei Sonnenlicht. Paps aber fand es am schönsten, wenn keine Sonne schien und er einen Vorwand hatte, Innenaufnahmen zu machen. Er hatte eine besondere Vorliebe für Blitzlicht, und je mehr er von dem Pulver verwendete, desto mehr freute es ihn.

Er schüttete einen großen Haufen grauen Pulvers auf den T-förmigen Behälter, hielt diesen mit der linken Hand möglichst hoch über seinen Kopf und verkroch sich unter das schwarze Tuch hinter der Kamera.

In der rechten Hand hielt er den Auslöser und irgendein Spielzeug, mit dem er uns durch Schütteln und Klappern bei Laune zu halten suchte.

Die Blitzlichtexplosionen, die Paps gewöhnlich in Szene setzte, sind wahrscheinlich nicht so leicht zu übertreffen. Einige Zimmerdecken unseres Hauses in Montclair waren mit großen schwarzen Flecken bedeckt, stummen Zeugen für Paps unerschrockene Tätigkeit als Feuerwerker. Wenn ein Berufsfotograf zusah, wie er die Blitzlichtladung vorbereitete, erbleichte er und ging, eine Entschuldigung stammelnd, hastig hinaus.

«Ich weiß schon Bescheid», rief Paps ihnen ärgerlich nach. «Gehn Sie nur, wenn Sie nichts lernen wollen. Aber wenn ich fertig bin, dann vergleichen Sie mal meine Bilder mit Ihren.»

Die älteren Kinder hatten das schon so oft durchgemacht, daß sie bei Explosionen nicht mehr erschraken. Es wäre zuviel gesagt, wenn man behaupten wollte, sie hätten zu Paps Innenaufnahmen wirklich Vertrauen gewonnen. Aber sie hatten sich mit einem gewissen Fatalismus in ihr Schicksal ergeben und nahmen an, wenn der Tod käme, würde er kurz und schmerzlos sein. Die jüngeren Kinder dagegen konnten sich leider nicht an eine so tröstliche Philosophie halten. Selbst das neuste Modell hatte es schon spitzgekriegt, daß immer die Hölle losbrach, wenn Paps unter dem schwarzen Tuch verschwunden war. Sie hielten sich so lange ganz gut, bis Paps sich zum Knipsen anschickte. Dann fingen sie an zu brüllen.

«Lillie, bring die Kinder zum Schweigen!» rief Paps unter dem schwarzen Tuch hervor. «Dan, mach die Augen auf und nimm die Finger aus den Ohren! Ist denn so was möglich! Angst vor einem kleinen Blitz! Und Schluß jetzt mit der Zappelei!»

Angewidert kam er unter dem Tuch hervor. Es war heiß darunter, und die vorgebeugte Haltung ließ ihm das Blut zu Kopfe steigen.

«Hört jetzt auf zu heulen», sagte er wütend. «Verstanden? Wenn ich jetzt wieder unters Tuch krieche, will ich lauter freundliche Gesichter sehn.»

Wieder kroch er unter das Tuch. «Ich hab doch gesagt, ihr sollt nicht mehr heulen. Freundlich jetzt, oder ich komm raus und geb euch eins, daß ihr was zu heulen habt. So freundlich, daß ich eure Zähne seh. So, schon besser.»

Er legte eine Platte ein. «Fertig? Fertig? Jetzt lächeln! So bleiben! So bleiben! Sooo bleiben!»

Er fuchtelte wie ein Wilder mit dem Spielzeug herum, und dann – ein fürchterlicher Krach, ein blendend heller Blitz, das ganze Zimmer erbebte, und der ganze Fußboden und wir waren über und über mit feiner Asche bestreut. Dann tauchte Paps auf, verschwitzt, aber freundlich grinsend. Er sah nach, ob die Zimmerdecke noch da war, dann legte er den Blitzlichtbehälter weg und machte die Fenster auf, um den erstickenden Qualm hinauszulassen, der uns in die Augen biß.

«Das ist gut geworden, glaub ich», sagte er. «Und dieses neue Blitzlicht scheint sehr gut zu funktionieren. Bleibt mal hier! Ich will noch eins machen, wenn der Rauch abgezogen ist. Bin nicht ganz sicher, ob's diesmal hell genug war.»

Für Bilder, die draußen im Sonnenschein gemacht wurden, hatte Paps einen Selbstauslöser, so daß er einstellen und sich schnell ins Bild stellen konnte, bevor der Verschluß sich öffnete. Bei Außenaufnahmen war man zwar nicht in Gefahr, unversehens durch die Zimmerdecke geschleudert zu werden, aber alle Gefahren, die durch Paps Temperament bedingt waren, blieben bestehen.

Der zuverlässigste Hintergrund für Außenaufnahmen war der startbereit an der Einfahrt parkende Pierce-Arrow.

Wenn wir alle zu Paps Zufriedenheit placiert waren, stellte er ein, befahl uns zu lächeln, stellte den Selbstauslöser ein und raste ans

Steuer. Keuchend sprang er auf, so daß der Wagen ins Schwanken geriet. Wenn alles gutging, war gerade so viel Zeit, daß Paps sich hinsetzen und liebenswürdig lächeln konnte, ehe es knipste.

Aber selten ging es so gut, denn auf den Selbstauslöser war kein Verlaß. Manchmal ging er zu früh los, und dann zeigte das Bild etwas unscharf Paps breites Hinterteil, während er gerade in den Wagen kletterte. Manchmal ging der Selbstauslöser minutenlang nicht los, und dann saßen wir gespannt, mit gefrorenem Lächeln da und versuchten, die kleineren Kinder ruhig zu halten. Paps hatte die der Kamera zugewandte Hälfte seines Mundes zum Lächeln verzerrt, mit der andern Hälfte zischte er uns zu, was er alles mit uns machen würde, wenn wir auch nur einen Muskel rührten oder mit einem Augenlid klapperten.

Manchmal konnte er's nicht lassen, drehte sich um, gab uns schnell einen Klaps und setzte sich dann lächelnd wieder hin, bevor es knipste. Einmal mißlang das, und dieses Bild wurde besonders wahrheitsgetreu: Es zeigte Paps, wie er eine wohlgezielte und auch wohlverdiente Ohrfeige auf Franks Kopf landete.

Auf vielen Bildern konnte man einige Familienmitglieder höchst mißvergnügt auf den Klappsitzen sitzen sehen: Sie hatten ein paar Sekunden vor der Aufnahme eine Strafe erhalten. Wer auf den Klappsitzen saß, wurde am häufigsten bestraft; denn dort langte Paps am leichtesten hin, und niemand wollte dort sitzen, wenn es ans Fotografieren ging.

Manchmal kamen Pressefotografen oder Leute von Underwood & Underwood zu uns, um Aufnahmen zu machen. Dann pfiff Paps zum Sammeln, nahm die Stoppuhr heraus und zeigte, wie schnell wir uns versammeln konnten. Dann führte er den Besuchern vor, wie schön wir maschineschreiben, morsen, multiplizieren und ein bißchen Französisch, Deutsch und Italienisch sprechen konnten. Manchmal brüllte er auch *Feuer*, dann warfen wir uns auf den Fußboden und rollten uns in Teppiche ein.

Das Fotografieren ging viel besser, wenn Paps auch vor der Kamera stand, denn dann mußte er sich sagen lassen, wo er sich hinstellen, wann er sich die Lippen lecken, und manchmal auch, daß er nicht soviel zappeln sollte. Wenn der Fotograf Paps abgekanzelt hatte, war es uns ein leichtes, freundlich auszusehen, denn wir platzten fast vor Lachen.

«Mr. Gilbreth, wollen Sie, bitte, stillstehn? Und bitte, die Hände aus den Taschen. Ein bißchen näher an Mrs. Gilbreth heran. Nein, so nah nun wieder nicht. Passen Sie auf: Hier möchte ich Sie haben.» Der Fotograf zog ihn am Arm, bis er richtig stand. «Nun versuchen Sie, bitte, recht freundlich auszusehn.»

«Zum Donnerwetter, ich seh doch freundlich aus», sagte Paps schließlich ungeduldig.

«Ich versteh das nicht», sagte ein Mann von Underwood & Underwood einmal zu Paps, als die Aufnahmen gemacht waren. «Ich bin nun wer weiß wie oft bei Ihnen hier draußen gewesen. Immer geht alles gut, bis ich einstelle und den Kopf unter das schwarze Tuch stecke. Dann fangen wie auf Verabredung die vier Kleinsten an zu schreien und geben keine Ruhe, eh ich nicht das Tuch wieder wegnehme.»

«Ach nein, wirklich?» war alles, was Paps darauf antwortete.

Paps stellte mit großem Geschick Bildberichte aus seiner Tätigkeit auf dem Gebiet der Bewegungsrationalisierung zusammen. Als er für Remington arbeitete, liefen in der Wochenschau Bilder, die uns vor der weißen Schreibmaschine sitzend und blindschreibend zeigten. Als er später für eine Gesellschaft arbeitete, die Drehbleistifte herstellte, beschloß er, uns zu fotografieren, wie wir einen Haufen gewöhnlicher Holzbleistifte beerdigten.

Wir waren gerade in Nantucket. Tom Grieves fertigte aus einer Kiste einen sehr naturgetreuen schwarzen Sarg. Wochenlang kauften und sammelten wir hölzerne Bleistifte, bis wir genug hatten, um den Sarg zu füllen.

Wir trugen den Sarg auf eine Düne zwischen dem *Schuh* und der See, einer einsamen, windigen Stelle; dort hoben Paps und Tom ein flaches Grab aus. Die Nachbarn auf der Klippe waren zweifellos der Ansicht, eins von uns wäre zu Schaden gekommen und hätte getötet werden müssen, denn sie beobachteten uns mit Feldstechern.

Paps baute eine Kamera mit Stativ auf, stellte den Selbstauslöser ein und fotografierte uns ein paarmal, wie wir den Sarg in die Grube versenkten und Sand darauf schaufelten.

«Jetzt buddeln wir den Sarg wieder aus und machen das Ganze noch mal für den Film», sagte Paps. «Damit werden wir sie alle schlagen.»

Vorsichtig, um ihn nicht zu beschädigen, gruben wir den Sarg wieder aus und schütteten den Sand aus den Bleistiften. Während die zweite Beerdigung vor sich ging, kurbelte Tom als Filmoperateur. Zum Glück gab es damals noch keinen Tonfilm, denn Paps brüllte fortwährend Befehle in die Gegend.

«Zweimal in der Sekunde kurbeln, Tom! Und eins und zwei und drei und vier. Geh aus dem Bild raus, Ernestine. Marguerite Clark und Mary Pickford kommen diesmal auch nicht drauf, weißt du. Jetzt alle die Schaufeln nehmen und Sand reinschaufeln. Ernst aussehen. Ist doch 'ne traurige Beerdigung. Alle guten Menschen werden mit Knochen begraben. So auch Bleistifte. Und eins und zwei und . . .»

Als wir die zweite Beerdigung hinter uns hatten, sagte Paps, nun müßten wir den Sarg noch mal ausgraben.

«Aber du machst doch keine Aufnahmen mehr, nicht wahr?» bettelten wir. «Jetzt haben wir doch die Bilder und den Film.»

«Ach wo, keine Aufnahmen», sagte Paps. «Aber wollt ihr vielleicht all die tadellosen hölzernen Bleistifte umkommen lassen? Buddelt sie aus und nehmt sie mit nach Hause! Die reichen jahrelang.»

Zur Rechtfertigung von Paps sei gesagt: Als der Vorrat von hölzernen Bleistiften aufgebraucht war, wurden bei uns immer Drehbleistifte benutzt. Aber Paps konnte es nun einmal nicht ertragen, daß die hölzernen Bleistifte umkamen.

Als Paps im nächsten Sommer bei einer Waschmaschinenfirma als Berater tätig war, mußten wir in Nantucket dieselbe Prozedur mit Waschbrett und Handwringmaschine über uns ergehen lassen. Diesmal hatte Tom sich vorbereitet.

«Einen Augenblick, Mr. Gilbreth!» sagte er. «Ich möchte meine Wringmaschine erst einölen, bevor Sie sie begraben; dann geht nachher der Sand besser wieder raus.»

«Keine schlechte Idee», gab Paps zu. «Im übrigen», fügte er zu seiner Verteidigung hinzu, «hab ich ja für Montclair eine Waschmaschine gekauft. Schließlich kann ich ja nicht an der ganzen Küste des Atlantiks Waschmaschinen aufstellen.»

«Hab ich das denn gesagt?» fragte Tom. «Ich hab nur gesagt, ich wollte meine Wringmaschine einölen, weiter nichts. Von einer Waschmaschine für Nantucket hab ich keinen Ton gesagt.» Dann brummte er vor sich hin: «Leistung! Bei denen hört man weiter nichts als Leistung. Möcht denen mal beibringen, was Leistung ist. Jedenfalls wird 'ne Wringmaschine todsicher ruiniert, wenn man sie im Sand vergräbt und dann wieder ausbuddelt. Und so was nennt sich Bewegungsstudium!»

«Was ist los?» fragte Paps. «Sprechen Sie sich ruhig aus, wenn Sie was zu sagen haben, und wenn Sie nichts zu sagen haben, halten Sie den Mund!»

Aber Tom brummte weiter: «Bewegungsstudium, das heißt nämlich die verdammte Wringmaschine einbuddeln, und nachher ist alles verkleistert und versandet, und unsereins kann sich beim Drehn die Knochen brechen. Bewegungsstudium! Wohl die Bewegungen von andern studieren, na – und die eigenen? Lincoln hat die Sklaven befreit. Jawoll, alle bis auf einen, sag ich, alle bis auf einen!»

Wegen der Bilder und ihrer Texte wurden wir manchmal in der Schule und bei unseren Freunden angegriffen.

«Wieso schreibst du denn in der Schule mit einem hölzernen Bleistift, wo ich doch in der Wochenschau gesehen habe, wie ihr mit euerm Vater einen ganzen Sarg voll in einem Grab beerdigt habt?»

Manchmal – und das war das schlimmste – lasen unsere Lehrer Auszüge aus Darstellungen über die Tabellen im Badezimmer, über die Grammophonsprachkurse und über die Entscheidungen des Familienrats vor. Dann wurden wir rot, wanden uns vor Verlegenheit und wünschten, Paps hätte irgendwo einen netten Schuhladen und nur ein oder zwei Kinder, zu denen wir nicht gehörten.

Die gefährlichsten Reporter waren für uns die Frauen, die Mutter interviewten, um menschlich interessante Geschichten herauszukriegen. Meistens bat Mutter Paps, bei solchen Interviews dabeizusein, damit sie ihm und uns beweisen konnte, daß sie nichts – oder zumindest fast nichts – von alldem gesagt hatte, was ihr die Interviewer in den Mund legten. Paps amüsierte sich köstlich, wenn er diese Interviews beim Abendbrot laut vorlas, wobei er mit übertriebener Mimik und Gestik Mutter nachzuahmen suchte.

«Da saß Mrs. Gilbreth, umgeben von ihrer Kinderschar, und las ein Märchen vor», las Paps. «Anne, die schon fast gesellschaftsfähige Älteste, will Geigerin werden. Ernestine beabsichtigt, Malerei zu studieren, und Martha und Frank werden in ihres Vaters Fußtapfen treten. ‹Wie viele Ehrengrade haben Sie eigentlich?› fragte ich diese interessante Mutter von zwölf Kindern. Eine zarte Röte der Bescheidenheit übergoß ihre Wangen, und sie machte eine verschämte Geste.»

Hier machte Paps eine Pause und zeigte seine Auffassung von einer verschämten Geste, indem er sein Gesicht schüchtern hinter dem erhobenen Ellbogen verbarg. Dann las er weiter:

«‹Ich bin viel stolzer auf meine Kinder, zwölf kräftige Vollblutamerikaner, als auf meine zwei Dutzend Ehrengrade und auf meine Mitgliedschaft bei der tschechoslowakischen Akademie der Wissenschaften›, sagte Mrs. Gilbreth!»

«Barmherziger!» platzte Mutter heraus. «Ich habe nichts dergleichen gesagt. Du warst doch bei dem Interview dabei, Frank. Wo hat die Person denn das alles her? Was soll bloß meine Mutter denken, wenn sie diesen Artikel liest! Die Person hat mich überhaupt nicht nach Ehrengraden gefragt. Und zwei Dutzend? Kein Mensch hat je zwei Dutzend gehabt, höchstens der unglückliche Mr. Wilson. Und von der Tschechoslowakei hab ich auch nichts gesagt. Und Leute, die verschämte Gesten machen, kann ich überhaupt nicht leiden. Ich hab in meinem Leben keine gemacht, jedenfalls nicht mit Bewußtsein.»

Inzwischen kämpften Anne und Ern mit den Tränen.

«Ich kann morgen nicht in die Schule gehn», sagte Anne. «Wie kann ich der Klasse gegenübertreten nach diesem Quatsch von der Geigerin?»

«Na, und ich erst!» jammerte Ern. «Du hast doch wenigstens eine Geige und kannst drauf rumkratzen. ‹Ernestine beabsichtigt, Malerei zu studieren!› Wie *konntest* du bloß so was sagen, Mutter? Meine Lehrerin liest das sicher laut vor. Das macht sie immer.»

«Ich habe kein Wort von dem gesagt, was in dem Artikel steht», beteuerte Mutter. «Wie kommt sie bloß dazu, sich so was auszudenken, Frank?»

Paps grinste und las weiter. «Mr. Gilbreth, der bekannte Fachmann für Zeitstudium, kam auf Zehenspitzen ins Zimmer, um den Gedankenflug seiner Frau nicht zu stören. Mr. Gilbreth, ein beleibter, aber dynamischer Mann . . .»

Paps war das Grinsen vergangen; voller Ekel warf er die Zeitung weg. «So eine unerhörte Phrasendrescherei», brummte er. «Wenn es ein Wort gibt, das ich hasse, so ist es ‹beleibt›. Der ganze Artikel ist eine Ausgeburt der Phantasie!»

Ein Wochenschaufotograf, der uns in Nantucket besuchte, legte es darauf an, uns lächerlich zu machen. Das war nicht schwer. Wenn er im Auftrag seiner Firma handelte, so hätte er eine Prämie kriegen sollen.

Nichts Böses ahnend, trug Paps den Eßtisch, die Stühle und seinen Kirchenstuhl auf den Strandhafer neben unserm Häuschen, wo nach Ansicht des Wochenschaumannes das beste Licht war. Dort aßen wir zwischen den Sandfliegen zu Mittag, und der Kameramann filmte uns.

Als die Wochenschau in den Kinos lief, lautete der Text zu unseren Bildern: «Die zeitsparende Familie Gilbreth beim Mittagessen.» Die Bilder liefen im Zeitraffer ab, und es sah aus, als ob wir an den Tisch rannten, wie wahnsinnig die Teller hin und her reichten, unser Essen herunterschlangen und wieder vom Tisch wegrannten – alles in etwa fünfundvierzig Sekunden. Im Hintergrund hing das, weshalb der Fotograf uns draußen haben wollte – die Familienwäsche, natürlich hauptsächlich Windeln.

Wir sahen die Wochenschau im Dreamland-Theater in Nantucket, und sie hatte einen viel größeren Lacherfolg als das Lustspiel, in dem ein dicker Schauspieler namens Lloyd Hamilton auftrat. Alle Kinobesucher drehten sich gaffend nach uns um, und wir fühlten uns gedemütigt und waren wütend. Als Paps uns nach dem Kino etwas unsicher dazu einlud, in Coffins Laden noch ein Soda zu trinken, hatten wir gar keine rechte Lust.

«Hoffentlich kommt das nie ins Wellmont-Theater in Montclair», beteten wir inständig. «Wie können wir uns je wieder in der Schule sehen lassen?»

«Na ja», sagte Paps, «ist schon eine Gemeinheit, und ich würd mir den Fotografen gern mal vorknöpfen. Aber es hätte noch schlimmer kommen können. Wißt ihr, was ich die ganze Zeit gedacht hab? Ich dachte immerfort, sie würden es wahrscheinlich noch mal rückwärts zeigen, und dann hätt es so ausgesehn, als ob wir unser Essen wieder zurück auf die Teller kotzten. Ich schwör euch, wenn sie das gemacht hätten, hätt ich aus dem ganzen Laden Kleinholz gemacht.»

«Und ich hätte dir dabei geholfen», sagte Mutter. «Bei Gott!»

«Na kommt! Vorbei ist vorbei!» sagte Paps achselzuckend. «Schwamm drüber! Gehn wir doch jetzt zu Coffin, und trinken wir ein

Soda. Ich könnt jetzt ein doppeltes Schokoladensoda brauchen. Na, was meint ihr?»

Dieser Verführung konnten wir nun doch nicht widerstehen, und wir ließen uns gnädig zu Coffin führen.

Fünfzehntes Kapitel
Gilbreth & Co.

Zu Paps Theorien gehörte es auch, daß wir Esperanto lernen mußten. Er glaubte nämlich, die Hälfte aller Weltprobleme würde sich durch Esperanto lösen lassen – bis zur Frage der Unbefleckten Empfängnis, für die seiner Ansicht nach keine stichhaltigen biologischen Grundlagen vorhanden waren. An seinen Theorien über gesellschaftliche Sicherheit hielt er fest, soweit diese Sicherheit gleichbedeutend mit Natürlichkeit war; als die Familie größer wurde, mußte er seinen Standpunkt in einigen Kleinigkeiten revidieren.

Paps sagte, ein ausgeglichener, natürlicher Mensch könne niemals lächerlich wirken, zumindest nicht vor sich selber. Und ein Mensch, der sich nicht lächerlich vorkomme, könne nie seine Würde einbüßen. Paps kam sich selten lächerlich vor und würde nie zugegeben haben, daß er seine Würde eingebüßt habe.

Der zu revidierende Teil der Theorie bestand darin, daß Gäste sich wohl fühlten, wenn man sie wie zur Familie gehörig behandelte. Mutter wies es nach, und Paps mußte es schließlich zugeben: Tatsächlich konnten sich nur solche Gäste bei uns zur Familie gehörig fühlen, die selbst aus einer Familie mit zwölf Kindern stammten, der ein Fachmann für Bewegungsrationalisierung vorstand.

Wenn keine Gäste da waren, suchte Paps unsere Tischmanieren zu verbessern. Nahm ein Kind in seiner Reichweite den Mund zu voll, dann trafen Paps Fingerknöchel heftig den Kopf des Missetäters; bei diesem dumpfen Laut zuckte Mutter zusammen.

«Nicht auf den Kopf, Frank», protestierte sie entsetzt. «Um Gottes willen, nicht auf den Kopf!»

Paps achtete nicht darauf, außer wenn der Schlag ungewöhnlich hart ausgefallen war. Dann rieb er jammernd seine Knöchel und entgegnete:

«Vielleicht hast du recht. Es muß doch weichere Stellen geben.»

Wenn der Missetäter an Mutters Tischende saß und für Paps unerreichbar war, gab er ihr ein Zeichen, die Strafe zu vollziehen. Mutter, die uns nie bestrafte, nicht einmal mit Strafen drohte, reagierte gar nicht. Dann gab Paps einem Kind, das in der Nähe des Missetäters saß, durch Blicke zu verstehen, daß es befugt sei, die Strafe vorzunehmen.

«Mit besten Empfehlungen von mir!» sagte er dann, wenn das Kind, das den Mund zu voll genommen hatte, wütend auf das Kind losging, das die Strafe vollzogen hatte.

«Ich hab euch nicht einmal, sondern hundertmal gesagt, ihr sollt euer Essen kleinschneiden. Wie krieg ich das nur in eure Dickschädel rein?»

«Nicht auf den Kopf!» wiederholte Mutter. «Um Himmels willen – nicht auf den Kopf!»

Wenn einer den Ellbogen aufstützte, konnte es passieren, daß plötzlich sein Handgelenk ergriffen, hochgehoben und mit so heftigem Ruck auf den Tisch gestoßen wurde, daß das Geschirr tanzte.

«Nicht am Ellbogen, Frank. Das ist der empfindlichste Körperteil. Überall, aber nicht am Ellbogen.»

Mutter war gegen jede Art von Körperstrafen. Aber sie wußte, daß sie sich schließlich besser würde durchsetzen können, wenn sie gegen den bestraften Körperteil protestierte, als wenn ihr Widerspruch sich gegen die Strafe selbst richtete. Auch wenn Paps eine wohlverdiente Bestrafung auf dem dafür bestimmten Körperteil – wo sie angeblich am besten wirkt – vornahm, versuchte Mutter einzuschreiten.

«Nicht aufs Kreuz!» sagte sie in einem Ton, als wäre Paps dabei, uns fürs Leben zu Krüppeln zu schlagen. «Um Gottes willen – nicht aufs Kreuz!»

«Also, wohin denn eigentlich?» brüllte Paps wütend und hielt beim Prügeln inne. «Nicht auf den Kopf, nicht hinters Ohr, nicht auf den Nacken, nicht am Ellbogen, nicht über die Beine und nicht auf den Hosenboden. Wohin hat denn dein Vater dich geprügelt? Vielleicht auf die Fußsohlen wie die gottlosen Chinesen – zum Donnerwetter?»

«Also bestimmt nicht aufs Kreuz», sagte Mutter. «Da kannst du sicher sein.»

An der Verabfolgung von Kopfnüssen und an dem Aufbumsen der Ellbogen nahmen – außer Mutter – allmählich alle teil, bis Paps mit unseren Tischmanieren zufrieden war. Auch das Jüngste konnte ohne Angst vor der Vergeltung diese Strafe austeilen. Während der Mahlzeiten belauerten wir uns gegenseitig, vor allem aber Paps. Manchmal stand einer, der einen aufgestützten Ellbogen erspäht hatte, leise von seinem Stuhl auf und schlich um den Tisch herum, um den Missetäter zu schnappen.

Paps paßte an sich auf seinen Ellbogen recht gut auf, manchmal aber vergaß er ihn. Es galt als sehr verdienstlich, einen Ellbogen aufzubumsen, aber ein Volltreffer war's, wenn man Paps Ellbogen erwischte. Das galt nicht nur soviel wie eine Indianerfeder, sondern wie der ganze Kopfschmuck eines Indianerhäuptlings.

Wenn wir Paps auf diese Weise geschnappt hatten, machte er ein großes Trara daraus. Er schnitt Grimassen, als hätte er qualvolle Schmerzen, zog die Luft durch die Zähne ein, rieb sich den Ellbogen und behauptete, er könnte seinen Arm für den Rest der Mahlzeit nicht gebrauchen.

Manchmal stützte er seinen Ellbogen absichtlich auf den Tischrand und tat so, als merke er nicht, daß ein Kind aufgestanden war und ihn auf den Fußspitzen von hinten anschlich. Wenn man dann gerade die Hand ausstreckte und den Ellbogen ergreifen wollte, ließ Paps ihn in seinen Schoß rutschen.

«Ich kann auch hinten sehn», verkündete er dann.

Der enttäuschte Aufbumser ging zu seinem Stuhl zurück und überlegte sich, ob Paps nicht vielleicht wirklich auch hinten sehen könnte.

Paps und Mutter versuchten uns klarzumachen, daß wir für die Behaglichkeit der Gäste verantwortlich seien. Wir hatten sehr oft Gäste, vor allem Geschäftsfreunde von Paps, der ja sein Büro im Hause hatte. Es bedurfte keiner Formalitäten und keiner besonderen Vorbereitungen, es wurden nur ein frisches Tischtuch und ein Extragedeck für den Gast aufgelegt.

«Wenn ihr neben einem Gast sitzt, müßt ihr dafür sorgen, daß er sich wohl fühlt und daß ihm nichts fehlt», sagte Paps immer wieder.

George Isles, ein Schriftsteller aus Kanada, fühlte sich nach Lillians Meinung durchaus nicht wohl. Mr. Isles war alt und erzählte traurige, aber fesselnde Geschichten.

«Es war einmal ein armer alter Mann; dem taten bei jeder Bewegung die Gelenke weh, der Arzt verbot ihm das Zigarrenrauchen, und er hatte gar keine kleinen Kinder, die ihn liebhatten», sagte Mr. Isles. Und während er weitererzählte, wurden wir ganz bedrückt von der Einsamkeit, die daraus zu sprechen schien. Er schloß: «Und wißt ihr, wer dieser alte Mann war?»

Wir konnten es uns schon denken, aber wir schüttelten die Köpfe und sagten: nein. Mr. Isles sah trauriger denn je aus. Er hob langsam den Arm und tippte sich mit dem Finger auf die Brust.

«Ich», sagte er.

Die sechsjährige Lillian saß neben Mr. Isles. Sie war dafür verantwortlich, daß er sich wohl fühlte, und sie meinte, sie hätte irgendwie versagt. Sie legte ihm die Arme um den Hals und küßte seine schrumplige Altmännerwange.

«Sie haben doch kleine Kinder, die Sie liebhaben», sagte sie den Tränen nahe. «Doch, Sie haben welche.»

Wenn Mr. Isles dann später zu Besuch kam, brachte er immer für Mutter und uns eine Schachtel Konfekt mit und eine Extraschachtel für Lillian. Ernestine pflegte dann neiderfüllt zu bemerken, Lill sei der jüngste Vamp von New Jersey und kaum ein erwachsener Vamp habe weniger gegeben und mehr dafür bekommen.

Paps war als Gastgeber zwanglos und unkonventionell, und wir versuchten, ihm nachzueifern.

«Noch etwas Gemüse, Chefin?» fragte er Mutter. «Nein? Dann vielleicht noch etwas Kartoffelbrei? Ist noch viel da. Auch noch massenhaft Hammelfleisch. Schön. Ja, Sir, Gemüse kann ich Ihnen nicht mehr anbieten, aber wie wär's mit . . .?»

«Oh, bitte, nehmen Sie doch noch etwas Rinderbraten», nötigte Frank einen deutschen Ingenieur, der uns besuchte. «Sie haben doch erst dreimal genommen.»

«Sie brauchen Ihre Grapefruit nicht so gierig wie 'n Ferkel zu verschlingen», sagte Fred zu einer Professorin der Columbia-Universität, die verspätet zu Tisch gekommen war und uns einzuholen suchte. «Wenn wir vor Ihnen fertig sind, warten wir, bis Sie's geschafft haben.»

«Tut mir leid, aber ich kann Ihnen den Nachtisch nicht geben, eh Sie nicht Ihre Bohnen aufgegessen haben», sagte Dan ein andermal zu einem Gast. «Papi erlaubt das nicht, und ich bin für Sie verantwortlich. Papi sagt, von dem, was in diesem Hause täglich weggeworfen wird, könnte eine arme Familie eine Woche lang leben.»

«Papi, findest du, daß das, was Mr. Fremonville sagt, allgemein interessant ist?» mischte Lill sich einmal in die Unterhaltung.

Paps und Mutter und die meisten Gäste gingen über solche Bemerkungen lachend und ohne Verlegenheit hinweg. Paps entschuldigte sich dann und erklärte die Familienregeln und warum er sie eingeführt habe. Wenn die Gäste gegangen waren, rief Mutter uns zusammen und sagte uns, die Familienregeln seien zwar wichtig, es sei aber noch wichtiger, die Gäste nicht in Verlegenheit zu bringen.

Manchmal knurrte Paps Magen nach dem Essen, und wenn keine Gäste da waren, zogen wir ihn damit auf. Als sein Magen dann wieder knurrte, machte er ein entsetztes Gesicht und zeigte auf einen von uns.

«Billy», sagte er, «ich muß doch sehr bitten! Ich bin für ein Konzert nicht in Stimmung.»

«Das war dein Magen, nicht meiner, Papi. Mir kannst du nichts vormachen.»

«Ihr Kinder habt die lautesten Mägen, die mir je vorgekommen sind. Findest du nicht auch, Lillie?»

Mutter sah mißbilligend von ihrer Stopfarbeit auf.

«Ich finde», sagte sie, «hier treiben sich Eskimos herum.»

Eines Abends war Mr. Russell Allen, ein junger Ingenieur, bei uns zum Essen. Jack, der ihm in einem hohen Stuhl gegenübersaß, schluckte zufällig etwas Luft und rülpste so laut, daß es durchs ganze Eßzimmer, ja sogar bis in die Küche zu Mrs. Cunningham schallte. Daß ein so kleines Persönchen so laut rülpsen konnte, ließ die ganze Unterhaltung vor Verblüffung stocken. Jack selber war am meisten überrascht und machte ein entsetztes Gesicht. Er streckte den Arm aus und zeigte anklagend auf den Gast.

«Mr. Allen», sagte er mit gekränkter Würde, «ich muß doch sehr bitten! Ich bin für ein Konzert nicht in Stimmung.»

«Aber Jackie!» sagte Mutter, den Tränen nahe. «Aber Jackie! Wie kannst du nur!»

«Raus!» brüllte Paps. «Verdufte! Sag Mrs. Cunningham, du sollst dein Abendbrot in der Küche weiteressen. Und nachher sprechen wir uns noch.»

«Aber du sagst das doch immer», schluchzte Jack, als er in die Küche verschwand. «Du sagst das doch immer, wenn dein Magen knurrt.»

Paps war rot geworden. Seine ganze Sicherheit, auf die er so großen Wert legte, war verschwunden. Er rutschte unbehaglich auf seinem Stuhl hin und her und zerknüllte nervös seine Serviette.

Keinem fiel etwas ein, was das peinliche Schweigen hätte brechen können.

Paps räusperte sich energisch. Aber das Schweigen dauerte an und lastete zentnerschwer auf dem Tisch.

«Der hat mir's gegeben», sagte Paps schließlich. Die Situation war äußerst gespannt, und er versuchte es noch einmal. «Der hat mir's aber ordentlich gegeben», sagte Paps und lachte mühsam und gezwungen. Er und Mutter und Mr. Allen taten uns leid. Mr. Allen war genauso hochrot wie Paps. Immer noch fiel kein Wort.

Plötzlich warf Paps seine Serviette auf den Tisch und lief in die Küche hinaus. Er kam wieder und hielt Jack bei der Hand. Jack weinte immer noch.

«Ist schon gut, Jackie», sagte Paps. «Komm wieder rein und setz dich. Du hast recht, du hast es von mir gelernt. Jetzt entschuldige dich mal erst bei Mr. Allen. Und dann werden wir ihm die ganze Geschichte erzählen, und dann werden wir alle es nie wieder sagen. Ist schon so, wie Mutter sagt: Das kommt davon, wenn man die Eskimos reinläßt.»

Paps Schwester, Tante Anne, war eine stattliche viktorianische Dame mit weiten, bis zum Boden reichenden Röcken und hohen, festen Schuhen. Sie war älter als Paps, und die beiden ähnelten und liebten einander sehr. Sie war freundlich, aber streng, vollbusig und jeder Zoll eine Dame. Sie hatte wie Paps rotbraunes Haar und ein entsprechendes Temperament. Sie wohnte mit ihrem Mann und ihren erwachsenen Kindern, die wir zärtlich liebten, in Providence, einige Häuserblocks von uns entfernt. Tante Anne war ausgebildete Pianistin und gab in ihrem Hause in der Cabot Street 26 Musikunterricht.

Paps dachte es sich hübsch, wenn wir alle ein Instrument spielen lernten. Er gab zu, daß er nicht das geringste von Musik verstehe, aber er hatte ein gutes Gehör und hörte gern Sinfonien.

Tante Anne muß es sehr bald klargeworden sein, daß wir völlig unbegabt waren. Aber sie wußte, daß es für Paps sehr deprimierend gewesen wäre, das zuzugeben, denn für ihn war es selbstverständlich, daß seine Kinder für alles begabt waren. Infolgedessen kämpfte Tante Anne sechs Jahre tapfer auf verlorenem Posten mit einer Hingabe und

Seelenstärke, die über die übliche Erfüllung der Familienpflichten weit hinausging.

Als sie schließlich die Überzeugung gewann, daß unser Klavierspiel eine hoffnungslose Angelegenheit sei, schob sie uns auf andere Instrumente ab. Mit diesen hatten wir zwar keineswegs mehr Erfolg, aber sie waren wenigstens nicht so laut wie das Klavier, und – was noch wichtiger war – sie konnten nicht gleichzeitig von mehreren gespielt werden.

Anne mußte Geige spielen, Ernestine Mandoline und Martha und Frank Cello. Es war grauenhaft, wenn wir übten, und Paps ging dann mit Wattepfropfen in den Ohren schmunzelnd durchs Haus.

«Macht nichts», sagte er, wenn wir erklärten, wir kämen doch eigentlich gar nicht vorwärts. «Bleibt nur dabei. Wenn ihr so alt seid wie ich, werdet ihr mir's danken.»

Tante Anne setzte in selbstloser Weise ihre Berufsehre aufs Spiel, wenn sie uns erlaubte, bei ihren jährlich einmal stattfindenden Schülerabenden mitzuwirken. Gewöhnlich blieben wir mittendrin stecken, und das wirkte immer auf die begabteren Kinder und deren zuhörende Eltern ziemlich demoralisierend.

Um ihr Ansehen möglichst zu retten, teilte Tante Anne, bevor wir aufs Podium gingen, den Zuhörern mit, wir seien erst neuerdings vom Klavier zu dem betreffenden Saiteninstrument übergegangen. Unausgesprochen hieß das, wir beherrschten das Klavier bereits und hätten nun neue Wege ins Land der Musik eingeschlagen.

Bevor wir zu spielen anfingen, setzte sie Dämpfer auf unsere Saiten und flüsterte:

«Vergiß nicht, ganz leise zu spielen, so leise wie ein Bächlein, das durch einen stillen Wald rieselt.»

Aber wenn wir spielten, rieselte es keineswegs. Und bei einem Schülerabend flüsterte Paps Mutter zu: «Wenn ich nachts so was hinten an unserm Zaun hörte, würde ich entweder die Polizei alarmieren oder mit Stiefeln danach schmeißen.»

Tante Anne meinte es gut mit uns, und wir liebten sie und ihre Familie sehr, aber sie hatte ihren eigenen Kopf, genau wie Paps. Während wir Paps Tyrannei, wenn auch widerwillig, duldeten – sie war ja sein gutes Recht als Familienoberhaupt –, dachten wir nicht daran, uns von jemand anders tyrannisieren zu lassen, und sei es auch seine älteste Schwester.

Als wir nach Montclair gezogen waren, gingen Mutter und Paps für eine Zeitlang auf eine Vortragsreise; in dieser Zeit betreute uns Tante Anne. Sie machte uns von Anfang an klar, daß wir sie nicht als Gast, sondern als den derzeitigen Oberbefehlshaber zu betrachten hätten. Sie benutzte sogar die Vordertreppe, die die Vorderhalle mit dem zweiten

Stock verband, und nicht die Hintertreppe, die von der Küche in den Korridor vor dem Mädchenbadezimmer hinaufführte. Keiner von uns durfte die Vordertreppe benutzen, denn Paps wollte, daß sie immer schön blank gebohnert aussehe.

«Wenn Papi nach Hause kommt, wird er eine schöne Wut haben, daß du die Vordertreppe benutzt hast», sagten wir zu Tante Anne.

«Unsinn», schnitt sie uns das Wort ab. «Die Hintertreppe ist eng und steil, und ich denke nicht daran, sie zu benutzen. Solange ich hier bin, benutze ich die Treppe, die mir paßt. Laßt mich in Ruhe, und kümmert euch um eure Sachen.»

Bei Tisch saß sie auf Paps Platz, und auch das nahmen wir übel. Gewöhnlich saß Frank als der älteste Junge an Paps Platz und Anne als das älteste Mädchen an Mutters Platz. Ferner war Tante Anne mit der Ordnung in unseren Schlafzimmern gar nicht einverstanden und nahm an unseren geheiligten Familienbräuchen einige Veränderungen vor; auch das fand unsere höchste Mißbilligung.

«Himmel, das sieht ja hier wie im Schweinestall aus!» sagte sie, als sie Franks und Bills Schlafzimmer betrat. «In einer Viertelstunde komm ich wieder, dann wünsche ich diesen Raum blitzsauber und ordentlich vorzufinden.»

Oder: «Wann ihr sonst zu Bett geht, das geht mich gar nichts an. Solange ich die Verantwortung habe, wird es so gemacht, wie ich will. Marsch, ins Bett mit euch!»

Wie Großmama und Paps glaubte Tante Anne, alle Irländer seien unfähige Trottel, und Tom Grieves wäre der unfähigste aller irischen Trottel. Sie sagte ihm das mindestens einmal am Tag, und Tom hatte eine Todesangst vor ihr.

Es ist eine alte Erfahrung, daß man einen Menschen nicht ohne weiteres aus einem kleinen friedlichen Haushalt in eine Familie mit einem Dutzend Kinder verpflanzen kann; eines Tages gibt es unweigerlich eine Katastrophe. Das konnten wir bei einem nach dem andern beobachten: bei Paps Stenotypistinnen und bei all den Köchinnen, die auf Mrs. Cunningham folgten. Um mit einem Dutzend Kinder zusammen zu leben, muß man entweder in so einer Familie aufgewachsen sein wie wir, oder man muß sich, während sie allmählich größer wurde, daran gewöhnt haben wie Paps, Mutter und Tom Grieves.

In Tante Annes Fall kam es eines Tages beim Mittagessen zum Klappen.

Während der ganzen Mahlzeit hatten wir sie absichtlich geärgert. Bill saß unter dem Tisch versteckt; wir hatten sein Gedeck und seinen Stuhl weggeräumt, so daß Tante Anne sein Fehlen nicht auffiel. Während des Essens stupste Billy sie mit der Hand ans Bein.

«Wer tritt mich denn da?» fragte sie. «Da soll doch gleich . . .»

Wir sagten, wir wären's nicht gewesen.

«Ja, habt ihr denn einen Hund?»

Nein, sagten wir, wir hätten keinen. Unser Schäferhund war kurz vorher gestorben.

«Aber da tritt mich doch einer, und wie!»

Sie bestand darauf, daß ihre beiden Tischnachbarn ihre Stühle ein Stück abrückten, so daß die Beine dieser beiden Kinder nicht zu ihr reichten. Bill stupste wieder.

«Aber da *tritt* mich einer», sagte Tante Anne, «und ich sage euch, ich gehe der Sache auf den Grund. Ja, das tu ich, wortwörtlich!»

Bill stupste. Tante Anne hob das Tischtuch auf und sah unter den Tisch, aber Bill war schneller und hatte sich ans andere Tischende verzogen. Der Tisch war so lang, daß man sich hinknien mußte, um bis zum anderen Ende zu sehen, und es war unter Tante Annes Würde, sich so tief zu bücken.

Als sie das Tischtuch wieder fallen ließ, kam Bill wieder angekrochen und leckte ihr die Hand.

«Ihr habt *doch* einen Hund», sagte Tante Anne anklagend und trocknete sich die Hand mit der Serviette ab. «Heraus mit der Sprache! Wer hat den verdammten Köter ins Haus gebracht?»

Bill stieß sie wieder an und zog sich zurück. Sie nahm das Tischtuch auf und sah nach. Sie ließ es wieder fallen, und er leckte ihr die Hand. Sie sah wieder nach; dann ließ sie ihre Hand verführerisch zwischen ihren Knien hängen. Dieser Verlockung konnte Bill nicht widerstehen, aber diesmal war Tante Anne auf der Hut. Als er leckte, ließ sie ihre Knie zusammenschnappen, und sein Kopf war wie in einem Schraubstock zwischen den Falten ihres Rockes gefangen; dann langte sie hinunter und packte ihn beim Schopf.

«Raus mit dir, du Racker!» rief sie. «Jetzt hab ich dich. Diesmal kannst du mir nicht entwischen. Raus, sag ich dir!»

Sie ließ Bill gar nicht erst hervorkriechen. Sie riß ihn an den Haaren hoch, und schreiend und um sich tretend kam er mit dem Kopf zuerst zum Vorschein.

Bill gab damals nicht sehr viel auf Eleganz. Er trug mit Vorliebe alte Sachen, die mit Sicherheitsnadeln zugesteckt oder mit alten Krawatten irgendwie zusammengehalten waren. Wenn er eine Krawatte um den Hals trug – was höchst selten der Fall war –, schnitt er manchmal mit der Schere ein Stück ab, damit die Enden gleich lang waren. An seinen Hosen waren vorn meist ein paar Knöpfe offen – was bei der Marine angeblich nur der Commodore sich erlauben darf. Unter den Knien machte er seine Knickerbocker überhaupt nicht zu, so daß sie ihm bis zu den Knöcheln hinunterhingen. Die Strümpfe rutschten ihm im Laufe des Tages allmählich hinunter, und abends beim Dinner guckte nur noch ein schmaler Rand aus seinen Schuhen hervor. Wenn Mutter zu Hause war, sorgte sie dafür, daß er so überflüssige Dinge wie eine Jacke und einen Gürtel trug. Wenn sie verreist war, verschlampte er völlig.

Als Tante Anne ihn unter dem Tisch hervorzerrte, riß plötzlich ein Stück Bindfaden, mit dem er seine Hose am Hemd festgebunden hatte. Bill griff nach seinen Hosen, aber es war zu spät.

«Geh in dein Zimmer, du Taugenichts!» sagte Tante Anne und schüttelte ihn. «Warte nur, bis dein Vater nach Hause kommt. Der wird dich schon ins Gebet nehmen.»

Bill raffte seine Hosen zusammen und gehorchte. Seine ganze Kopfhaut tat ihm weh, er bekam plötzlich Respekt vor Tante Anne. Die Tante setzte sich hin – sie war so ruhig, daß uns nichts Gutes schwante – und sah uns mit entwaffnendem Lächeln an.

«Jetzt hört mir mal gut zu, Kinder», sagte sie fast flüsternd. «In diesem Hause denkt jeder einzelne, sogar das Baby, nur an sich. Ich habe noch nie einen Haufen so miserabel erzogener Kinder gesehn.»

Als sie weitersprach, wurde ihre Stimme lauter. Sogar viel lauter. Die Tür von der Anrichte ging einen Spalt auf, und Tom Grieves guckte herein.

«Wenn ihr vielleicht glauben solltet, ein einzelnes Kind wäre ein Egoist, so kann ich euch sagen: Ihr habt hundertprozentig unrecht. Nach dem, was ich hier gesehen habe, ist dies der egoistischste Haushalt der Welt.»

Jetzt brüllte sie mit voller Lautstärke; so hatten wir sie noch nie erlebt. Es war, als säße Paps dort auf seinem Stuhl, nur war ihre Stimme eine Oktave höher.

«Von jetzt an nehmt euch verdammt zusammen, oder ich prügle euch windelweich. Ich verdresche euch so, daß ihr einen Monat lang nicht sitzen könnt. Verstanden? Habt ihr alle verstanden? Falls ihr's noch nicht gemerkt habt – *mir langt's*!»

Und zum Zeichen, daß sie sich durch uns die Mahlzeit nicht verderben ließ, schob sie sich ein Stück Kuchen in den Mund. Aber vor lauter Aufregung verschluckte sie sich und lief allmählich puterrot an. Sie faßte sich an den Hals; es sah aus, als sei ihr letztes Stündlein gekommen. Wir bekamen's mit der Angst und schämten uns.

Tom, der an der Tür lauschte, wußte, was er zu tun hatte. Er vergaß seine Angst vor Tante Anne, stürzte ins Eßzimmer und klopfte ihr auf den Rücken. Dann packte er ihre Arme und hielt sie hoch.

«Ist gleich wieder gut, Tante Anne», sagte er.

Das half. Sie gab gurgelnde Laute von sich und kam schließlich wieder zu Atem. Dann aber besann sie sich auf ihre Würde, riß sich von ihm los und richtete sich zu ihrer vollen Größe auf.

«Nehmen Sie die Hände weg, Grieves», sagte sie in einem Ton, als sei er drauf und dran, ihr das Korsett aufzumachen. «Lassen Sie sich's nicht noch einmal einfallen, mich ‹Tante Anne› zu nennen! Und im übrigen . . .» sie blickte langsam um den ganzen Tisch herum, «kümmern

Sie sich um Ihre eigenen Angelegenheiten!»

Nach diesem Zwischenfall gab es keinen Zweifel mehr darüber, wer Herr im Hause war, und Tante Anne brauchte sich nicht mehr über uns zu ärgern. Als Paps und Mutter wiederkamen, machten wir uns auf eine Strafe gefaßt. Aber da kannten wir Tante Anne schlecht.

«Sag mal, hast du abgenommen?» fragte Paps seine Schwester. «Haben die Kinder dich etwa geärgert?»

«I – woher denn!» sagte Tante Anne. «Als wir uns richtig verstanden, waren sie einfach großartig. Nicht wahr, Kinder, wir sind doch gut miteinander ausgekommen?»

Zärtlich griff sie nach Billy und zauste ihm ohne ersichtlichen Grund das Haar.

«Autsch», flüsterte Billy und grinste erleichtert. «Gnade, Gnade! Es tut immer noch weh.»

Mehr Erfolg hatten wir bei einem anderen Gast, auf den wir es abgesehen hatten: eine Psychologin, die alle vierzehn Tage aus New York nach Montclair kam, um unsere Intelligenz zu prüfen. Es ging von ihr aus und nicht von Paps oder Mutter, die aber nichts dagegen hatten. Sie wollte eine Abhandlung über den Einfluß von Paps Lehrmethoden auf unseren Intelligenzquotienten veröffentlichen.

Sie war eine magere, farblose Dame mit eckigen Bewegungen und einem schwarzen Schnurrbart, der aber ihr Pferdegebiß nicht verdecken konnte. Wir haßten sie, und wahrscheinlich beruhte das auf Gegenseitigkeit.

Zuerst stellte sie ganz unverfängliche Fragen: Rechnen, Orthographie, Sprachen, Geographie, und dann diese hinterhältigen Fragen, bei denen eingekreiste Zahlen und unterstrichene Wörter eine Rolle spielen und auf die manche Psychologen besonderen Wert legen.

Nachdem wir die ersten Testserien hinter uns hatten, rief sie uns einzeln in den Salon und interviewte jeden allein. Nicht einmal Mutter und Paps durften dabeisein.

Diese Interviews waren verwirrend und kränkend.

«Tut es weh, wenn deine Mutter dich prügelt?» fragte sie jeden einzelnen; dabei sah sie uns forschend an, und wir spürten ihren Atem. «Was, deine Mutter prügelt dich nie?» Sie schien enttäuscht. «Aber wie ist es denn mit deinem Vater? Aha, der prügelt dich!» Das schien sie von Herzen zu freuen. «Kümmert deine Mutter sich mehr um die andern Kinder als um dich? Wie oft badest du in der Woche? Wirklich? Möchtest du noch einen kleinen Bruder haben? Tatsächlich! Du meine Güte!»

Wir waren uns einig, daß Paps und Mutter von derartigen Fragen ebensowenig entzückt gewesen wären wie wir, wenn sie nur etwas davon gewußt hätten. Anne und Ernestine hatten schon beschlossen, ihnen die Situation zu erklären – da spielte das Schicksal uns die Psychologin mit Haut, Haar und Schnurrbart in die Hände.

Mutter hatte eine Reihe beruflicher Geschicklichkeitstests erfunden, und auf dem Tisch an ihrem Bett lag ein Haufen psychologischer Broschüren und Zeitschriften. Eines Abends, als Mutter uns aus *The Five Little Peppers and How they Grew* vorlas, blätterte Ernestine in diesen Papieren und stieß dabei auf eine Reihe von Intelligenztests. Da fand sie gerade den Test, den die Psychologin aus New York mit uns durchnahm – nicht jene peinlichen Fragen persönlicher Art, sondern solche, bei denen es auf das Einkreisen von Zahlen, auf Buchstabieren und auf das Ausfüllen leerer Felder ankam. Die richtigen Antworten standen auf der Rückseite.

«Au Backe!» kreischte Ernestine. «Da ist es ja!»

Mutter blickte abwesend von ihrem Buch auf. «Bring mir nicht meine Arbeit durcheinander, Ernie», sagte sie. «Was suchst du denn?»

«Darf ich mir mal was ausleihen?» fragte Ern.

«Gewiß, aber denk dran, es zurückzulegen, wenn du's nicht mehr brauchst, nicht wahr? Wo war ich stehngeblieben? Ach ja, ich weiß schon: Joel hatte grade gesagt, daß er notfalls die Familie erhalten könne, indem er am Bahnhof Zeitungen verkaufte und Schuhe putzte.»

Und sie las weiter.

Das erste Drittel dieses Tests hatte die Psychologin schon mit uns durchgenommen. Nun paukten Anne und Ernestine mit uns das zweite Drittel, bis wir eine Seite auswendig wußten und die Antworten ausfüllen konnten, ohne die Fragen zu sehen. Das letzte Drittel war ein Test über Hörassoziationen, und sie trichterten uns auch dieses ein.

«Noch nie soll sie so gescheite Leute getestet haben!» sagte Ern zu uns. «Aber auch noch nie so sonderbare. Sie muß denken, wir seien zwar gescheit, aber unzivilisiert, weil wir nicht individuell genug behandelt worden sind. Das möchte sie nämlich denken.»

«Ihr müßt euch nervös und wunderlich benehmen», sagte Anne. «Wenn sie mit euch spricht, müßt ihr rumzappeln und euch kratzen, so unmanierlich wie irgend möglich. Das wird euch ja nicht schwerfallen, das braucht man euch nicht erst einzutrichtern.»

Als die Psychologin das nächste Mal aus New York kam, mußten wir uns im Salon weit voneinander entfernt hinsetzen; jeder bekam ein Buch als Schreibunterlage auf den Schoß, dazu ein Exemplar des zweiten Drittels von dem Test.

«Wenn ich ‹anfangen› sage, schreibt die Antworten so schnell wie möglich», sagte sie. «Ihr habt eine halbe Stunde Zeit, und ihr sollt mit den Tests möglichst weit kommen. Wenn einer schon vor der Zeit fertig ist, soll er mir seinen Bogen herbringen.» Sie sah auf die Uhr: «Fertig? Jetzt dreht die Testbogen um und fangt an. Ihr wißt, ich kann jeden sehen, versucht also nicht abzuschreiben.»

Blatt für Blatt füllten wir die leeren Felder aus. Die Älteren waren nach zehn Minuten fertig. Lillian, die Jüngste unter den Prüflingen, brauchte zwanzig Minuten.

Die Psychologin sah Lillians Bogen an und sperrte Mund und Nase auf.

«Wie alt bist du, Liebling?» fragte sie.

«Sechs», sagte Lill. «Im Juni werd ich sieben.»

«Hier muß doch irgendwas nicht stimmen», sagte die Dame. «Ich habe noch nicht deinen ganzen Bogen durchgesehen, aber weißt du – du hast ja einen höheren Intelligenzquotienten als Nicholas Murray Butler.»

«Ich hab viel gelesen», sagte Lill.

Die Psychologin überflog die anderen Tests und schüttelte den Kopf.

«Was soll ich davon halten?» seufzte sie. «Sicher habt ihr in den letzten vierzehn Tagen bemerkenswerte Fortschritte gemacht. Es ist wohl das beste, wir nehmen jetzt das letzte Drittel durch. Ich werde durchs Zimmer gehn und zu jedem ein Wort sagen. Ihr sollt sofort das erste beste Wort darauf sagen, das euch einfällt. Ist das nicht ein hübsches Spielchen?»

Anne rutschte auf ihrem Stuhl herum. Ernestine kratzte sich. Martha biß an ihren Nägeln.

«Wir werden dem Alter nach vorgehen», fuhr die Psychologin fort. «Zuerst Anne.»

Sie zeigte auf Anne. «Messer», sagte sie.

«Stechen, Wunde, Bluten, Halsabschneiden, Mord, Bauchaufschlitzen, Schreien, Kreischen», antwortete Anne wie aus der Pistole geschossen und ohne einmal Luft zu holen.

«Großer Gott!» sagte die Psychologin. «Das muß ich aufschreiben. Eigentlich solltest du nur ein Wort antworten, aber aufschreiben werde ich es auf alle Fälle.» Keuchend vor Aufregung kritzelte sie etwas auf ihren Block.

«Gut. Ernestine, jetzt bist du dran. Nur ein Wort! Rot!»

«Tot», sagte Ernestine.

Nun war Martha dran: «Fuß.»

«Treten», sagte Martha.

«Haar.»

«Laus», sagte Frank.

«Blume.»

«Stinken», sagte Bill.

Die Psychologin wurde immer aufgeregter.

Nun sah sie Lill an.

«Häufchen», sagte Lill, und damit hatte sie uns das ganze Konzept verdorben.

«Aber ich hab doch dein Wort noch gar nicht ausgesprochen!» rief die

Dame. «Jetzt wird mir alles klar. Mal sehn, wie hieß denn dein Wort? Dacht ich mir's doch! ‹Vogel› war's. Und sie haben dir gesagt, du sollst ‹Häufchen› sagen, nicht wahr?»

Lill nickte dämlich.

«Und sie haben dir auch gesagt, wie du die andern Fragen ausfüllen sollst, nicht wahr? Eure Mutter hat euch wohl die Antworten gegeben, damit ihr mit eurer Gescheitheit bei mir Eindruck schindet?»

Erst kicherten wir, dann aber brüllten wir vor Lachen. Die Psychologin fand es jedoch gar nicht komisch.

«Ihr unartigen kleinen Schwindler!» sagte sie. «Denkt bloß nicht, daß ich mich auch nur eine Minute hab täuschen lassen. Ich hab euch von Anfang an durchschaut.»

Sie nahm ihren Mantel und ging in die Halle. Paps hatte uns lachen hören, kam aus seinem Büro und wollte sehen, was da los sei. Er mußte immer dabeisein, wenn etwas Aufregendes passierte.

«Nanu», sagte er strahlend, «das scheint mir ja ein sehr vergnügter Test gewesen zu sein. Schon fertig? Sagen Sie mir doch mal ganz ehrlich: Was halten Sie von meiner Familie?»

Sie sah uns mit böse funkelnden Augen an.

«Freut mich, daß Sie fragen», wieherte sie. «Fraglos sehr gescheite Kinder. Etwas reichlich gescheit für ihr Alter! Ist damit Ihre Frage beantwortet? Ob man ihnen bei ihrem Hintergehungsversuch Hilfe und Vorschub geleistet hat – das entzieht sich meiner Kenntnis. Aber ich kann Ihnen nur den kollegialen Rat geben: Halten Sie sie etwas kurz! Gerade jetzt wäre eine richtige Tracht Prügel das richtige – für alle, von der Ältesten bis zur Jüngsten!»

Sie knallte die Eingangstür zu, und Paps sah uns verärgert an.

«Da haben wir's!» seufzte er. «Was habt ihr denn nun schon wieder ausgefressen? Die geht doch hin und schreibt eine Abhandlung über uns. Was hat sie denn gegen euch?»

Anne zappelte herum. Ernestine kratzte sich. Martha biß an den Nägeln. Paps wurde böse.

«Jetzt haltet Ruhe und redet! Keinen Quatsch jetzt!»

«Möchtest du noch einen kleinen Bruder haben?» fragte Anne.

«Tut es weh, wenn deine Mutter dich prügelt?» fragte Ernestine.

«Wann hast du das letzte Mal gebadet?» forschte Martha.

«Wirklich? Hm?»

Paps gab es auf, schüttelte den Kopf und hob abwehrend die Arme. Er sah auf einmal alt und müde aus.

«Manchmal weiß ich nicht, ob sich das Ganze lohnt», sagte er. «Warum seid ihr nicht zu Mutter und mir gekommen und habt es uns erzählt, daß sie solche Sachen fragt? Na ja . . . andererseits . . . So eine haarige alte Ziege!»

Nun mußte Paps doch lachen.

«Wenn die aber darüber eine Abhandlung schreibt, dann mach ich sie regreßpflichtig, bei allem, was sie besitzt, einschließlich Geburtsschein. Wer weiß, ob sie überhaupt einen hat!»

Er öffnete die Tür zum Büro.

«Kommt mal rein, und erzählt mir diese gräßliche Sache ausführlich!»

«Nach Ihnen, Dr. Butler», sagte Ernestine zu Lill.

Als Mutter ein paar Minuten später ins Büro kam, fand sie uns auf ihrem und auf Paps Schreibtisch hocken. Die Stenotypistinnen hatten ihre Schreibmaschinen im Stich gelassen und standen um uns herum.

«Was ist denn das für eine Aufregung, Frank?» fragte sie Paps. «Ich hörte dich ja oben auf dem Dachboden toben.»

«Großer Gott!» stöhnte Paps. «Fangt noch mal von vorn an, Kinder. Das muß Mutter auch hören. So eine haarige alte Ziege ... das geht nicht auf dich, Lillie!»

Sechzehntes Kapitel

Über den Hügel ins Armenhaus

Freitag abends besuchten Paps und Mutter oft ohne uns einen Vortrag oder einen Film; dann gingen sie Hand in Hand zum Schuppen, um die Narrenkutsche herauszuholen.

Sonnabend abends aber blieb Mutter mit dem Kleinsten zu Hause, und Paps ging mit uns ins Kino. Wir aßen dann zeitig zu Abend, so daß wir noch zur ersten Vorstellung um sieben Uhr zurechtkamen.

«Heute sehn wir uns aber nur eine Vorstellung an», sagte Paps auf dem Weg ins Kino. «Die ganze Vorstellung zweimal ansehn – damit ist nun Schluß! Dann sind wir wieder nicht vor elf zu Hause. Ihr braucht gar nicht zu betteln, hat doch keinen Zweck.»

Kaum hatte der Film begonnen, da vergaß Paps genau wie wir alles um sich her, nur daß er sich viel geräuschvoller benahm als wir. Er sah und hörte nichts und merkte es gar nicht, wenn wir ihn anstießen und ihn um ein Geldstück für den Schokoladenautomaten baten. Bei den Lustspielen lachte er so laut, daß wir uns manchmal genierten und ihm beizubringen versuchten, daß die Leute sich nach ihm umsahen. Wenn es aber ein trauriger Film war, dann trompetete er fortwährend in sein Taschentuch und wischte sich über die Augen.

Kaum war nach der ersten Vorstellung das Licht wieder angegangen, da bettelten wir, er solle es sich doch noch einmal ansehen. Zuerst tat er so, als sträubte er sich eigensinnig, am Ende aber willigte er immer ein.

«Na schön, ihr wart diese Woche nicht ganz so unverschämt wie sonst», sagte er. «Aber es ist mir gar nicht lieb, daß ihr so spät in die

Nacht hinein aufbleibt.»

«Morgen ist doch Sonntag. Wir können doch ausschlafen.»

«Und Mutter wird mir schön den Marsch blasen, wenn ich so spät mit euch nach Hause komm.»

«Wenn du's erlaubst, dann erlaubt's Mutter auch.»

«Also gut! Wir werden diesmal eine Ausnahme machen. Wenn euch soviel dran liegt, kann ich's mir vielleicht auch noch mal ansehn.»

Einmal hatte Ernestine uns alle flüsternd instruiert: Am Schluß der ersten Vorstellung griffen wir nach unseren Mänteln und schickten uns an, durch den Gang hinauszugehen.

«Was habt ihr denn vor?» rief Paps uns ganz beleidigt mit Stentorstimme nach, so daß die Leute aufstanden und sich nach dem Störenfried umsahen. «Wo wollt ihr denn hin? Wollt ihr etwa nach Hause laufen? Kommt wieder her und setzt euch!»

Wir erklärten, er habe uns doch auf dem Weg ins Kino gesagt, heute abend dürften wir nur zur ersten Vorstellung bleiben.

«Ja, wollt ihr's denn nicht noch mal ansehn? Ihr habt euch schließlich die ganze Woche musterhaft betragen. Wenn euch was dran liegt, seh ich's mir vielleicht noch mal an. Es würde mir nicht soviel ausmachen.»

Wir sagten, wir seien ein bißchen müde, wollten morgen gut ausgeschlafen sein und fürchteten, Mutter mache sich Sorge, wenn wir so lange wegblieben.

«Ach, nicht doch!» bettelte Paps. «Seid doch keine Spielverderber! Mutter nehm ich schon auf mich. Wir wollen's uns noch mal ansehn. Ist ja noch früh am Abend, und morgen ist Sonntag, da könnt ihr ausschlafen.»

Grinsend drängelten wir uns wieder zu unseren Sitzen durch.

«Ihr kleinen Biester!» flüsterte Paps, als wir uns wieder hinsetzten. «Stundenlang denkt ihr drüber nach, wie ihr mich zum Narren halten könnt, nicht wahr? Ich hätte Lust, euch nächste Woche alle zu Hause zu lassen und allein ins Kino zu gehen.»

Den größten Eindruck auf Paps machte ein ellenlanges Filmdrama mit dem Titel *Über den Hügel ins Armenhaus* oder so ähnlich. Es handelte sich da um eine zottelige alte Witwe, die sich für ihre Kinder ihre armen alten Hände wund arbeitete; zum Schluß hatte sie alle Kinder gegen sich, und sie beschloß ihre Tage im Armenhaus.

Anderthalb Stunden lang bemühte Paps sich, seinen Tränenstrom mit dem Taschentuch zu bewältigen, während die Frau im Film um den Lebensunterhalt für ihre Familie rang. Sie wusch ungeheure Bottiche voller Wäsche, sie bügelte Berge von Unterzeug, und schließlich rutschte sie auf Händen und Knien auf dem Grand-Central-Bahnhof herum, schrubbte den Fußboden und reinigte die Spucknäpfe.

Ihre Kinder schämten sich ihrer und beklagten sich, wenn sie ihnen keine neuen Kleider kaufte. Als die Kinder erwachsen waren, wollte keins von ihnen sie bei sich aufnehmen. Als sie endlich selbst für die Hausarbeit zu alt war, setzten sie sie auf die Straße – und noch dazu bei einem Schneesturm.

Die Schlußszene, bei der Paps sein Taschentuch buchstäblich auswringen mußte, zeigte die alte Frau, wie sie in einem abgetragenen und viel zu engen Strickjäckchen, zitternd vor Kälte, langsam den Hügel hinauf zum Armenhaus humpelte.

Als wir nach dem Kino unser Soda tranken, hatte Paps noch gerötete Augen und mußte sich wiederholt die Nase putzen; wir waren alle ganz niedergeschlagen.

«Eins müßt ihr mir versprechen», brachte er mühsam heraus. «Was aus mir wird, ist ja gleich, aber für Mutter müßt ihr sorgen.»

Wir versprachen es, und danach lebte Paps etwas auf. Aber er dachte noch monatelang an den Film.

«Ich seh mich direkt in zwanzig Jahren», brummte er, wenn wir um Erhöhung unseres Taschengeldes baten. «Ich seh mich alt, ohne einen Cent, nutzlos und mühselig den Hügel hinaufschwanken. Wenn ich bloß wüßte, was es im Armenhaus zu essen gibt und ob sie einen morgens ausschlafen lassen!»

Mehr noch als das Kino liebte Paps die Vorstellungen, die wir für ihn und Mutter ein- oder zweimal jährlich im Salon gaben. Die Parodien, die Anne und Ernestine dafür schrieben, waren einander immer ähnlich, so daß wir sie ohne eine Probe aufführen konnten. Am liebsten hatte Paps die Parodien, in denen wir ihn und Mutter nachmachten.

Frank, ein paar Sofakissen unterm Gürtel und einen Strohhut auf dem Hinterkopf, spielte Paps, der uns durch eine Fabrik führte, in der Paps gerade als Berater tätig war. Ernestine mit ausgestopftem Busen und blumengarniertem Hut spielte Mutter. Anne übernahm die Rolle eines Fabrikinspektors, und die Kleinen spielten sich selber.

«Sind alle da?» fragte Frank Ernestine. Sie nahm ein Notizbuch heraus und rief die Namen auf. «Seid ihr auch alle trockengelegt? Habt ihr alle eure Notizbücher? Schön. In Ordnung! Kommt mit!»

Wir marschierten ein paarmal mit kleinen Schritten wie eine Rotte Gefangener im Zimmer herum, voran Frank, dann Ernestine und dahinter dem Alter nach, die anderen Kinder. Dann taten wir, als gingen wir einige Treppen hinauf; das bedeutete, daß wir nun in der Fabrik waren. Anne, der Inspektor, trat vor und schüttelte Paps die Hand.

«Allmächtiger!» sagte sie. «Was haben Sie denn da mitgebracht? Sind das Ihre Kinder? Oder machen Sie eine Landpartie?»

«Das sind meine Kinder», sagte Ernestine entrüstet. «Von einer Landpartie kann keine Rede sein.»

«Wie gefallen Ihnen meine kleinen Idioten?» grinste Frank. «Wissen Sie – Idioten kommen im Dutzend billiger. Was meinen Sie, soll ich sie alle behalten?»

«Ich meine, Sie sollten sie alle zu Hause lassen», sagte Anne. «Sagen Sie ihnen, sie sollen aufhören, auf meinen Maschinen rumzuklettern.»

«Sie werden sich nicht dabei verletzen», versicherte Frank. «Sind alles fertige Ingenieure. Hab sie selber ausgebildet.»

Anne schrie auf. «Sehn Sie doch – Ihr kleiner Idiot hockt auf meiner Kreissäge.» Sie schlug die Hände vors Gesicht. «Ich kann das nicht mit ansehn. Wenn er sich bloß nicht fest hinsetzt! So sagen Sie ihm doch, er soll das lassen!»

«Der kleine Schurke hält das für ein Fahrrad», sagte Frank. «Lassen Sie ihn nur. Kinder müssen durch Schaden klug werden.»

Hinter der Bühne hörte man langsam ersterbendes Geschrei.

«Mir sind schon mehr Kinder in Fabriken umgekommen», jammerte Ernestine. «Ihr andern bleibt mir aber jetzt von der Kreissäge weg, hört ihr?»

«Ach, vielleicht notiert jemand den Unfall, damit wir wissen, wieviel Personen zum Abendessen da sind», sagte Frank. Er wandte sich an Fred. «Freddy, mein Junge, bitte, nimm die Finger aus dem Mund, und dann erklär dem Herrn Inspektor, was vom Gesichtspunkt der Leistungssteigerung aus an dieser Bohrmaschine falsch ist.»

«Das soll 'ne Bohrmaschine sein?» fragte Fred übertrieben langsam. «Pah!»

«Sehr richtig», sagte Frank. «Erklär es ihm mit einfachen Worten.»

«Der Handhebel ist so angebracht, daß sowohl beim belasteten wie beim unbelasteten Transport Bewegung verschwendet wird», knautschte Fred. «Der Arbeitsplatz desjenigen, der die Maschine bedient, ist in falscher Höhe angebracht, daher muß der Arbeiter schnell ermüden und . . .»

Manchmal taten wir, als stünden wir auf dem Podium bei einer Ingenieurversammlung, in der Paps sprechen sollte. Anne spielte den Vorsitzenden, der ihn der Versammlung vorstellte.

«Unser nächster Redner», sagte sie, «ist Frank Butler Gilbreth. Halt, halt! Bleiben Sie, bitte, sitzen! Haben Sie keine Angst! Er hat diesmal versprochen, sich auf zwei Stunden zu beschränken und die ‹beste Arbeitsmethode› nicht öfter als zweimal in einem Satz zu erwähnen.»

Frank, wieder mit Kissen ausgestopft, trat an die Rampe des Podiums, rückte einen Kneifer zurecht, den er an einem schwarzen Band um den Hals trug, grinste, langte in seine Brusttasche und zog ein etwa achtzehn Zentimeter dickes Manuskript heraus.

«Um die Sache zu vereinfachen», begann er hochtrabend, «habe ich meinen heutigen Vortrag in dreißig Hauptabschnitte und in einhundertsiebzehn Unterabschnitte eingeteilt. Ich beginne mit dem ersten Hauptabschnitt . . .»

Wenn er so weit gekommen war, stießen die anderen Kinder, die als zuhörende Ingenieure dasaßen, sich an, standen auf und verließen auf Zehenspitzen den Raum. Frank leierte weiter und sprach vor leeren Stühlen.

Als er sich schließlich wieder setzte, kamen die Zuhörer wieder herein, und der Vorsitzende stellte ihnen Mutter vor, die wieder von Ernestine gespielt wurde.

«Unser nächster Gast ist Dr. Lillian Moller-Gilbreth. Sie wird keinen Vortrag halten, wird aber gern ein paar Fragen beantworten.»

Ernestine fegte in einem bis zur Erde reichenden Rock, einen breitkrempigen Hut auf dem Kopf, herein. Sie trug ein Notizbuch in Koffergröße, aus dem ein paar Stricknadeln, eine Flickarbeit, ein Häkelhaken, die Babyflasche und eine Nummer des *Scientific American* herausguckten.

Eine Minute lang lächelte und nickte sie ihren Bekannten im Zuhörerraum zu. «Hallo, Grace, was hast du für einen reizenden neuen Hut! Nanu, Jennie, du hast dir ja das Haar abschneiden lassen! Hallo, Charlotte, wie schön, daß du da bist!»

Martha, Frank, Bill und Lill, mit Mutters besten Hüten auf dem Kopf, sprangen auf und stellten Fragen.

«Ach, bitte, Mrs. Gilbreth, sagen Sie uns doch, haben Sie sich wirklich so eine große Familie gewünscht und, wenn ja – warum?»

«Sonst noch Fragen?» fragte Ernestine.

«Wer hat nun in Ihrem Hause wirklich die Hosen an, Mrs. Gilbreth? Sie oder Ihr Gatte?»

«Sonst noch Fragen?» fragte Ernestine.

«Ach, noch eins, Mrs. Gilbreth: Kommen Bolivianer tatsächlich im Dutzend billiger?»

Nach unseren Parodien gab Paps manchmal eine Einmannvorstellung für uns, in der er die Rollen der beiden Clowns Jones und Bones spielte. Wir kannten das schon auswendig, fanden es aber immer wieder herrlich – und Paps natürlich auch.

Mit vorgeschobener Unterlippe, die Hände bis zu den Knien hinunterhängend, schlurfte er im Salon hin und her.

«Weißt du, warum der Himmel blau ist?»

«Nein, weiß ich nicht. Warum ist er denn blau?»

«Na, weil ich ihn letztes Mal blau angestrichen hab!» Paps schlug sich auf die Knie, hielt die Arme vors Gesicht und wackelte in krampfhaftem Gelächter mit dem Kopf. «Yak, yak!»

«Und kennst du den Unterschied von Einzelhaft und Zweifelhaft? Na – das ist doch der gleiche Unterschied wie bei Gustav und Gasthof! Yak, yak!»

Wenn die Vorstellung aus war, sah Paps nach der Uhr.

«Höchste Zeit für euch, ins Bett zu gehn», nörgelte er. «Hält sich denn kein Mensch an meine Anordnungen? Ihr Großen solltet schon eine Stunde im Bett liegen und die Kleinen seit drei Stunden.»

Er nahm Mutter beim Arm.

«Meine Kehle ist nach all dem Gequake so rauh wie ein Froschhals», sagte er. «Da hilft nur ein schöner süßer, kühler Schokoladen-Eiskrem-Soda. Mit Schlagsahne!» Er klopfte sich auf den Magen. «Geht jetzt schlafen, Kinder! Komm, Chefin. Ich hol den Wagen, und wir beide fahren los. Mit einer so rauhen Kehle kann ich sowieso kein Auge zumachen.»

«Nimm uns mit, Papi», riefen wir. «Du wirst doch nicht ohne uns gehn! Wir haben auch richtige Froschhälse. Wir können auch kein Auge zumachen.»

«Sieh einer an!» sagte Paps. «Wenn von Soda die Rede ist, seid ihr gleich dabei. Aber wenn ihr ins Bett sollt, seid ihr zäh wie Sirup.»

Er wandte sich an Mutter: «Was meinst du dazu, Chefin?»

Mutter schob die Unterlippe vor und ließ mit hängenden Schultern die Hände auf die Knie baumeln.

«Sagten Sie Sirup, Mr. Bones?» nörgelte sie in quäkendem Falsett. «Sirup? Nein, mein Süßer. Sirup hab ich nicht. Zieht die Mäntel an, Kinder. Yak, yak!»

«Dreizehn Soda zu fünfzehn Cent», brummte Paps. «Wißt ihr noch, was auf der Leinwand stand? ‹Über den Hügel ins Armenhaus›!»

Siebzehntes Kapitel

Vier Räder und keine Bremse

Als Anne in die oberste Klasse der höheren Schule ging, war Paps überzeugt davon, daß diese Mädchengeneration mit gemalten Lippen und Kniestrümpfen schnurstracks einer Hölle zusteuerte, in der es wahrscheinlich von Jazzmusik und höchst anrüchigen, teuflischen Pomadenjünglingen wimmelte.

Die rasch zu begeisternde Jugend hatte damals gerade Feuer gefangen: Es war die Zeit der albernen Backfische und der geschniegelten Jünglinge, die Zeit des Schmusens und des Knutschens, die busenlose, kurzröckige Zeit der gelben Regenmäntel, der Collegesportabzeichen und der Knickerbockers. Die Mädchen ließen sich das Haar abschneiden, und die Jungen schmierten sich Pomade ins Haar. Der Collegeboy war ein Nationalheld, und «collegiate» war die schmeichelhafteste Auszeichnung, die im amerikanischen Wortschatz aufzutreiben war. Die Ukulele war in der Gesellschaft beinahe ebenso beliebt wie Schlagzeug und Saxophon. Es war die Zeit der Schlager «Me and the Boy Friend», «Clap Hands Here Comes Charlie» und «Jadda, Jadda, Jing, Jing, Jing».

Das anerkannte Verkehrsmittel war der schäbige Ford, Modell T, am liebsten mit witzigen Aufschriften wie: «Komm, mein Hühnchen, hier wirst du gebraten», «Vier Räder und keine Bremse» oder «Mayflower – sind schon viele kleine Puritaner drin gefahren».

Es war die Zeit der schlappenden Überschuhe und der sogenannten Geheimklubs, der Beginn der Jazzära.

Alle schienen völlig verrückt geworden zu sein. Das war bedauerlich – aber schließlich hatte das jeder mit sich selbst abzumachen.

Paps hingegen war nicht gewillt, seine Töchter mit verrückt werden zu lassen. Zumindest nicht kampflos.

«Was ist bloß heutzutage in die Mädchen gefahren?» fragte er immer wieder. «Wissen sie denn nicht, was diese Pomadenjünglinge von ihnen wollen? Wissen sie nicht, was ihnen passieren kann, wenn sie in Seidenstrümpfen und mit bloßen Knien rumlaufen, in so kurzen Rökken, daß beim geringsten Windstoß der Phantasie nichts mehr zu tun übrigbleibt?»

«Ja, aber so gehn doch jetzt alle angezogen», widersprach Anne. «Alle außer Ernestine und mir; wir sehn ja wie Vogelscheuchen aus. Wenn alle sich so anziehn, sehn die Jungen doch gar nicht hin.»

«Willst du mich vielleicht über die Jungen aufklären?» fragte Paps verächtlich. «Ich weiß genau, wo die Jungen hinsehn und was sie wollen. Ich durchschaue dieses ganze Collegegetue. Dieses Geschmuse und Geknutsche und dieser Jazz – das sind alles nur andere Ausdrücke für etwas, was es schon sehr, sehr lange gibt, aber unter anständigen Leuten wurde darüber nicht geredet oder gar darin geschwelgt. Ich kann euch gar nicht sagen, was zu meiner Zeit passiert wäre, wenn ein Mädchen in so einem Aufzug in die Schule gekommen wäre.»

«Was wäre dann passiert?» fragte Anne eifrig.

«Geht dich gar nichts an. Jedenfalls weiß ich, daß nicht mal ein Straßenmädchen, das was auf sich hielt, so rumgelaufen wäre . . .»

«Frank!» fiel Mutter ihm ins Wort. «Dieses Eskimo-Wort will ich nicht hören.»

Die Mädchen baten Mutter um Hilfe, aber sie gab Paps recht.

«Schließlich will doch ein Mann kein Mädchen heiraten, das sich schminkt und hohe Absätze trägt», sagte Mutter. «Mit solchen Mädchen laufen sie vor der Ehe herum. Aber wenn sie sich eine Frau suchen, dann wollen sie eine, vor der sie Achtung haben können.»

«Vor mir haben sie bestimmt Achtung», jammerte Anne. «Ich bin das geachtetste Mädchen der ganzen höheren Schule. Die Jungen haben so viel Achtung vor mir, daß sie mich kaum ansehn. Ich wollte, sie hätten ein bißchen weniger Achtung und gingen dafür öfter mit mir aus. So werd ich doch nie beliebt!»

«Beliebt!» brüllte Paps. «Beliebt! Immer dieses ‹beliebt›! Das Zauberwort, nicht wahr? Aber so ist diese Generation: Keiner will gescheit oder klug oder lieb oder auch nur anziehend sein. Mitnichten! Nichts als Haut und Knochen und bloß keinen Busen und – beliebt! Leib und Seele würden sie verkaufen, um beliebt zu werden, und wahrscheinlich tun das auch viele.»

«Wir sind die einzigen Mädchen in der ganzen höheren Schule, die keine seidenen Strümpfe tragen dürfen», klagte Ernestine. «Das ist einfach nicht anständig von euch. Wenn wir nur seidene Strümpfe tragen dürften, wär's ja nicht so schlimm mit den langen Röcken, den vernünftigen Schuhen und der Schneckenfrisur.»

«Zum Donnerwetter – nein!» Paps schlug auf den Tisch. «Lieber steck ich euch ins Kloster. Ja, das tu ich, bei Gott! Seidene Strümpfe – wenn ich so was höre! Kein Wort mehr drüber, oder ihr kommt ins Kloster. Verstanden?»

Paps drohte uns neuerdings sehr oft mit dem Kloster. Er hatte sich sogar Literatur über Klöster bestellt, und auf dem Teetisch im Eßzimmer lagen immer einige Prospekte, in denen er blätterte und mit denen er herumfuchteln konnte, wenn er mit den älteren Mädchen stritt.

«Das Kloster von Albany scheint nett zu sein», sagte er zu Mutter, wenn er wußte, daß Ernestine und Anne es hörten. «In dem Prospekt steht: Die Mauer ist dreieinhalb Meter hoch, und die Schwestern sorgen dafür, daß die Mädchen um neun Uhr im Bett sind. Das scheint mir besser zu sein als das Kloster in Boston. Die Mauer in Boston ist bloß drei Meter hoch.»

Die von Anne und Ernestine so verachtete Schneckenfrisur war vor ein paar Jahren Mode gewesen, und manche Mädchen, die sich das Haar nicht hatten abschneiden lassen, trugen sie immer noch. Das lange Haar wurde nach vorne zusammengenommen, zu zwei Zöpfen geflochten und als Schnecken über den Ohren aufgesteckt, von denen sie fast zehn Zentimeter abstanden.

Wenn ein Mädchen nicht genug Haar hatte, füllte sie das Innere ihrer Schnecken mit einem falschen Zopf oder mit sonst etwas aus.

Anne sah ein, daß Paps es ihr nie erlauben würde, sich wie die anderen Mädchen ihrer Klasse anzuziehen, und so beschloß sie, die Sache selbst in die Hand zu nehmen. Sie fühlte eine gewisse Verantwortung für Ernestine und die jüngeren Mädchen, denn sie wußte, diese würden sich nie frei machen, wenn sie nicht bahnbrechend wirkte. Im Geiste sah sie die kleine Jane nach fünfzehn Jahren immer noch mit Schnecken über den Ohren, mit langen Winterschlüpfern und dicken gerippten Strümpfen.

«Kloster – öffne deine Pforten!» sagte sie zu Ern. «Ich meine natürlich das Kloster bei Albany mit der dreieinhalb Meter hohen Mauer.»

Sie verschwand mit einer Schere im Mädchenbad. Als sie wieder zum Vorschein kam, hatte sie einen Bubikopf. Sehr fachmännisch war er nicht geschnitten, aber jedenfalls war das Haar kurz. Unbemerkt schlich sie in Ernestines Zimmer.

«Wie seh ich aus?» fragte sie. «Hab ich's schön gemacht?»

«Großer Gott!» schrie Ernestine. «Geh bloß raus. Sonst steck ich mich noch an.»

«Anstecken – nein, aber allerhand einstecken werd ich wohl müssen, wenn Paps mich zu fassen kriegt, das ist mir klar. Wie sieht's denn aus?»

«Ich hätte nie gedacht, daß eine menschliche Frisur so aussehn könnte», sagte Ernestine. «Ich mag Bubikopf sehr gern, aber deiner sieht aus, als wärst du in die Rasenmähmaschine reingeraten. Du solltest es dir noch mal machen lassen, und diesmal vom Friseur.»

«An dir hat man auch gar keine Hilfe», jammerte Anne. «Ich hab's doch schließlich genauso für dich getan wie für mich.»

«Ja, aber bitte tu so was für mich nicht wieder. Das bin ich nicht wert. Es ist ein zu großes Opfer, daß du nun bis an dein seliges Ende so rumlaufen sollst, wo deine Tage doch vermutlich gezählt sind.»

«Du hältst doch zu mir, wenn Paps es sieht, nicht wahr? Du willst dir doch schließlich auch das Haar abschneiden.»

«Ich halte zu dir», sagte Ern, «durch dick und dünn. Aber ich will mir das Haar nicht abschneiden. Ich will es mir von einem Friseur abschneiden lassen. Gespannt bin ich bloß, wer zu Paps halten wird. Wenn nur einer hier wäre, der ihm gewachsen ist!»

«Ich hab so ein Gefühl», sagte Anne, «als ob ich einen ziemlich unangenehmen Abend vor mir hätte. Na ja, einer mußte es ja tun, und ich bin nun mal die Älteste.»

Bis zum Abendessen saßen wir in Ernestines Zimmer und gingen dann zusammen hinunter. Mutter stellte gerade die Schüsseln hin und erschrak so, daß sie die Erbsen über das ganze Tischtuch kullern ließ.

«Anne», flüsterte sie. «Dein schönes Haar! Oh, oh, oh! Sieh dich bloß einmal an!»

«Ich hab mich schon angesehn», sagte Anne. «Zwing mich nicht noch mal dazu. Ich möcht mir nicht den Appetit verderben.»

Mutter brach in Tränen aus. «Meinen hast du schon verdorben», schluchzte sie.

Paps hatte nicht aufgepaßt, als Anne und Ernestine ins Eßzimmer gekommen waren. «Was ist denn los?» fragte er. «Kann man denn nicht eine Mahlzeit lang ein bißchen Ruhe und Frieden um sich haben? Ich verlange weiter nichts als . . .»

Da sah er Anne, und die Stimme versagte ihm.

«Geh sofort wieder rauf und nimm das Ding ab», brüllte er. «Und laß dir nicht einfallen, noch mal in so einem Aufzug runterzukommen. Ist denn so was möglich! Erschreckst einen halb zu Tode und bringst deine Mutter zum Weinen. Solltest dich schämen!»

«Es ist nun mal geschehn, Papi», sagte Anne. «Ich fürchte, wir müssen's nun so nehmen, wie es ist. Wenn man mal mit Schneiden angefangen hat, muß man immer weiter schneiden.»

«Ich finde das ganz schick», beeilte sich Ern, ihrer älteren Schwester beizuspringen. «Und weißt du, Papi, es ist ja so viel praktischer. Ich brauch morgens zehn Minuten, um mir diese Schneckenfrisur zu machen, und Anne kann sich jetzt in fünfzehn Sekunden frisieren.»

«Was heißt frisieren?» rief Paps. «Sie hat ja kein Haar mehr zum Frisieren.»

«Wie konntest du mir das nur antun?» schluchzte Mutter.

«Wie konnte sie's einem Hund antun, ganz zu schweigen von ihr selbst oder von dir und mir!» sagte Paps. «Also, ich verbiete das, verstanden? Dein Haar hat wieder zu wachsen, und zwar schnell zu wachsen. Hast du gehört?»

Anne hatte versucht, eine mannhafte Haltung zu zeigen, aber der Angriff von zwei Seiten war zuviel; sie brach in Tränen aus.

«Keiner in der Familie versteht mich», schluchzte sie. «Ich wollt, ich wäre tot.»

Sie rannte vom Tisch weg. Wir hörten ihre Schlafzimmertür zuschlagen und dann ein halb ersticktes, herzzerbrechendes Schluchzen.

Paps langte nach seinen Klosterprospekten, aber sie schienen ihn heute nicht sehr zu begeistern, und schließlich legte er sie wieder weg. Weder er noch Mutter konnten etwas essen, und es herrschte ein unbehagliches, schuldbewußtes Schweigen, das nur von Annes Schluchzen unterbrochen wurde.

«Hör doch das arme, unglückliche Kind», sagte Mutter schließlich. «Stell dir vor, sie glaubt, kein Mensch in der Welt verstünde sie. Frank, ich glaube, du hast sie zu hart angefaßt.»

Paps stützte den Kopf in die Hände. «Vielleicht», sagte er. «Ja, vielleicht. Ich persönlich hab ja gar nicht viel gegen Bubiköpfe. Wie Ernestine sagt: Es ist viel praktischer. Aber du warst so aufgeregt, da ist es wahrscheinlich mit mir durchgegangen.»

«Ich hab ja auch nichts gegen Bubiköpfe», sagte Mutter. «Es würde uns sicher eine Menge Bürsten und Kämme sparen. Aber ich wußte doch, daß du es nicht magst, und . . .»

Beim Nachtisch erschien Anne wieder, ganz aufgelöst und mit rotgeweinten Augen. Wortlos setzte sie sich und nahm Messer und Gabel zur Hand. Nach einigen Minuten reichte sie Mutter ihren Teller und sagte mit bezauberndem Lächeln:

«Das hat gut geschmeckt. Wenn's dir recht ist, möcht ich von allem noch was haben. Ich hab heute abend einen Bärenhunger.»

«Natürlich ist es mir recht, mein Liebes», sagte Mutter.

«Das ist schön, wenn die Mädchen ordentlich essen», sagte Paps.

Am Wochenende ging Mutter mit den Mädchen zu Paps Friseur im

Claridge Building in Montclair.

«Bitte, schneiden Sie diese hier richtig glatt», sagte sie, auf Anne zeigend, «und den anderen schneiden Sie Bubiköpfe.»

«Haben Sie besondere Wünsche, Mrs. Gilbreth?» fragte der Friseur.

«Nein, nein, ich denke an richtige Bubiköpfe», sagte Mutter langsam. «Je kürzer, desto besser.»

«Und wie ist es mit Ihnen, Mrs. Gilbreth?»

«Wieso mit mir?»

«Na – mit Ihrem Haar?»

«Nein, nein!» riefen die Mädchen entrüstet. «Nicht ein Haar von ihr dürfen Sie anrühren. So eine Idee!»

Mutter tat so, als erwöge sie den Vorschlag. «Ich weiß nicht, Kinder», sagte sie lächelnd. «Es könnte sehr schick aussehen, und sicher wäre es viel praktischer. Meint ihr nicht auch?»

«Ich fände es eine Schande», sagte Ernestine. «Mutter ist doch schließlich Mutter und nicht ein alberner Backfisch.»

«Also heute nicht, vielen Dank», sagte Mutter zum Friseur. «Fünf bubiköpfige Banditen in der Familie sind fürs erste genug.»

Nachdem Paps in der Haarangelegenheit kapituliert hatte, setzte er jeder weiteren Revolution in Garderobenfragen einen um so härteren Widerstand entgegen. Nach einiger Zeit aber gelang es Anne und Ernestine, eine kleine Bresche zu schlagen.

Anne bekam eine Stellung in der Kantine der höheren Schule, sparte sich Geld und kaufte sich seidene Strümpfe, zwei kurze Kleider und vier dünne Hemdhöschen. Sie packte alles feierlich im Wohnzimmer aus.

«Ich will nichts hinter eurem Rücken tun», sagte sie, «deshalb zeig ich euch alles gleich. Wenn ich die Sachen zu Hause nicht tragen darf, zieh ich mich eben auf dem Schulweg um und trag sie in der Schule. Diese langen Schlüpfer trag ich nicht mehr.»

«Kommt gar nicht in Frage!» rief Paps. «Bring das Zeug zurück in den Laden! Ich genier mich, so was auch nur anzusehn, ich will das nicht im Hause haben.»

Er nahm ein dünnes Hemdhöschen auf und hielt es sich an. Es reichte ihm gerade bis zum Gürtel.

«Und du behauptest, das wäre die ganze Unterwäsche, die die Frauen heutzutage tragen?» fragte er ungläubig. «Wenn ich noch dran denke . . . Na, das gehört nicht hierher. Ist ja kein Wunder, daß man von lauter Verbrechen und Liebeshöhlen liest, wie von diesem Geistlichen in New Brunswick mit der Choristin. Also du bringst das Ganze wieder in den Laden zurück.»

«Nein», widersprach Anne. «Ich hab mir die Sachen von meinem Geld gekauft, und ich werde sie tragen. Ich denke nicht dran, als einzige in meiner Klasse in langer Unterwäsche rumzulaufen, noch dazu hinten zum Zuknöpfen. Das ist einfach ekelhaft.»

«Nicht so ekelhaft wie Unterwäsche, die im Rücken überhaupt nichts zum Zuknöpfen hat», sagte Paps. «Ich kann mir einfach nicht vorstellen, daß alle in deiner Klasse diese sogenannten Hemdhöschen tragen. Es muß doch außer Mutter und mir noch ein paar vernünftige Eltern geben.» Er schüttelte den Kopf. Aber er wurde schon weich.

«Ich verstehe nicht, was du dran auszusetzen hast», sagte Anne. «Man sieht sie doch gar nicht.»

«Natürlich sieht man sie nicht, das ist ja grade das Schlimme. Ich red ja von dem, was man sieht.»

«Außer Anne und mir ist nur noch ein Mädchen in der höheren Schule, das keine Hemdhöschen trägt», mischte Ernestine sich ein. «Wenn du's nicht glauben willst, komm in die Schule und sieh selber nach.»

«Nicht nötig», sagte Paps und wurde rot. «Dein Wort genügt mir.»

«Mir nicht», sagte Mutter.

«Erstens kann man jederzeit wegen Erregung öffentlichen Ärgernisses verhaftet werden, sobald man die Beine überschlägt oder im Zugwind steht», brummte Paps, «und zweitens muß man doch einfach an Lungenentzündung sterben.»

«Also – ich freu mich, daß außer euch beiden wenigstens noch ein vernünftiges Mädchen in der Schule ist», sagte Mutter und schien sich an diesen Strohhalm zu klammern. «Muß ein nettes Mädchen sein. Kenn ich sie?»

«Ich glaube nein», flüsterte Ernestine. «Sie trägt nämlich nicht mal ein Hemdhöschen, und wenn ihr's nicht glaubt . . .»

«Ja, ja, ich weiß», sagte Paps und wurde wieder rot. «Ist wirklich nicht nötig.»

Er nahm einen seidenen Strumpf und zog ihn über die Hand.

«Ebensogut kannst du mit nackten Beinen gehn. Man kann ja alles durchsehn. So dünn wie der letzte der sieben Schleier. Und diese Pfeile da unten – warum zeigen sie denn nach oben?»

«Das sind keine Pfeile, Papi», sagte Anne, «das nennt man Zwickel. Und ich finde es sehr eigenartig von dir, daß du daran was findest.»

«Aber warum stehn denn diese Zeiger nicht auf Viertel nach drei oder auf fünf Minuten nach vier, statt ausgerechnet auf zwölf?»

«Ach, Papi, nimm doch Vernunft an», bettelte Anne. «Willst du denn, daß wir Mauerblümchen werden?»

«Immer noch lieber Mauerblümchen als Schlingpflanzen oder noch Schlimmeres. Das nächste ist dann, daß ihr euch schminken wollt.»

«Aber heutzutage machen sich doch alle zurecht», sagte Ern. «Das nennt man nicht mehr schminken.»

«Mir egal, wie ihr's nennt!» brüllte Paps. «Ich will in meinem Hause keine angemalten Frauenzimmer haben. Merkt euch das. Die Hemdhöschen und die Zwölfuhrstrümpfe mögen noch hingehen, aber geschminkt wird nicht, verstanden?»

«Ja, Papi.»

«Und keine spitzen Schuhe mit hohen Absätzen. Ich hab keine Lust, für eure verkrüppelten Füße einen Haufen Arztrechnungen zu bezahlen.»

Anne und Ernestine sagten sich: Halb gewonnen ist besser als verloren. Sie wollten lieber warten, bis Paps sich an die seidenen Strümpfe und an die kurzen Röcke gewöhnt hatte, dann wollten sie die Frage des Zurechtmachens und der Schuhe wieder anschneiden. Aber es stellte sich heraus, daß Paps nicht weiter nachzugeben gedachte, und in Mutter fanden die Mädchen nur eine schwache Stütze.

«Meine Schwestern und ich – wir haben uns nie gepudert», sagte Mutter zu Anne und Ernestine, als diese sie baten, ein gutes Wort für sie einzulegen. «Wirklich, Kinder, ich finde das nicht so wichtig.»

«Findest du vielleicht eine sommersprossige Nase schöner?»

«Ja, das sieht doch wenigstens natürlich aus. Und was die hohen Absätze anlangt – soll Vater vielleicht durch die Welt reisen und überall Vorträge über die Ausschaltung von Ermüdungsfaktoren halten, und ihr Mädchen ermüdet euch mit hohen Absätzen?»

Paps paßte scharf auf, ob wir uns etwa unerlaubterweise schminkten, und seinen besonderen Verdacht erregte es, wenn eines der Mädchen besonders hübsch aussah.

«Was ist denn heute abend mit dir los?» fragte er und schnupperte, ob etwa der Duft von Puder oder Parfum in der Luft liege.

Eines Abends kam Ernestine, die fast den ganzen Nachmittag im Freien gewesen war, mit roten Backen zum Abendbrot.

«Komm mal her, mein Fräulein», rief Paps. «Ich hab dir die Schminkerei verboten. Laß dich mal ansehn! Also wirklich, ihr Mädchen habt vor mir nicht mehr Respekt als vor einem Indianer auf einem Zigarrenkistenbild. Heutzutage muß man sich Pomade ins Haar schmieren und graue Flanellhosen tragen, um sich in diesem Hause Respekt zu verschaffen.»

«Aber ich hab mich gar nicht zurechtgemacht, Papi.»

«Nein, wirklich nicht? Glaub nur nicht, daß du mir was vormachen kannst. Ich jedenfalls mach dir nichts vor, wenn ich dir sage, daß du mit deiner Schminkerei noch im Kloster endest.»

«Mit der dreieinhalb Meter hohen Mauer oder mit der drei Meter hohen Mauer?» fragte Ern.

«Werd nicht frech, du!» Er zog sein Taschentuch und hielt Ern einen Zipfel hin. «Spuckt mal drauf!»

Er rieb ihre Backen mit dem nassen Taschentuch und musterte es dann.

«Na schön, Ernestine», sagte er. «Ich seh, es ist kein Rouge, also entschuldige bitte. Aber es hätte ja welches sein können, und das will ich nicht, hörst du?»

Paps rühmte sich, wenn er in ein Zimmer komme, wisse er, ob jemand Parfum an sich habe, und er könne aus einer ganzen Menschenmenge den Missetäter herausfinden.

«Ernestine, haben wir dir diesen Geruch zu verdanken?» fragte er. «Heiliger Bimbam! Das riecht ja wie ein französischer ... wie ein französischer Mülleimer.»

«Was meinst du denn, Papi?»

«Zum Donnerwetter, du stinkst ja direkt nach Parfum!»

«Warum denn nicht, Papi? Parfum hat nichts mit Schminken oder Zurechtmachen zu tun. Und es riecht doch so gut!»

«Warum nicht? Weil es die gute frische Luft verstänkert, darum nicht! Geh jetzt rauf und wasch dir das Zeug ab, sonst komm ich rauf und wasch dir's ab. Weißt du denn nicht, was die Männer glauben, wenn eine Frau parfümiert ist?»

«Mir genügt, was *ein* Mann denkt», maulte Ernestine. «Der denkt, ich soll's abwaschen.»

«Der denkt das nicht bloß», sagte Paps, «er weiß es. Und hiermit sagt er's dir. Also vorwärts, geh!»

In Garderobenfragen gab es noch mancherlei Reibereien, aber die härteste Probe für Paps Standhaftigkeit war der Jazz. Das Radio war damals noch harmlos: Es befand sich noch im Stadium der Suchantennen wie das Arlington-Zeitzeichen. Aber es gab eine Unmenge von Grammophonplatten von fünf- und sechsköpfigen Jazzbands, und wir kauften so viele wir konnten.

An Grammophonen mangelte es uns nicht dank Paps Anschaffungen für die Sprachkurse. Und wir durften unsere Sprachstudien immer noch nicht vernachlässigen. Wenn wir aber das nötige Quantum französischer, deutscher und italienischer Sprachplatten gespielt hatten, ließen wir Schlager laufen: «Stumbling», «Limehouse Blues», «Last Night on the Back Porch», «Charlie, My Boy», «I'm Forever Blowing Bubbles» und «You've Got to See Mama Every Night or You Can't See Mama at All». Wir hörten nicht nur zu, wir sangen, machten die Instrumente nach, rollten den Teppich auf und tanzten.

Paps hatte gegen Jazzmusik eigentlich nicht viel einzuwenden. Manches davon fand er geradezu bezaubernd. Aber er meinte, daß wir dem Jazz viel zuviel Zeit widmeten, daß die Texte mehr als verführerisch seien und daß das dazugehörige Tanzen zu ernsten Konsequenzen führen könnte. Wenn er von Zimmer zu Zimmer ging, überfiel ihn ein Grammophon nach dem andern mit Jazzmusik, und manchmal rang er angewidert die Hände.

«Da-da, de-da-da-da», quäkte er höhnisch. «Wenn ihr nur halb so viel Zeit auf eure Bildung verwenden würdet, wie ihr zum Auswendiglernen dieser albernen Lieder braucht, dann könntet ihr den Koran vorwärts und rückwärts aufsagen. Los, zieht das Grammophon auf! Noch ein bißchen Jazzmusik! Da-da, de-da-da-da. Legt mal die Platte auf ‹I Love My Sweetie a Hundred Times a Night›.»

«Der Text ist aber von dir, Papi», sagten wir. «Die Platte haben wir ja gar nicht.»

«Vielleicht ist das keine Platte», sagte er. «Aber übernehmt es doch, es ist weit über dem Durchschnitt. Da-da, de-da-da-da.»

Eines Nachmittags kam Anne mit der Neuigkeit aus der Schule, sie sei zum erstenmal zu einer Tanzerei eingeladen; sie war so glücklich darüber, daß Paps und Mutter sich mit ihr freuten.

«Ich hab euch ja gesagt: Wenn ich nur erst wie die andern Mädchen angezogen geh, wird schon alles in Ordnung kommen, und ich werde bei den Jungen beliebt», jubelte Anne. «Joe Scales hat mich aufgefordert, nächsten Freitag abend mit ihm zum Collegeball zu gehn.»

«Das ist ja reizend, Liebling», sagte Mutter.

«Sehr schön», sagte Paps und lächelte. «Ist er nett?»

«Nett? Na – und ob! Er ist Cheerleader (Anführer von Sprechchören zur Anfeuerung einer Sportmannschaft), und er hat einen Wagen.»

«Zwei prächtige Eigenschaften», sagte Paps. «Wenn er nun noch einen Waschbärpelz hätte, könnte er bestimmt der erfolgreichste junge Mann werden.»

Aber Anne überhörte den Spott. «Den Waschbärpelz bekommt er nächstes Jahr, wenn er nach Yale geht», beeilte sie sich, Paps zu versichern. «Sein Vater hat's ihm versprochen, wenn er sein Examen besteht.»

«Das nimmt mir eine Last von der Seele», sagte Paps. «Früher versprach ein Vater seinem Sohn eine goldene Uhr, wenn er bis zu seinem einundzwanzigsten Jahr nicht rauchte. Jetzt kriegen die Burschen ganz selbstverständlich einen Waschbärpelz, wenn sie mit Müh und Not durch die höhere Schule kommen.»

Er schüttelte den Kopf und seufzte.

«Ich weiß nicht, wohin das alles führen soll», sagte er. «Wirklich – ich weiß es nicht. Freitag abend, sagst du?» Er zog sein Notizbuch aus der Tasche und sah nach. «Ja, das geht. Kann ich machen.»

«Was kannst du machen?» fragte Anne mißtrauisch.

«Dich zu dem Ball begleiten», sagte Paps. «Du hast doch nicht etwa gedacht, daß ich dich abends allein hingehn lasse mit diesem . . . diesem Cheerleader?»

«Ach, Papi», jammerte Anne. «Willst du mir denn alles verderben? Was soll er denn von mir denken?»

«Er wird denken, daß du ein vernünftiges, wohlerzogenes Kind vernünftiger Eltern bist», mischte Mutter sich ein. «Ich bin sicher, wenn ich seine Mutter anrufe, wird sie sich freuen, daß dein Vater als

Anstandswauwau mitgeht.»

«Aber hast du denn kein Vertrauen zu deinem eigenen Fleisch und Blut?»

«Natürlich haben wir Vertrauen zu dir», sagte Paps. «Von dir weiß ich, daß du gut erzogen bist. Meinen Töchtern vertrau ich. Aber diesem Cheerleader trau ich nicht. Nun, du kannst dich entscheiden. Entweder ich geh mit, oder du gehst gar nicht hin.»

«Meinst du, es würde etwas nützen, wenn ich seine Mutter anriefe und ihr die Sache auseinandersetzte?» fragte Mutter.

Anne hatte allmählich eingesehen, daß Paps sich nicht mürbe machen ließ; die ganze Zeit hatte sie gefürchtet, daß bei ihrer ersten Verabredung ein Dritter dabeisein würde.

«Nein, vielen Dank, Mutter», sagte sie. «Ich glaube, ich werde das lieber selber machen. Ich werde ihm wohl sagen müssen, daß es Leute gibt, die noch nicht wissen, daß zwei eine Gesellschaft und drei eine Menschenmenge sind. Aber was er dazu sagen wird, das weiß ich nicht.»

«Wahrscheinlich wird er sich außerordentlich freuen, daß einer dabei ist, der die Sodas bezahlt», sagte Paps.

«Fahren wir in seinem Wagen oder in unserm? Was soll ich ihm sagen?» fragte Anne.

«In seinem Wagen? Den kenn ich nicht, aber ich kann ihn mir vorstellen. Keine Türen, keine Kotflügel, kein Verdeck und eine Menge Aufschriften, was man tun soll, wenn der Wagen brennt. Nie im Leben würd ich mich in so was reinsetzen, nicht mal, wenn der Ball ein Kostümfest wär und ich als Cheerleader ginge. Kommt gar nicht in Frage. Wir fahren in der Narrenkutsche.»

«Manchmal», sagte Anne langsam, «ist es doch schwer, die Älteste zu sein. Wenn ich so an Ernestine, Martha, Lillian und Jane denke – die werden das alles nicht durchzumachen brauchen. Wissen möcht ich nur, ob sie das einfach als selbstverständlich hinnehmen oder ob sie's zu schätzen wissen, was ich für sie erduldet habe.»

Am Abend von Annes erster Verabredung stellten wir uns an den Vorderfenstern auf, um Joe Scales' Ankunft zu beobachten. Nicht jeden Tag kam ein Cheerleader zu uns.

Wie Paps es vorausgesagt hatte, kam Annes Freund in einem alten Ford, Modell T, mit vielen Aufschriften, bei uns vorgefahren. Wir konnten den Wagen schon hören, als er noch einige Blocks entfernt war, denn er hatte eine Auspuffsirene, was damals noch erlaubt war. Wenn der Wagen nur mäßig schnell fuhr – und das war höchst selten der Fall –, glich der Sirenenton dem Gebrüll der Hölle. Wenn der junge Mr. Scales aber Gas gab, stieg das Gebrüll zu den höchsten Höhen auf; dann war es zum Ohrenzuhalten, zum Wahnsinnigwerden.

Als der Ford den Eagle Rockway herunterholperte, erschienen an den

Fenstern der Nachbarhäuser neugierige Gesichter, die Hunde flohen mit eingezogenem Schwanz in den Wald, und die Babies fingen an zu schreien.

Durch die Sirene und durch das Geräusch des Motors wurde jedes weitere Signal, daß Mr. Scales an seinem Bestimmungsort angekommen war, vollkommen überflüssig. Damals aber herrschte eine strenge Etikette, und er hielt sie inne. Zuerst stellte er den Motor ab, und damit verstummte Gott sei Dank automatisch die Sirene. Dann fläzte er sich auf den Steuersitz und hupte wieder und wieder, bis Anne schließlich an der Eingangstür erschien.

«Komm rein, Joe», rief sie.

«Okay, Baby. Ist dein Alter fertig?»

Paps wohnte Joes Ankunft hinter einem Vorhang an seinem Bürofenster bei. «Werd ihm schon beibringen, mich ‹Alter› zu nennen», flüsterte er Mutter zu. «Mein Gott, Lillie, ist denn so was möglich! Komm her und sieh ihn dir an! College vom Scheitel bis zur Sohle. Der reicht ja Anne grade bis zur Schulter.»

Annes Jüngling trug ein schwarz-orange gestreiftes Sportjackett, graue Oxfordhosen, einen Querbinder am Gummiband und einen braunen runden Hut, der vorne eingeknifft war.

«Wir beide gehn zum Ball», brüllte Joe Anne zu, «und dein alter Herr auch. Ist das klar? Dein alter Herr auch!»

«Natürlich ist das klar, du kluger Knabe», brummte Paps Mutter zu. «Oder hältst du sie für schwachsinnig? Und wenn ich dich heute abend noch mal ‹Alter Herr› sagen hör, dann wird dir auch einiges klarwerden. Das kann ich dir versprechen.»

«Pst!» warnte Mutter, die auch durch den Vorhang sah. «Er kann dich ja hören. Eigentlich ist er doch ganz nett, ein bißchen Westentaschenformat.»

«Nett?» sagte Paps. «Er sieht aus wie die Kreuzung von einem Zwerg und einem Friseurschild. Und sieh dir den Wagen an! Was steht da an der Seite? ‹Rein in die Büchse, du Sardine›!»

«Der Wagen soll uns nicht kümmern», sagte Mutter. «Du fährst ja in deinem Wagen und nicht in diesem Vehikel.»

«Das ist noch ein Glück. Halt ihn und Anne zurück, damit ich im Wagen die Vorhänge vorziehen kann. Mit diesem Sportjackett neben mir will ich nicht durch die ganze Stadt fahren. Man könnte ja denken, er wär eines von unsern Kindern.»

Paps verschwand zum Schuppen hin, und Mutter ging ins Wohnzimmer, um den Besucher zu begrüßen. Als sie eintrat, zeigte Joe gerade Frank und Bill, wie der Querbinder funktionierte.

«Ein Wilhelm-Tell-Schlips», sagte er, zog an dem Schlips und ließ ihn wieder zurückschnellen. «Man spannt die Sehne, und der Apfel wird getroffen.»

Auf Frank und Bill machte das großen Eindruck.

«Du bist der erste Cheerleader, den wir aus der Nähe sehn», sagte Frank. «Doch, bestimmt.»

Als Joe Mutter vorgestellt war, setzte er sich. Er besann sich auf seine Manieren und lüftete den Hut, wobei für einen Augenblick sein in der Mitte gescheiteltes, wie schwarzer Lack glänzendes Haar zum Vorschein kam.

«Kannst du uns nicht mal vormachen, wie ihr Cheerleaders das macht?» bettelte Bill. «Wir wissen schon, wie's geht. Anne und Ernestine haben's uns beigebracht.»

Joe sprang auf. «Klar, mach ich», sagte er. Er wölbte die Hände als Sprachrohr vor seinem Mund und rief in seinem überschnappenden Jünglingsbariton, bei dem Mutter zusammenfuhr:

«Ein Huh, Rah, Ray und ein Tiger für Montclair! Ein Huh, Rah, Ray und ein Tiger! Jetzt müßt ihr mitbrüllen. Fertig?»

Er wandte sich an uns, hockte sich auf ein Knie und hielt die Fäuste vor sich wie ein Eichhörnchen in der Tretmühle.

«Huh», kreischte er so laut er konnte. «Rah, Ray . . .»

In diesem Augenblick kam Paps ins Zimmer. Mit angeekelt verzogenem Mund, die Hände in die Hüften gestützt, sah er sich die Bescherung an. Als Joe fertig war, trat Paps zu Mutter.

«Der Wagen will nicht anspringen», flüsterte er, «und ich finde, er hat gar nicht so unrecht. Was soll ich machen?»

«Ihr könnt ja mit seinem Wagen fahren.»

«Mit diesem wahnsinnigen Brüllinstrument und all den Aufschriften?» zischte Paps. «Seh ich wie eine Sardine aus, die in eine Büchse springen will?»

«Nicht ganz», gab Mutter zu. «Aber warum bestellst du kein Taxi?»

«Sieh ihn dir bloß an», flüsterte Paps. «Er reicht ihr nicht mal bis zur Schulter. Der darf ihr nicht komisch kommen – sonst macht sie ihn kalt.»

Paps ging zu Joe und Anne hinüber. «Ich hoffe, es macht euch nichts aus», sagte er, «aber ich werde nicht mit euch zum Ball gehen können.»

«Nein, das macht uns gar nichts aus, Papi», sagte Anne. «Nicht wahr, Joe?»

«Ein Huh, Rah, Ray und ein Tiger für mich, nicht wahr?» fragte Paps. Joe gab sich keine Mühe, seine Begeisterung zu verbergen. «Na klar!» sagte er. «Komm, Baby, sonst wird's zu spät. Wir werden das Ding schon schaukeln.»

«Also – um zwölf seid ihr zu Hause», sagte Paps zu Anne. «Ich werde hier auf euch warten, und wenn ihr eine Minute nach zwölf nicht da seid, komm ich nachsehn. Verstanden?»

«In Ordnung, Papi», grinste Anne. «Die gute alte Narrenkutsche hat die Situation gerettet, wie?»

«Das und noch einiges andere», sagte Paps und warf Scales einen anzüglichen Blick zu, «wird sich erst noch rausstellen.»

«Komm schnell, Aschenbrödel», sagte Scales, «damit die gute Fee nicht alle schönen Sachen wieder in Mäuse und Kürbis zurückverwandelt.»

Er zog mit Anne ab und vergaß nicht, den Hut zu lüften.

«Ging das etwa auf mich?» fragte Paps, zu Mutter gewendet. «Also dieser kleine . . . ich könnt ihm den Hals umdrehn.»

«Aber wie sollte das denn auf dich gehn? Er hat doch nur ganz allgemein gesprochen.»

Draußen hörte man die Höllensirene allmählich in der Ferne verklingen.

Achtzehntes Kapitel

Mac mit dem Motorrad

Nachdem das Eis einmal gebrochen war, hatte Anne – und mit der Zeit auch Ernestine und Martha – ziemlich viele Verabredungen. Paps ging, wenn seine Arbeit es ihm irgend erlaubte, als Anstandswauwau mit. Wenn Joe Scales auch wegen seiner Kleinheit für ungefährlich galt, so war Paps doch mißtrauisch gegen Fußballhelden und andere Jünglinge, die bald ihre Zelte bei uns aufschlugen und um die Gunst der Mädchen buhlten. Wenn er selber keine Zeit hatte, schickte er Frank oder Bill als Vertreter.

«Schlimm genug, wenn *du* bei einer Verabredung hinterherläufst», sagte Ernestine zu Paps. «Aber ein kleiner Bruder, der sich im Auto hinter einem vor Lachen biegt, ist einfach unerträglich. Was die Jungen in der Schule nur von uns wollen?»

«Na, wenn du's nicht weißt – ich weiß es schon», sagte Paps. «Darum sind ja Frank und Bill dabei. Und eins sag ich dir: Mir wär's am liebsten, wenn eure Scheichs euch nicht mehr belästigten und andere Jagdgründe suchen würden.»

Frank und Bill machte es auch keinen Spaß, Anstandswauwau zu spielen.

«Ach, weißt du, Papi», jammerte Frank, «wenn ich da so allein hinten im Auto sitz, fühl ich mich direkt als fünftes Rad am Wagen.»

«Das sollst du ja auch sein. Ich erwarte ja nicht, daß du diese schweren Jungen verdrischst, wenn sie sich gegen deine Schwestern was rausnehmen. Aber du kannst dann wenigstens Hilfe holen.»

Die Mädchen beklagten sich bei Mutter, aber die stand wie üblich auf Paps Seite.

«Ich will dir mal was sagen», sagte Anne zu ihr. «Das läßt sehr tief blicken, wenn man so mißtrauisch ist wie Papi. Da kann man nämlich allerlei Rückschlüsse auf seine Jugend ziehen!»

«Danach hat dich niemand gefragt», sagte Mutter. «Du brauchst gar nicht weiter darüber nachzudenken. Es geht hier nicht um Mißtrauen. Wenn andere Eltern kein Verantwortungsgefühl haben, dann ist das für Vater und mich noch kein Grund, auch keins zu haben.»

Bei den Tanzereien saß Paps, so weit wie möglich von der Musik entfernt, allein an der Wand und arbeitete an den Papieren, die er in seiner Aktentasche mitgebracht hatte. Zuerst beachtete ihn keiner; vielleicht dachte man, er würde weggehen, wenn niemand sich um ihn kümmerte. Aber nach einigen Monaten nahm man ihn als unvermeidliches Übel hin, und Mädchen wie Jungen rissen sich darum, mit ihm zu plaudern und ihm Erfrischungen zu bringen. Alle Leute, sogar die geschniegelten Jünglinge, mußten Papi einfach gern haben. Und er war in Gesellschaft auch besonders scharmant.

«Sieh dir das bloß an!» flüsterte Anne eines Abends Ernestine zu und deutete auf die Menge, die sich um Paps scharte. «Bei Gott, er ist die umworbene Schönheit des Schulballs. Wie findest du das?»

«Ich find es unausstehlich», sagte Ernestine. «Aber irgendwie ist's auch nett, nicht wahr?»

«Nicht nur nett! Es ist unsre Rettung. Wart nur ab, du wirst schon sehn.»

«Was soll das heißen?»

«Wenn Papi die Jungens erst kennt und merkt, daß sie ganz gute Kerle sind, dann wird er sich sagen, daß die ganze Mitlauferei reine Zeitverschwendung ist. In Wirklichkeit macht's ihm nämlich gar keinen Spaß, schon weil Mutter nicht mit ist. Und wenn er eine Möglichkeit sieht, sich mit Anstand zu drücken, dann wird er's tun.»

Am nächsten Tag beim Sonntagmittagessen legte Paps sein Amt als Anstandswauwau nieder.

«Ich hab's satt, Kindermädchen zu spielen», sagte er zu seinen Töchtern. «Wenn ihr euch mit den jungen Hunden abgeben wollt – oder vielmehr mit Schoßhündchen –, dann geht in Zukunft allein! Ich kann das nicht mehr mitmachen.»

«Eigentlich sind sie doch gar nicht so schlecht, nicht wahr, Papi?» grinste Anne.

«Schlecht? Woher soll ich wissen, ob sie schlecht sind oder nicht? Wenn ich dabei bin, benehmen sie sich natürlich gut. Aber darum geht's nicht, sondern darum, daß sie einen Popanz aus mir machen. Die tun ja, als wär ich ein lästiger, aber harmloser Trottel, so was wie ein gutmütig-freundlicher, geistig impotenter Esel. Die Jungens klopfen mir auf den Rücken, und die Mädchen kneifen mich in die Backen und wollen mit mir tanzen. Und ich haß es, wenn man als Vater so den Salonlöwen spielen muß.»

Er wandte sich an Mutter:

«Ich weiß, du kannst nichts dafür, Chefin, aber alles wär viel einfacher, wenn wir nach meinem Vorschlag nur Jungen hätten, statt mit der Mädchenwirtschaft anzufangen.»

Von diesem Tage an hatte Paps mit den Verehrern der Mädchen nur noch telefonisch zu tun.

«Da ist so 'n Einfaltspinsel mit 'ner ganz verpickelten Stimme am Apparat und will Ernestine sprechen», brummte er, wenn er ans Telefon gegangen war. «Ich schwör euch, das Telefon wird nächstens abgeschafft. Diese Schoßhündchen machen mich verrückt. Sollen sie doch mal 'ne Zeitlang anderer Leute Töchter beschnuppern und uns in Ruhe lassen.»

Ein Mädchen in Annes Klasse, Libby Holton, war erst kürzlich mit ihrer Familie von Mississippi nach Montclair gezogen. Sie war hübsch und für ihr Alter sehr reif, und die knabenhafte Mode konnte ihre Formen nicht verbergen. Sie malte sich ziemlich stark an und trug die höchsten Absätze und die kürzesten Röcke der ganzen Schule. Sie war genauso, wie Paps seine Töchter nicht haben wollte.

Libby war bezaubernd und sehr beliebt. Sie freundete sich mit Anne an, und schließlich lud Anne sie zum Lunch ein. Libby saß neben Paps und war stark parfümiert; kaum hatte sie das Haus betreten, roch es überall danach. Wir wußten ja, wie wenig Paps Schminke und Parfum schätzte, und wir fürchteten, er würde Annes Freundin auffordern, sich woanders hinzusetzen, oder – was noch schlimmer gewesen wäre – sie zum Waschen nach oben schicken.

Wir hätten uns diese Sorge sparen können; es stellte sich sehr bald heraus, daß Paps bei seinen Töchtern zwar kein Parfum mochte, bei anderer Leute Töchtern aber absolut nichts dagegen hatte.

«Ei, das riecht aber fein», sagte er zu Libby, nachdem sie sich bekannt gemacht hatten. «Ich freu mich, daß Sie neben mir sitzen, das ist ja ein Labsal für Auge und Nase.»

«Ich muß schon sagen, Anne Gilbreth!» sagte Libby. «Unerhört, daß du mir nicht erzählt hast, wie galant dein Papi ist. Und gut sieht er aus!»

«Junge, Junge!» stöhnte Bill.

Libby wandte sich Bill zu und warf ihm einen flüchtigen, aber nachhaltigen Blick zu. «Ich bin wohl sehr frech?» lachte sie.

«Junge, Junge!» sagte Bill noch einmal. Aber diesmal klang es mehr geschmeichelt als entsetzt.

Während des ganzen Lunchs bearbeiteten Anne und Libby Paps nach Kräften. Er durchschaute sie, aber es machte ihm Spaß. Er machte Libbys südliche Aussprache nach, nannte sie «Süße» und «mein Herzblatt» und übertraf sich selbst im Erzählen von Geschichten und Witzen.

«Ich hab schon von ein paar andern Mädchen in der Schule gehört, wie reizend Sie sind», sagte Libby. «Lauter nette Sachen werden von Ihnen erzählt. Sie kamen doch auch immer zu den Tanzereien, nicht wahr?»

«Richtig. Und wenn ich etwas von einer gewissen jungen Dame aus Mississippi gewußt hätte, dann wär ich auch weiter hingegangen.»

Als wir nach dem Essen um den Tisch saßen, waren alle gespannt, was nun kommen würde. Wir wußten genau wie Paps, daß das alles erst ein Vorspiel gewesen war. Gerade als Paps schließlich seinen Stuhl zurückschob, räusperte sich Anne.

«Weißt du, Papi, ich wollte dich schon lange was fragen.»

«Soso, da habt ihr mich nun gemästet, umgirrt und mit mir geflirtet, und nun ist die Frucht reif!» grinste Paps. «Na also, Mädels, sprecht euch aus! Was gibt's denn?»

«Willst du nicht heute nachmittag Libby und mich mitnehmen und mir das Fahren beibringen? Wir sind bald alt genug für den Führerschein, und es wär für die ganze Familie sehr angenehm, wenn noch jemand außer dir fahren könnte.»

«Ist das alles? Dafür brauchtet ihr nicht soviel Süßholz zu raspeln. Ich dachte, du würdest mich fragen, ob du nicht das Wochenende in Coney Island oder sonstwo verbringen dürftest.» Er sah auf die Uhr. «Ich muß erst noch die Kupplung ölen. In zwölf Minuten pünktlich steht der Wagen vor der Tür.»

Libby und Anne fielen ihm um den Hals.

«Nie hätt ich gedacht, daß er's tun würde», sagte Anne.

«Ich hab's doch gewußt, daß er ja sagen würde», sagte Libby und lachte. «Mr. Gilbreth, Sie sind ein ganz Süßer!» Sie drückte ihm einen Kuß auf die Backe und hinterließ zwei Rougeflecken.

Die Mädchen stürzten aus dem Eßzimmer, um sich fertig zu machen, und Paps rollte die Augen.

«Na ja, Lillie», sagte er zu Mutter, «mein erster Frühling scheint passé. Wenn einen die Freundinnen der Töchter erst auf die Backe küssen – dann geht's bergab.»

«Ich seh schon, du wirst dir noch Pomade ins Haar schmieren und einen gelben Regenmantel anziehn», orakelte Mutter mit komischer Strenge. «Aber wasch dir lieber den Lippenstift vom Gesicht, ehe du ausgehst, du Pomadenjüngling!»

Paps grinste dämlich und schlenkerte im Hinausgehen mit seinen Hosen, als wären es Oxfordhosen.

«Ich geh und montiere mal eben die Kotflügel von der Narrenkutsche ab», sagte er. «Vier Räder und keine Bremse. Rein in die Büchse, du Sardine!»

Frank, Bill und Lillian, die noch in den unteren Klassen der höheren Schule waren, nahmen das Eindringen dieser Jünglinge sehr übel, vor allem deshalb, weil die drei ältesten Mädchen immer weniger am Familienleben teilnahmen. Anne, Ernestine und Martha hatten immer weniger Zeit für Spiele und Sport in der Familie oder für dumme Streiche. Es war die unvermeidliche Vorstufe zum Erwachsensein. Wie es in den ersten Takten jenes sentimentalen Liedchens hieß: «Those Wedding Bells Are Breaking up That Old Gang of Mine.» Das Heiraten lag noch in ferner Zukunft, aber der erste Schritt dazu war schon getan.

Anne hatte bereits ihren ersten Heiratsantrag hinter sich: Joe Scales hatte gefragt, ob sie ihn heiraten wolle. Sie saßen in einer Hängematte auf der Seitenveranda, als er darauf zu sprechen kam. Von der Veranda ging eine Glastür in den Salon und ein Fenster ins Büro. Frank, Bill und Lillian lagen im Salon auf der Erde und spähten durch die Tür; so wurden sie Zeugen des Heiratsantrages und von Annes nicht gerade origineller Ablehnung. «Ich möchte zu dir wie zu einem Bruder stehn», sagte sie zu Scales.

«Das wär ja was!» flüsterte Frank Bill zu. «Stell dir bloß vor, wenn dieser Pomadenstengel zu uns gehörte!»

«Du hast mich mit deiner Angel gefangen», sagte Scales zu Anne. «Nun zapple ich am Haken – was willst du mit mir machen?»

Diese sklavische Ergebenheit rührte Anne. «Ja, was soll ich mit dir machen?» wiederholte sie dramatisch.

«Schmeiß ihn wieder rein!» brüllte Paps durchs Bürofenster. «Lohnt sich ja nicht – ist viel zu klein!»

Frank, Bill und Lill kämpften entschlossen gegen die Invasion – aber vergeblich. Viel wirkungsvoller waren die unbeabsichtigten Störungen durch die vier kleinen Jungen, Fred, Dan, Jack und Bob, die fortwährend durch die Zimmer rannten, in denen die älteren Mädchen mit ihren Besuchern saßen.

«Es ist direkt eine Hölle für mich», stöhnte Anne Mutter vor. «Mit dieser Rasselbande im Hause ist es unmöglich, sich einen hierher einzuladen. Es *muß* was mit ihnen geschehen.»

«Was ist denn mit ihnen?»

«Den ganzen Abend rauf auf die Veranda, wieder runter von der Veranda, rauf auf meinen Schoß und auf den Schoß von meinem Freund, runter unter die Hängematte, rüber über die Hängematte. Rein und raus, rauf und runter – es ist zum Verrücktwerden!»

«Ja, Liebes, was soll man tun?»

«Sperr sie doch ein!»

Eines Abends bekam Anne schließlich beinahe einen hysterischen Anfall.

«Ich hab diese Blase bis oben», schluchzte sie. «Sie bringen mich noch zum Wahnsinn. Wie kann denn ein Junge in romantische Stimmung kommen, wenn man den ganzen Abend Knöpfe auf- und zumachen muß?»

«Sollen ja gar nicht in romantische Stimmung kommen», sagte Paps. «Das wollen wir ja grade verhindern.»

Anne hörte gar nicht hin. «Da heißt's: ‹Andy, knöpf mal auf, ich soll mich ausziehn›, ‹Andy, knöpf mir mal die Jacke zu, mir ist kalt›; oder: ‹Andy, in der Knopffabrik hat's drei geschlagen.› Also Mutter, ich sag dir, diese Störungen sind einfach unerträglich. Du mußt was dagegen tun, wenn du nicht willst, daß deine sämtlichen Töchter alte Jungfern werden.»

«Du hast recht», gab Mutter zu. «Ich werde mich bemühen, sie oben zu behalten, wenn du das nächste Mal Besuch hast. Wie teuer mögen wohl vier Paar Fußfesseln sein?»

Der Widerstand von Frank, Bill und Lill war viel offenkundiger.

«Sie wollen Martha sprechen?» sagte Frank höchst erstaunt, wenn einer von Marthas Anbetern anrief. «Wissen Sie das auch sicher? Haben Sie sie nicht mit jemand verwechselt? Meinen Sie wirklich Martha Gilbreth? Die mit den vielen Sommersprossen? Na, herzlichen Glückwunsch! Bitte, hängen Sie nicht ab! Sind Sie noch da? Gott sei Dank! Bitte, hängen Sie nicht ab!»

Dann hielt er den Hörer so, daß der Junge am andern Ende der Leitung ihn hören konnte, und brüllte aus Leibeskräften:

«Martha, komm schnell! Stell dir bloß vor, ein Junge will dich sprechen. Ist das nicht himmlisch? Mach bloß schnell! Er könnte abhängen.»

«Gib den Hörer her, du kleiner Laubfrosch», schrie Martha in Weißglut. «Wenn ich fertig bin, kratz ich dir die Augen aus, so ein unerhörtes Balg!» Dann flötete sie honigsüß ins Telefon: «Halloooo! Wer ist da? Ja, sag mal, wo hast du denn so lange gesteckt? Ach, wirklich? Ja, ich hab auch gewartet.»

Einer von Ernestines Anbetern war schüchtern und unterwürfig und brachte es nie über sich, ihr seine Gefühle zu gestehen. Nachdem er sie fast ein Jahr lang besucht hatte, nahm er schließlich seinen ganzen Mut zusammen und ließ ein herrliches Bild von sich machen. Quer über das Bild schrieb er in purpurroter Tinte eine sehr persönliche Widmung: «Dir gehören meine zärtlichsten Gedanken, geliebte Ernestine.»

Er brachte es nicht fertig, ihr das Bild selber zu geben, sondern tat es in einen Umschlag und schickte es als Wertbrief – Wert hundert Dollar – per Post.

Ern versteckte es in einer Kommodenschublade. Aber in unserem Hause gab es kein Versteck, das die Jüngeren von uns nicht schließlich doch entdeckt hätten; sie lernten die Widmung auswendig, setzten sie in Musik und übten sie als dreistimmigen Chor ein.

Als der verschämte Jüngling das nächste Mal kam, hatten Frank, Bill und Lill sich in einem Wandschrank unter der Treppe versteckt und sangen:

«Meine zärtlichsten Gedanken,
(Meine zärtlichsten Gedanken)
Gehören dir,
(Ja, keiner außer dir)
Meine geliebte Ernestine
(Ich meine nicht Anne, ich meine nicht Martha)
Sondern dich, geliebte Ernestine.»

Der verstörte Jüngling wurde puterrot und verkroch sich buchstäblich in die Garderobe, während Ernestine einen Spazierstock von Paps nahm, um damit an den Missetätern eine wohlüberlegte, kaltblütige Rache zu vollziehen.

Wenn ein Jüngling zu Besuch kam, machten Frank und Bill meistens die Tür auf und unterzogen ihn einer Vorbehandlung, die sein seelisches Gleichgewicht für den Rest des Abends erschüttern sollte.

«Sieh mal, der Anzug!» sagte Frank, knöpfte die Jacke des Besuchers auf und las das am Futter angenähte Etikett. «Dacht ich mir: Larkeys Boys Store. Alle gehn zu Larkeys. Die guten Collegeanzüge mit zwei Paar Hosen, für nur siebzehn Dollar fünfzig. Fescher Junge!»

«Guck dir mal die schicken Socken an!» sagte Bill und zog ein Hosenbein des Jünglings hoch. «Grüne Socken, blauer Schlips und – gelbe Schuhe!»

«Laßt das jetzt, ihr Bengels, oder ihr kriegt eins, daß euch Hören und Sehen vergeht», versuchte der Jüngling zu protestieren. «Seid doch anständig, ja? Verduftet jetzt und sagt eurer Schwester, daß ich da bin.»

Frank zog einen Zollstock heraus, den er sich kurz vorher eingesteckt hatte, und maß damit die Weite der Hosenumschläge.

«Achtundfünfzig Zentimeter», sagte er zu Bill. «Richtige Collegehosen, muß man schon sagen, aber die von Annes Verehrer sind noch sieben Zentimeter weiter. Zeig mal den Schlips . . .»

«Was hat er denn für Unterhosen an?» versuchte es Bill.

«Also Schluß jetzt», widersprach der Jüngling. «Hände weg! Sagt jetzt eurer Schwester, daß ich da bin, oder ich werde verdammt unangenehm.»

Einer von Ernestines Verehrern pflegte wie ein Verrückter mit dem Motorrad durch die Stadt zu rasen; abends knatterte er drei- oder viermal um unser Haus herum in der Hoffnung, seine Angebetete zu Gesicht zu bekommen. Mutter und Paps erlaubten nicht, daß die Jungen an Schultagen abends zu Besuch kamen, aber Ernestine hätte ja vielleicht im Garten sein oder am Fenster stehen können.

Eines Abends stellte er sein Motorrad ein paar Blocks entfernt unter, schlich sich ans Haus heran und kletterte auf einen Kirschbaum vor

Ernestines Schlafzimmerfenster. Zu seinem Glück war Paps auf einer Geschäftsreise.

Ernestine machte Schularbeiten und hatte das unheimliche Gefühl, daß jemand sie durchs offene Fenster beobachtete. Plötzlich fiel ihr ein, daß sie seit mehreren Stunden das Motorrad nicht hatte ums Haus knattern hören, und sie schöpfte sofort Verdacht. Sie ging in ein dunkles Zimmer, stellte sich hinter einen Vorhang und sah, als scharfe Silhouette vor dem Mond, ihren Jüngling hoch oben im Kirschbaum sitzen. Sie war wütend.

«So ein gemeiner Bengel, mir hier aufzulauern!» sagte sie zu Anne. «Lieber Gott, und ich wollte mich grade ausziehen. Nicht auszudenken, was der alles hätte sehn können, wenn ich nicht dieses schauderhafte Gefühl gehabt hätte.»

«Der Anblick hätte wahrscheinlich genügt, ihn aus der Balance zu bringen», bemerkte Anne ein bißchen spöttisch. «Glaubst du, er weiß, daß du ihn gesehen hast?»

«Ich weiß nicht recht, aber ich glaub schon.»

«Komm, wir wollen noch mal im Dunkeln aus dem Fenster sehn», sagte Anne. «Wenn er noch da ist, hab ich eine Idee.»

Er war noch da, und Anne trommelte schnell Martha, Frank, Bill und Lillian zusammen.

«Da sitzt so ein Fenstergucker im Kirschbaum», erklärte Anne. «Einer von Ernestines Verehrern. Dem kann eine Lektion nichts schaden. Wenn er so davonkommt und es den andern Jungen in der Schule erzählt, dann sehn unsre Kirschbäume bald so kahl aus wie die Sonnensitze auf dem Poloplatz.»

«Unsre ganze Kirschernte wäre hops», bestätigte Frank.

«Nun hört mal: kein Wort zu Mutter», fuhr Anne fort. «Die spielt ihre Rolle viel besser, wenn sie nicht im Bilde ist. Ernestine, du gehst in dein Zimmer zurück und hältst ihn hin. Zieh die Vorhänge nicht vor. Kämm dir die Haare und zieh Schuhe und Strümpfe aus. Fummle auch ruhig ein bißchen an den Knöpfen von deinem Kleid rum, wenn's dir Spaß macht. Halt ihn in Spannung. Ihr andern kommt mit!»

Wir gingen in den Keller hinunter, wo Anne am Ende eines Stockes mit Draht einen Lappen befestigte. Wir andern beluden uns mit alten Zeitungen, Hobelspänen und Pappschachteln.

Draußen tränkte Anne den Lappen mit Benzin, zündete ihn an und zog mit dieser Fackel uns voran vom Keller zum Kirschbaum.

Erns Jüngling war so versunken in das, was im Schlafzimmer vor sich ging, daß er uns zuerst gar nicht bemerkte. Aber als der Fackelzug näher kam, sah er hinunter. Wir bildeten einen Kreis um den Baum und legten einer nach dem andern unser Brennmaterial am Fuß des Baumes nieder. Der Haufen wurde immer größer, und Anne kam mit ihrer Fackel in immer bedrohlichere Nähe.

«Verflucht und zugenäht!» rief der Fenstergucker entsetzt. «Wollt ihr mich am Pfahl rösten? Wehe, wenn ihr das anzündet! Ihr verbrennt mich ja bei lebendigem Leibe.»

«Ganz recht», sagte Anne. «Das hast du nämlich haargenau verdient. Falls du irgendein Gebet kannst, fang nur an zu brabbeln.»

«War doch bloß ein dummer Streich», verteidigte er sich. «Nur ein Dummerjungenstreich, weiter nichts. Paß auf deine Fackel auf. Laß mich runtersteigen. Ich geh ganz ruhig weg.»

«Runtersteigen kommt gar nicht in Frage, du übles Subjekt!» sagte Martha. «Runtersteigen und vielleicht der ganzen Stadt erzählen, daß du auf unserm Kirschbaum gesessen und eine von unserer Familie beobachtet hast? Nein, kommt nicht in Frage.»

Anne fuchtelte mit ihrer Fackel herum und kam dem Haufen immer näher.

«Nun hört doch mal zu», wimmerte der Fenstergucker. «Ihr werdet mich doch nicht kalten Blutes lebendig rösten wollen? Herrgott, ihr seid dazu imstande!»

«Natürlich sind wir das», sagte Frank. «Tote reden nicht.»

Ernestine steckte den Kopf aus dem Fenster.

«Habt ihr ihn geschnappt?» fragte sie. «Gut. Ich hab so lange an den Knöpfen von meinem Kleid rumgefummelt, daß meine Fingerspitzen schon ganz wund sind. Ist es der, den ich vermutet hab?»

«Der und kein anderer», sagte Anne. «Mac mit dem Motorrad persönlich, demnächst in geröstetem Zustand. Sitzt da oben wie die Maus in der Falle.»

«Wartet mit dem Rösten, bis ich unten bin!» bat Ernestine. «Bei dem Spaß muß ich doch dabeisein.»

Als Ernestine zu uns unter den Kirschbaum trat, wimmerte und fluchte Mac mit dem Motorrad umschichtig.

«Hab schon immer gefunden, daß er irgendwie was Ekliges an sich hat», sagte Ernestine. «Anbeter sind rar, und ich hab weiß Gott nicht allzu viele. Aber den hier will ich gern opfern.»

«Kann ich dir nicht verdenken», sagte Martha. «Er gehört zu den besonders Unangenehmen. Ist sogar noch ein Schreibaby! Wenn ich mein Holz ins Feuer geworfen hab, wird sich ein Lächeln auf meine bildschönen Lippen stehlen.»

«Ja», sagte Anne, «ich hab das Gefühl, wir könnten keinen widerlicheren Jüngling rösten.»

Wir hatten wohl berechnet, daß Mutter durch den Lärm aufmerksam würde, und jetzt öffnete sie tatsächlich ihr Fenster und steckte den Kopf heraus.

«Was gibt's eigentlich da draußen?» rief sie. «Was macht ihr denn da mit der Fackel? Wer von euch fuchtelt denn damit herum? Kinder, das sieht mir aber sehr gefährlich aus.»

«Ich bin's», sagte Anne. «Schon in Ordnung, Mutter. Wir haben im Kirschbaum ein Stinktier gefangen und versuchen, es runterzulocken.»

Mutter schnupperte mißtrauisch.

«Aha, das hab ich mir gedacht», sagte sie. «Es riecht nämlich so komisch. Aber hört mal, Kinder, ihr solltet doch den Kirschbaum nicht wegen eines alten Stinktiers verbrennen. Vater hat diesen Baum sehr gern, und Kirschkuchen hat er auch sehr gern. Kommt jetzt ins Haus, und wir wollen mal sehn, ob das Stinktier nicht von selber runterkommt und weggeht.»

«Ach, wir wollten den Baum gar nicht verbrennen», kicherte Ernestine.

«Wir wollten doch nur dem Stinktier einen Sauschreck einjagen.»

«Ernestine, ich verbitte mir diesen Eskimoton», sagte Mutter entrüstet. «Und jetzt kommt mal lieber alle ins Haus. Es ist Zeit zum Schlafengehn, und auch ein Stinktier hat sein Recht auf Ruhe und Frieden. Ihr habt es für heute abend genug erschreckt. Ihm müssen ja die Augen aus dem Kopf quellen bei alldem, was er heute abend gesehen hat.»

Damit verschwand Mutter wieder im Zimmer.

«Ich glaub eher», sagte Ernestine so, daß Mac mit dem Motorrad es hören konnte, «seine Augen sind ihm aus dem Kopf gequollen bei alldem, was er zu sehen *hoffte*. Nun verdrück dich mal aus dem Kirschbaum, du Ratte!»

«Wenn Paps hier wäre», sagte Bill, «würde er ihn wahrscheinlich blenden, wie man das im Mittelalter tat.»

«Das würde Paps bestimmt tun», stimmte Anne zu. «Schade, daß wir nicht selber dran gedacht haben.»

«Soll ich eine Hutnadel holen?» fragte Frank voller Hoffnung.

«Zu spät», sagte Anne. «Du solltest schon längst im Bett liegen. Aber vielleicht kommt er noch mal wieder.»

Neunzehntes Kapitel

Teilnehmer antwortet nicht . . .

Keins von uns Kindern wußte es, aber Paps war schon seit Jahren herzkrank, und nun sagte ihm Dr. Burton, daß er sterben müsse.

Es fiel uns auf, daß Paps dünner geworden war. Zum erstenmal seit fünfundzwanzig Jahren wog er weniger als neunzig Kilo. Er machte seine Witze darüber, wie sonderbar es sei, wieder bis zu den Füßen hinuntersehen zu können. Er bekam zittrige Hände, und sein Gesicht war grau geworden. Manchmal, wenn er mit den größeren Jungen Baseball spielte oder sich mit Bob und Jane auf dem Fußboden wälzte, hörte er ganz plötzlich auf und sagte, für heute sei es wohl genug. Und wenn er dann wegging, schwankte er ein bißchen.

Er war nun fünfundfünfzig Jahre alt, und wir hielten diese Symptome für Alterserscheinungen. Keinem von uns kam der Gedanke, daß Paps so vorzeitig sterben könnte.

Er hatte von seinem Herzleiden schon gewußt, ehe Bob und Jane geboren wurden. Er und Mutter hatten damals schon über die Möglichkeit gesprochen, daß sie als Witwe mit all den Kindern allein bleiben würde.

«Aber ich kann mir nicht denken, daß die Ärzte recht haben», sagte Paps.

Mutter wußte, was Paps hören wollte.

«Ich seh nicht ein, wieso zwölf Kinder mehr Mühe machen sollten als zehn», sagte sie, «und ich für mein Teil führe gern zu Ende, was ich einmal angefangen habe. Ich weiß nicht, wie du darüber denkst.»

Die Krankheit war einer der Hauptgründe für den häuslichen Erziehungsplan, nach dem Paps uns großzog. Er hatte den Haushalt nach den Grundsätzen der Leistungssteigerung organisiert, damit auch ohne seine Aufsicht alles reibungslos weiterlaufen könnte, indem die älteren Kinder sich für die jüngeren verantwortlich fühlten. Er wußte, daß er Mutter eine Last aufbürdete, und er wollte ihr diese Last nach Möglichkeit erleichtern.

«Es kann morgen, es kann auch in einem halben Jahr sein», sagte Dr. Burton nun zu Paps. «Allerhöchstens ein Jahr, wenn Sie aufhören zu arbeiten und im Bett bleiben.»

«Glauben Sie ja nicht, daß Sie mir einen Schreck einjagen können», sagte Paps. «Ihr Ärzte erzählt mir seit drei Jahren, ich brauchte mir keinen neuen Anzug mehr bauen zu lassen. Also, ich glaube kein Wort davon. Erstens bin ich in der Blüte meiner Jahre, und zweitens hab ich zuviel zu tun.»

«Immer noch der alte Pionier!» sagte Dr. Burton und grinste.

«Glauben Sie ja nicht, daß Sie mir einen Schreck einjagen können», wiederholte Paps. «Ich komm noch zu Ihrer Beerdigung. Dann seh ich Sie in der Kirche und nicht Sie mich – ätsch!»

Paps ging nach Hause und schrieb einen Brief an eine Freundin, Miss Myrtell Canavan, eine Gehirnspezialistin in Boston:

«Liebe Leichen-Myrt! Für den Fall, daß ich sterben sollte: Ich möchte, daß mein Gehirn nach Harvard kommt, wo die Gehirnexperimente gemacht werden, von denen Sie mir erzählten. Es wäre mir lieb, wenn Sie das in die Hand nähmen. Ich habe Hutgröße 62, falls Sie ein Gefäß bereitstellen wollen. Dieser Brief bedeutet keineswegs, daß ich bereit wäre, schon bald zu gehen, denn das bin ich durchaus nicht. Ich hinterlege hier eine Kopie dieses Briefes für Lillie, damit sie sich zur gegebenen Zeit mit Ihnen in Verbindung setzt. Aber wehe, wenn Sie bei unserm nächsten Wiedersehen auch nur einen abtaxierenden Blick auf meinen Schädel werfen!»

Nachdem er den Brief abgeschickt hatte, schüttelte Paps alle Todesgedanken ab. Die Weltenergiekonferenz in England und der Internationale Betriebskongreß in der Tschechoslowakei sollten in acht Monaten stattfinden.

Paps nahm für beide Veranstaltungen Einladungen zu Vorträgen an.

Durch die Ausdehnung der Industrie in den Nachkriegsjahren legte man immer mehr Wert auf Bewegungsrationalisierung. Zum erstenmal hatten Paps und Mutter mehr Klienten, als sie bewältigen konnten. Paps ging von einem Betrieb zum andern, führte zeitsparende Einrichtungen ein, beseitigte Ermüdungsfaktoren und steigerte damit die Produktion.

Er starb am 14. Juni 1924, drei Tage vor seiner geplanten Abreise zu den Konferenzen in Europa.

Paps war nach dem etwa anderthalb Kilometer entfernten Bahnhof Lackawanna gegangen, um dort einen durchgehenden Zug nach New York zu nehmen. Vor Abgang des Zuges hatte er noch ein paar Minuten Zeit und rief Mutter von einer Telefonzelle am Bahnhof aus an.

«Sag mal, Chefin», sagte er, «auf dem Weg hierher ist mir eingefallen, wie man beim Verpacken dieser Seifenflocken für Lever Brothers Bewegungen sparen könnte. Wie denkst du darüber, wenn . . .»

Mutter hörte einen dumpfen Ton, und dann war es still in der Leitung. Sie drückte auf die Gabel.

«Bedaure», sagte eine Stimme vom Amt. «Der Teilnehmer hat abgehängt.»

Jane, unsere Jüngste, war zwei Jahre alt. Anne, die Älteste, studierte im zweiten Jahr am Smith-College und war gerade im Examen.

Es war ein Sonnabendvormittag. Die kleineren Kinder spielten im Garten. Die älteren gehörten fast alle zu den Einkaufskomitees und machten Besorgungen in der Stadt. Sechs oder sieben Nachbarn holten mit Autos die fehlenden Kinder zusammen. Sie wollten uns nicht sagen, was geschehen war.

«Mutter braucht dich zu Hause, Liebling», sagten sie jedem einzelnen. «Es ist ein Unglück passiert. Steig nur in den Wagen, ich fahr dich nach Hause.»

Als wir nach Hause kamen, wußten wir: Das Unglück war der Tod. Fünfzehn oder zwanzig Wagen parkten an der Auffahrt und auf dem Rasen. Mutter? Nein, das konnte nicht sein, denn sie hatten ja gesagt, daß Mutter uns zu Hause brauchte. Papi? Aber Papi stieß doch kein Unglück zu. War jemand mit dem Rad gestürzt und überfahren worden? Vielleicht. Alle Mädchen fuhren schlecht Rad. Bill war ein guter, aber leichtsinniger Radler.

Wir sprangen aus dem Wagen und rannten zum Haus hinauf. Jackie saß mit tränenüberströmtem, verschmiertem Gesicht auf der Terrasse am Fußsteig.

«Unser Papi ist tot», schluchzte er.

Paps war von jedem von uns ein Stück; und ein Stück von jedem starb mit ihm.

Man zog ihm seine Uniform an, und wir gingen hinein und sahen ihn im Sarg liegen. Sein eingefallenes Gesicht mit den geschlossenen Augen hatte einen strengen, ja fast drohenden Ausdruck. Nichts Friedliches lag darin, und von den Lachfältchen in seinen Augenwinkeln war keine Spur mehr zu sehen.

Als sie ihn holten, dachten wir, Papi würde sich wehren. Eigentlich hätten sie doch mit ihm alle Hände voll zu tun haben müssen.

Mutter fand den Durchschlag des Briefes an Paps Freundin und schickte das Gehirn nach Harvard. Nach der Verbrennung mietete Mutter ein Boot und fuhr damit aufs Meer hinaus. Irgendwo draußen stand sie allein im Boot und streute Paps Asche in den Wind. So hatte Paps es gewollt.

Nach Paps Tode ging mit Mutter eine Veränderung vor. Sie sah anders aus und veränderte sich auch in ihrem Wesen. Vor ihrer Heirat waren alle Entscheidungen für sie von ihren Eltern gefällt worden, und nach der Heirat wurden die Entscheidungen von Paps getroffen. Von ihm war der Vorschlag ausgegangen, daß sie beide ein Dutzend Kinder in die Welt setzen und Leistungsfachleute werden sollten.

Hätte Paps sich für Korbflechten oder für Schädelkunde interessiert, sie wäre ihm ebenso bereitwillig gefolgt.

Zu Paps Lebzeiten hatte Mutter Angst vor schnellem Fahren und vor Flugzeugen gehabt. Sie war abends ungern allein ausgegangen, und bei Gewitter zog sie sich in ein dunkles Zimmer zurück und hielt sich die Ohren zu. Wenn bei Tisch irgend etwas schiefging, brach sie manchmal in Tränen aus und mußte vom Tisch aufstehen.

Sie hielt zwar öffentliche Vorträge, aber sie fürchtete sich davor.

Nun fürchtete sie sich plötzlich gar nicht mehr, weil es nichts mehr zu fürchten gab. Jetzt konnte nichts sie umwerfen, weil das Wichtigste für sie eingestürzt war. Wir haben sie nie wieder weinen sehen.

Zwei Tage nach Paps Tode, als das ganze Haus noch nach Blumen duftete, rief Mutter den Familienrat zusammen. Es war nun ganz selbstverständlich, daß sie an Paps Stelle auf dem Präsidentenstuhl saß, neben sich eine Karaffe voll Eiswasser.

Mutter sagte uns, es sei nicht viel Geld da – das meiste war wieder ins Geschäft gesteckt worden. Sie sagte, sie habe mit ihrer Mutter telefoniert und Großie wünsche, daß wir alle nach Kalifornien übersiedelten.

Anne unterbrach sie und sagte, sie wolle auf jeden Fall das College aufgeben und eine Stellung annehmen. Ernestine, die am Tag vor Paps Tode das Examen an der höheren Schule bestanden hatte, sagte, auch ihr liege nichts am College.

«Laßt mich bitte zu Ende reden», sagte Mutter, und ihre Stimme hatte einen neuen, gebieterischen Klang. «Es gibt noch eine andere Möglichkeit, aber es hängt von euch ab, ob ihr allein fertig werden könnt. Freilich würde es von uns allen einige Opfer fordern. Ich möchte also, daß ihr es entscheidet. Ich kann Vaters Arbeit weiterführen, und wir könnten das Büro hier behalten. Wir könnten das Haus behalten, müßten aber die Köchin entlassen.»

«Auch Tom?» fragten wir. «Tom können wir doch nicht entlassen, nicht wahr? Der würde auch gar nicht gehn.»

«Nein, Tom nicht. Aber wir müßten den Wagen verkaufen und sehr einfach leben. Aber wir könnten beisammen bleiben. Und Anne könnte wieder aufs College gehen. Ihr wißt, Vater möchte, daß ihr alle aufs College geht. Wollen wir's versuchen? Könnt ihr den Haushalt führen und alles übernehmen, bis ich zurückkomme?»

«Zurück von wo, Mutter?» fragten wir.

«Wenn ihr's hier versuchen wollt», sagte sie – und tatsächlich: Sie schlug auf den Tisch –, «dann gehe ich morgen aufs Schiff, auf das Schiff, das euer Vater nehmen wollte. Er hatte die Überfahrt schon gebucht. Dann halte ich in London und in Prag die Vorträge für ihn – Donnerwetter ja, das tu ich. Ich glaube, das wäre im Sinne eures Vaters. Aber die Entscheidung liegt bei euch.»

Ernestine und Martha gingen nach oben und halfen Mutter beim Packen. Anne verschwand in der Küche, um das Abendbrot vorzubereiten. Frank und Bill machten sich auf, um mit Altwagenhändlern in der Stadt über den Verkauf unseres Autos zu verhandeln.

«Sagt ihnen lieber, sie sollen einen Wagen zum Abschleppen mitbringen», rief Lill den beiden nach. «Die Narrenkutsche gehorcht keinem außer Papi.»

Einmal wurde Paps gefragt: «Aber *wofür* wollen Sie denn Zeit sparen?»

«Fürs Arbeiten», sagte Paps, «wenn Ihnen das am liebsten ist. Für die Fortbildung, für die Schönheit, für die Kunst, fürs Vergnügen.» Er guckte über seinen Kneifer: «Oder fürs Messerchenwerfen, wenn Ihnen das Spaß macht!»

Bestseller bei Blanvalet

Die Romane von Desmond Bagley
Atemlos
Bahama-Krise
Der Feind
Die Gnadenlosen

Louis J. Camuti
Alle meine Patienten sind unterm Bett
Erinnerungen eines Katzendoktors

Die Romane von Marie Louise Fischer
Das Dragonerhaus
Die Rivalin
Die Frauen vom Schloß
Ehebruch
Zu viel Liebe
Der junge Herr Justus
Das Mädchen Senta

Frank B. Gilbreth jr./Ernestine Gilbreth Carey
Im Dutzend billiger/
Aus Kindern werden Leute
(Zwei Romane in einem Band)

Die 10 Angelique-Romane von Anne Golon
Angelique
Angelique und der König
Unbezähmbare Angelique
Angelique, die Rebellin
Angelique und ihre Liebe
Angelique und Joffrey
Angelique und die Versuchung
Angelique und die Dämonin
Angelique und die Verschwörung
Angelique, die Siegerin

Jean Charles
Die Knilche von der letzten Bank

Hardy Krüger
Eine Farm in Afrika
Die Frau des Griechen
Schallmauer

James A. Michener
Hawaii
Sayonara

Robert und Einzi Stolz
Servus Du

Anna Lee Waldo
Sacajawea